Klaus Kraimer

Die Rückgewinnung des Pädagogischen

Aufgaben und Methoden sozialpädagogischer Forschung

W0242386

Juventa Verlag
Weinheim und München 1994

Der Autor
Klaus Kraimer, Jg. 1951, ist Sozialarbeiter (FH) und Diplompädagoge, Dr. phil. habil. Seine derzeitigen Arbeitsschwerpunkte sind qualitative Forschung, Devianzpädagogik und Interventionslehre Sozialer Arbeit. Lehrtätigkeit an der Universität Osnabrück, der Kath. Fachhochschule Norddeutschland, der Universität Fribourg (Schweiz). Professor an der Kath. Hochschule für Soziale Arbeit in Saarbrücken.

Die Deutsche Bibliothek – CIP-Einheitsaufnahme

Kraimer, Klaus:
Die Rückgewinnung des Pädagogischen : Aufgaben und Methoden sozialpädagogischer Forschung / Klaus Kraimer. – Weinheim ; München : Juventa Verlag, 1994
ISBN 3-7799-1018-7

Das Werk einschließlich aller seiner Teile ist urheberrechtlich geschützt. Jede Verwertung außerhalb der engen Grenzen des Urheberrechtsgesetzes ist ohne Zustimmung des Verlags unzulässig und strafbar. Das gilt insbesondere für Vervielfältigungen, Übersetzungen, Mikroverfilmungen und die Einspeicherung und Verarbeitung in elektronischen Systemen.

© 1994 Juventa Verlag Weinheim und München
Umschlaggestaltung: Atelier Warminski, 63654 Büdingen
Umschlagabbildung: J. A. Comenius, Orbis sensualium pictus, 1658, S. 2
Printed in Germany

ISBN 3-7799-1018-7

Klaus Kraimer

Die Rückgewinnung des Pädagogischen

Inhalt

Teil I: Zur Einleitung

1. Soziale Arbeit im Aufbruch

Die Soziale Arbeit in der Bundesrepublik Deutschland[1] ist in den neunziger Jahren in einer Phase der Expansion begriffen: Die quantitative Ausweitung und Ausdifferenzierung vollzieht sich in der beruflichen Handlungspraxis vor allem im Bereich sozialer und sozialpädagogischer Dienstleistungen. Mit dem gestiegenen gesellschaftlichen Bedarf zur ‚Sicherung des Sozialen' wächst die Nachfrage an Fachkräften[2] wie überhaupt an sozial engagierten Personen, erhöht sich der Bedeutungszuwachs des Sozial-, Bildungs- und Erziehungswesens im Hochschul- und damit auch im Forschungsbereich und gehen Forderungen nach einer *innovativen Sozialen Arbeit* einher.[3]

Letztere werden derzeit im Kontext aktueller ‚Zeitgeistthemen' geltend gemacht. Insbesondere die Thematik der ‚Risikogesellschaft' (Beck 1986) hat dabei inspirierende Wirkungen gezeitigt. Soziale Arbeit als Wahrnehmung öffentlicher

---

1 Für die europäische Perspektive der Sozialarbeit und Sozialpolitik vgl. Dittrich 1992, Hamburger 1992, Pfaffenberger 1992 a.

2 Die Diplomstudiengänge Sozialarbeit/Sozialpädagogik sowie universitäre Magisterstudiengänge und Studiengänge an Fachhochschulen des Sozialwesens bzw. für Sozialarbeit/Sozialpädagogik bilden für die berufliche Praxis aus. Neuerdings gewinnen auch Berufsakademien hier an Bedeutung. Für den Diplomstudiengang Erziehungswissenschaft z.B. untersuchte Lüders (1989) u.a. das Theorie-Praxis-Konzept sowie das Verhältnis von Studiengang und Disziplin. Vgl. in diesem Zusammenhang auch Thiersch 1985, Rohde 1989.

3 Vgl. z.B. Ehrhardt-Kramer/Hanesch 1987, Maelicke 1987 a, b, Böllert/Otto 1989, Hornstein 1989, Olk/Otto 1987 a, b, 1989, Olk/Merten 1992.

Aufgaben in verberuflichter und institutionalisierter Form wird dabei als Produkt der Moderne interpretiert und mit Blick auf Modernisierungsrisiken bzw. soziale Risiken eingeschätzt[1]. Die sozialen Risiken in menschlichen Interaktionen bilden demnach ein Kernthema für die Soziale Arbeit: Neben ökologischen Risiken liegen soziale Gefahren vor allem im Zerbrechen lebensweltlicher Bezüge, in Instabilitäten des Herkunftsmilieus, in der ‚Erosion der Normalarbeit', in Sinn- und Lebenskrisen, in Traditionsverlusten etc.[2] Das Leben gerät in dieser Sicht insgesamt zu einem sozialen Risiko, verbunden mit mehr und mehr Unwägbarkeiten und gleichzeitig damit verknüpften ‚Entscheidungszwängen'. Böhnisch und Schefold sprechen in diesem Zusammenhang von dem ‚Ende einer Selbstverständlichkeit': „Das soziale Denken und die Verständigungsmuster eines schon fast epochal gewordenen Zeitabschnitts der Wohlfahrtsgesellschaft sind heute mit der Ungewißheit behaftet, ob sie überhaupt noch für die Zukunft tragfähig sind" (1985, S. 7).

Die Autoren werfen somit die Frage auf, ob vertraute Denk- und Interpretationsfiguren –, die in der sozialen und pädagogischen Arbeit ja zum Tragen gelangen – angesichts des gesellschaftlichen Bedeutungswandels ausreichend sind. Mit ihrem Konzept der ‚Lebensbewältigung' signalisieren sie „den Abschied von der Vorstellung, die Widersprüche und Disparitäten des gesellschaftlichen Lebens könnten von einzelnen Menschen in fortlaufenden Akten der Balance, des Vereinbarmachens, der Versöhnung bewältigt werden" (a.a.O., S. 77). Mit der auf diese Weise vollzogenen Verabschiedung eines rein eingliedernden Musters, das auf die ‚integrierte Gesamtpersönlichkeit' zielt, beginnt – wie sich in der Fachliteratur vermehrt abzeichnet – eine *Lebensweltorientierung*[3], die – folgt man beispielsweise Thiersch (1992 a) – ein durchgehendes Prinzip in ‚Aufgaben der Lebensbewältigung' darstellt und für die Sozial*pädagogik* in zunehmender Weise bestimmend wird. Die pädagogische Arbeit gewinne, so Thiersch, im Aufgabenspektrum Sozialer Arbeit deshalb an Bedeutung, weil etwa die Gewährung materieller Hilfen in Prozessen der Lebensbewältigung oft zu kurz

1 Vgl. Rauschenbach 1992 a, Winkler 1992.
2 Vgl. Rauschenbach 1992 a.
3 Vgl. auch Böhnisch 1992.

greife. Soziale Arbeit, so resümiert dieser Autor, „findet im modernen Sozialstaat innerhalb der arbeitsteilig sich neu organisierenden Zuständigkeiten ihr spezifisches Aufgabenfeld. Aus und neben sozialen Problemen entstehen die sozialpädagogischen Probleme und Aufgaben in der Hilfe und Unterstützung in sozialen und psychisch-individuellen Problemen, in der aufklärenden und unterstützenden Bearbeitung sozialer und individueller Alltags- und Lebensprobleme, in Unterstützung, Erziehung, Bildung, Beratung und in der Organisation von Ressourcen: Das *sozialpädagogische Jahrhundert* beginnt" (Thiersch 1992 a, S. 13, Hervorh. im Original).

Thiersch plädiert somit (einmal mehr) eindeutig für die *pädagogische Orientierung* Sozialer Arbeit. Wenngleich auch in dieser Arbeit die sozial*pädagogische* Seite der Sozialen Arbeit im Vordergrund steht, halte ich die Perspektive von Thiersch in diesem Punkt für verkürzt. Mit Mollenhauer, der (im Jahre 1959) zwar ebenfalls die Pädagogik in ihrer spezifischen Form der Sozialpädagogik als alleinige ‚grundlegende theoretische Besinnung' für die gesamte Soziale Arbeit vorschlug (vgl. 1987, S. 130), wird hier die Auffassung vertreten, daß auf Grund der heutigen Heterogenität und Vielgestaltigkeit Sozialer Arbeit nicht alle dieser Bereiche pädagogisch bzw. erziehungswissenschaftlich relevant sind. Dazu noch einmal Mollenhauer in einer späteren Schrift: „Was wir zusammenfassend dem Objektbereich von Sozialpädagogik/ Sozialarbeit zurechnen, ist ein ziemlich heterogenes Feld von Handlungen, Maßnahmen und Einrichtungen. Nur ein Teil davon läßt sich auf Pädagogik beziehen [. . .]. Was in der Praxis sich abspielt und was in Theorie und Forschung geschieht, muß nicht unbedingt unter einem Namen zusammengeführt werden. Das gilt besonders dann, wenn gesetzliche und sozialpolitische Regelungen, institutionelle Settings, praktizierte Handlungsprozeduren und Professionalisierungswege derart unterschiedlich sind, daß die Suche nach sogenannten einheitlichen oder umfassenden Theorien von vornherein suspekt sein muß" (Mollenhauer 1988, S. 54). Um die benannte Vielschichtigkeit und Verflochtenheit des Objektbereichs weiter zu verdeutlichen, wird im einzelnen auf die Beziehung von Sozialarbeit und Sozialpädagogik, den Stellenwert der Allgemeinen Pädagogik sowie auf die Rolle der Forschung in diesem Kontext eingegangen.

2. Das Verhältnis von Sozialarbeit und Sozialpädagogik

Vergleichende Analysen zum Verhältnis von Sozialarbeit und Sozialpädagogik – auf das mit dem Ziel der begrifflichen Klärung kurz eingegangen wird – liegen bei verschiedenen Autoren vor[1]. Mühlum beispielsweise gelangt zu einer vorläufigen Bestimmung sechs möglicher ‚Lösungen' dieses Beziehungsproblems: dem Divergenztheorem, dem Konvergenztheorem, dem Subordinationstheorem, dem Identitätstheorem und dem Subsumtionstheorem. Sein Fazit lautet: „SP und SA sind entwicklungsgeschichtlich zu unterscheiden. Sie konvergieren im Zeitverlauf und erscheinen immer mehr als einheitliches Funktionssystem Sozialer Arbeit. Gemeinsame Aufgabe ist die Befähigung (bes. sozialdeprivierter) Individuen und Gruppen zu selbstbestimmter, befriedigender Lebensweise. Mit Hilfe sozialprofessioneller Interventionen sollen dazu sowohl Änderungen des (Sozial-)Verhaltens wie der (Sozial-)Verhältnisse bewirkt werden" (Mühlum 1982, S. 333).

Die von Mühlum im Jahre 1982 diagnostizierte Tendenz zur Vereinheitlichung von Sozialpädagogik und Sozialarbeit hält bis heute an, wobei meines Erachtens das Subsumtionstheorem, d.h. die Zuordnung beider Bereiche zu dem Oberbegriff ‚Soziale Arbeit' unter Beibehaltung der jeweiligen *Arteigenheit* sinnvoll ist.[2]

Auch Kreft/Mielenz (1988 b) argumentieren für die Einführung des Oberbegriffs ‚Soziale Arbeit'. Die Autoren betonen, daß diese Begrifflichkeit die Möglichkeit biete, auf veränderte Handlungsbedingungen einzugehen, wobei allerdings nicht von einem einheitlichen Handlungsmuster und einer Eindeutigkeit der Arbeitsfelder ausgegangen werden könne.

1 Vgl. z.B. die umfangreichen Darstellungen bei Tuggener 1971 und Mühlum 1982; vgl. auch Lowy 1983 sowie die Übersichtsartikel von Bock 1986, C. W., Müller 1988 a. Bei der heute üblichen Schrägstrichverbindung der Ausdrücke Sozialpädagogik und Sozialarbeit wird der eine (z.B. Niemeyer 1989) oder andere (z.B. Mühlum 1986) als Oberbegriff gebraucht.

2 Vgl. in diesem Zusammenhang auch Lattke 1968, Landwehr/Baron 1983, C. W. Müller 1987, 1988 a, b.

Die Tauglichkeit des Terminus ‚Soziale Arbeit' sehen Kreft/ Mielenz vor allem auf einer pragmatischen Ebene und verstehen Soziale Arbeit „als Sammelbegriff für alle Teilbereiche der Sozialarbeit/Sozialpädagogik, die jeweils durch Angebote, Dienste und Veranstaltungen bestimmt werden, in denen die Handlungsmöglichkeiten Beratung, Erziehung, Fürsorge, Hilfe und Pflege mehr oder weniger dominierend sind, als Verweis auf das Insgesamt von Einrichtungen und Dienstleistungen, welche über die privaten, individuellen Anstrengungen zur Daseinsvorsorge hinaus ein menschenwürdiges Leben sichern und gegen Risiken und Notlagen im Lebenszyklus und Arbeitsprozeß beschützen sollen (C. W. Müller, Manuskript 1987). Das sind heute unbestritten die Bereiche *Alten-, Gesundheits-, Jugend- und Sozialhilfe*" (Kreft/Mielenz 1988 b, S. 487, Hervorh. im Original).

Der Begriff ‚Soziale Arbeit' trifft sowohl für Handlungsfelder der klassischen Sozialarbeit (öffentliche Fürsorge und Hilfe) als auch für neue Formen Sozialer Arbeit etwa in Form einer ‚Einmischungsstrategie', des ‚case management', des ‚Netzwerkarbeitens' oder des ‚ökosozialen Arbeitens' zu.

Die gebräuchliche Schrägstrichverbindung ‚Sozialpädagogik/Sozialarbeit' tritt somit zwar immer deutlicher zugunsten des Oberbegriffs ‚Soziale Arbeit' zurück. Der Stand der Diskussion – insbesondere aber der Forschungsstand – läßt jedoch eine abschließende Bewertung und Begriffsneubestimmung genereller Art nicht zu, so daß meines Erachtens immer dann, wenn im Forschungs- und Handlungsfeld Sozialer Arbeit die Aspekte von Bildung, Erziehung und Lernen im Vordergrund stehen, die Verwendung des Ausdrucks ‚Sozialpädagogik' nach wie vor gerechtfertigt ist.[1]

---

1 Vgl. in diesem Zusammenhang auch Holtstiege 1976, S. 29 ff., Tuggener 1971, S. 26 ff. sowie Niemeyer 1989, der die Natorpsche sowie die Nohlsche Auffassung von Sozialpädagogik diskutiert. Zur Geschichte und Bedeutung des Begriffs Sozialpädagogik vgl. Kronen 1980. Für Modelle sozialpädagogischer Theoriebildung vgl. Wollenweber 1983 sowie Winkler 1988; für die ‚Modernisierung der Sozialpädagogik' Olk/Merten 1992. Nieke (1984, S. 143) vertritt hierzu folgende Auffassung: „Unter den besonderen Bedingungen der Entwicklung der Erziehungswissenschaft in Deutschland hat sich die *Sozialpädagogik* zu dem entwickelt, was im angelsächsischen Sprachraum sinngemäß *‚Sozialarbeitswissenschaft'* heißt. Die heutige Sozialpädago-

Entgegen Auffassungen, die den Begriff Sozialpädagogik Diesterweg (1790-1866) zuschreiben[1], weist Kronen in seiner geschichtlichen Bedeutungsanalyse die zeitlich frühere Begriffsverwendung durch Mager nach: „Früher als bei Diesterweg und zugleich in einem systematischeren Gebrauch taucht der Terminus ‚Sozialpädagogik' bei dem Pädagogen Karl Mager (1810-1858) auf [. . .]. Der Terminus erscheint bei Mager 1844" (Kronen 1980, S. 41).

Wie der Begriff Sozialpädagogik[2] ist auch der der Sozialarbeit vielschichtig. Ursprünge der Sozialarbeit werden gesehen in der „behördlichen Armenpflege des 19. Jh., der freien Liebestätigkeit und Wohlfahrtspflege, der [. . .] Frauenbewegung und der [. . .] Fürsorge" (Bock 1986, S. 746). „Der Begriff Sozialarbeit ist zwar – im Sinne ‚behördlicher Sozialarbeit' – ab 1929 durchaus gebräuchlich, nachdem schon 1918 vom ‚Sozialarbeiter' die Rede war [. . .]. Aber zu verbreiteter Geltung gelangte der Ausdruck erst im Zuge der gegen Ende der 50er Jahre greifenden Veränderung der Nomenklatur. Wenn nun von ‚Sozialhilfe' (statt ‚öffentliche Fürsorge'), vom ‚Sozialamt' (statt ‚Fürsorgeamt'), vom ‚Hilfesuchenden' (statt ‚Hilfsbedürftigen') und von ‚Sozialarbeit' (statt ‚Fürsorge' oder ‚Wohlfahrtspflege') gesprochen wurde, dann in der Absicht, autoritativ-abwertende Assoziationen durch partnerschaftliche zu ersetzen sowie den – zumindest auf die erwachsene Sozialarbeits-Klientel nicht anwendbaren – Erziehungsbegriff zu vermeiden [. . .]. Derartige Absichten wur-

---

gik konstituiert sich interdisziplinär aus verschiedenen sozialwissenschaftlichen Paradigmen, rekonstruiert daraus spezifische Theorien und Konzeptionen zur Handlungsorientierung und realisiert damit das, was in der angelsächsischen Sozialarbeitswissenschaft in mühsamer Abgrenzung zu den Sozialwissenschaften als ‚Praxistheorie', d.h. als das auf Handeln und Handlungsorientierung ausgerichtete Theoriebildung intendiert ist. In diesem – nicht alltagssprachlichen, sondern fachsprachlichen – Sinne kann Handeln in der Sozialarbeit durchaus als pädagogisches Handeln begriffen und bezeichnet werden" (Hervorh. im Original).

1 So z.B. bei Böhm: „Sozialpädagogik taucht dem Namen nach erstmals 1850 bei [. . .] Diesterweg in seinem ‚Wegweiser zur Bildung für dt. Lehrer' auf" (1982, S. 493); vorsichtiger formuliert, bei Marburger: „Adolph Diesterweg scheint als erster den Begriff ‚Social-Pädagogik' verwandt zu haben" (1981, S. 9).

2 Vgl. auch Nohl 1965, Mollenhauer 1966.

den befördert durch das – nach 1945 adaptierte – amerikanische Verständnis von ‚Social Work'; deren Bedeutungsumfeld umgreift nicht den in den USA seltenen Ausdruck ‚Pedagogy' [. . .]. Gleichwohl gelang es nicht, die deutsche Sozialarbeit vollständig in Analogie zur amerikanischen ‚Social Work' auszulegen. Denn es ist nicht nur auszugehen von einer *gemeinsamen Wurzel von Sozialarbeit und Sozialpädagogik – in einer europäischen Armenpflege des 18. Jahrhunderts –,* sondern darüber hinaus von einer Konvergenz von Methoden und Zielen [. . .]. Andererseits reflektiert der Begriff Sozialarbeit als Kennzeichen für einen vormals exklusiven Frauenberuf [. . .] auf einen originären Ursprung in der europäischen Frauenbewegung („geistige Mütterlichkeit') und auf nicht ohne weiteres im amerikanischen Verständnis des ‚Social Work' aufzuhebende fürsorgewissenschaftliche Strömungen der Weimarer Epoche. Insgesamt muß die Uneinheitlichkeit der für den Begriff Sozialarbeit heranzuziehenden Bezugswissenschaften als schwer überwindliches Hindernis eines jeden Definitionsversuchs gelten" (Niemeyer 1989, S. 1417, meine Hervorh.).

Die Sozialarbeit[1] orientiert sich primär an soziologischen, sozialpolitischen wie juristischen Wissensbeständen, die auf gesellschaftliche Zusammenhänge, auf das soziale Zusammenleben, auf das *soziale Handeln* bzw. auf dessen Reglementierung durch ‚Normen- bzw. Rechtskataloge' und auf

1 Mühlum (1982, S. 64) gelangt in seinen Darlegungen zu Entwicklungslinien der Sozialarbeit zu folgendem Periodisierungsschema (SA = Sozialarbeit):

„1. Phase ≈ bis 1830	Vorläufer der SA – caritative Armenpflege
2. Phase 1830-1880	Entwicklung praktischer Fürsorgetätigkeit im 19. Jahrh.
3. Phase 1880-1930	Theoretische Begründung der Fürsorge u. berufl. Ausbildung
4. Phase ≈ seit 1960	Moderne SA auf dem Weg zur Professionalisierung"

Die historische Forschung ist durch zahlreiche neue Arbeiten (vgl. z.B. C. W. Müller, 1982 und 1988 b; Baron/Landwehr 1983; Sachsse 1986; Thiersch/Rauschenbach 1984, Sachsse/Tennstedt 1980, 1988, Wendt 1990 a) auf diesem Gebiet mittlerweile erheblich ausgeweitet worden und hat zu einem Wandel des geschichtlichen Selbstverständnisses von Sozialpädagogik und Sozialarbeit geführt (vgl. dazu Marzahn 1988).

soziale Hilfe abstellen. Zentraler Handlungsgegenstand der Sozialarbeit ist die öffentliche Fürsorge bzw. die soziale Hilfeleistung, die vor allem bei Ausfall oder Störung der privaten bzw. familialen Sorge in der Bundesrepublik Deutschland nach dem Prinzip der Subsidiarität organisiert ist; als Regulativ ist dieses Prinzip darauf gerichtet, Hilfsbedürftigkeit, Hilfszuweisung oder Hilfsverweigerung bei möglicher Eigenbewältigung zu verorten. Die Sozialarbeitswissenschaft[1], die noch in den Anfängen steht, müßte meines Erachtens innerhalb der Erforschung der menschlichen Sozialität einen Schwerpunkt auf Art und (Wechsel-)Wirkung fürsorgerischen bzw. sozialhelferischen Handelns legen[2]. Ansatzpunkte dafür finden sich in der Fürsorgewissenschaft vor allem bei Scherpner (1974)[3]. Neuere Forschungsarbeiten, die sich auf die Praxis institutionalisierter sozialer Hilfen durch die Sozialarbeit richten und welche die von der Fürsorgewissenschaft nicht genügend eingelösten gesellschaftskritischen Leistungen erbringen[4], lassen die Handlungseigenart bzw. -charakteristik Sozialer Arbeit zunehmend erkennen.

Die Sozialpädagogik orientiert sich im Unterschied zur Sozialarbeit primär an pädagogischem Gedankengut[5], folgt – mehr oder weniger explizit – einem pädagogischen Grundgedankengang[6] und korrespondiert somit mit Wissensbeständen, die in der Allgemeinen bzw. Systematischen Pädagogik vorliegen.[7] Diese Wissensbestände beziehen sich bekanntlich im wesentlichen auf die Erziehungstatsache und auf das *pädagogische Handeln* sowie auf theoretische Aussagen über Bildungs-, Erziehungs- und Lernprozesse. Allerdings ist auch der Begriff der *Sozialpädagogik* vielfach kritisiert und problematisiert worden[8]. So beschreibt Mollenhauer in seiner Einleitung zur Einführung in die Sozialpäd-

1 Vgl. hier auch Lukas 1979, Eberhard/Eberhard 1987, Fehlker 1989.
2 Vgl. hier auch Diessenbacher 1984.
3 Vgl. hier auch die Arbeiten von Salomon 1926, 1927.
4 Vgl. dazu z.B. Otto 1991.
5 Vgl. hier auch Rauschenbach 1991.
6 Vgl. Flitner 1980, S. 9 f., Herrmann 1991 b.
7 Vgl. u.a. Ballauf 1970, Benner 1978, 1983, Gamm 1979, W. Flitner 1980.
8 Vgl. zur Begriffsdiskussion z.B. Winkler 1988.

agogik diesen Terminus als möglicherweise „unglücklich gewählten“ (1979, S. 13).

Zu nennen sind auch zahlreiche, alternative terminologische Vorschläge die sich allesamt nicht durchgesetzt haben – wie z.B. der Terminus „Soziagogik“ (Schwendtke 1980), der als zusammenfassender Begriff fungieren sollte – und mit denen man die ‚Lösung mit dem schrägen Strich‘ zu überwinden suchte. Dazu zählen weiterhin Begriffe wie ‚Sozialagologie‘ (Schwendtke 1980), ‚Soziopädagogik‘ (Kronen 1980) oder Versuche, die Begriffe ‚Agogik‘ oder ‚Agogie‘ aus dem Niederländischen zu übernehmen (z.B. bei Böttcher 1975).

Die von Mollenhauer früh formulierte Forderung nach einer *positiven Begründung* der Sozialen Arbeit (1959) ist meines Erachtens bis heute theoretisch nicht befriedigend geleistet worden. Sieht man von der damaligen, einseitigen Konzentration auf die Pädagogik als Leitdisziplin für die gesamte Soziale Arbeit ab, haben diese Überlegungen auch heute noch eine Orientierungsfunktion: Zunächst verwies Mollenhauer auf die Gebundenheit der Sozialen Arbeit an die industrielle Gesellschaft. Aus der reinen Nothilfe erwuchs demnach zunehmend die Notwendigkeit einer umfassenden *Deutung der sozialen Situation* als soziale Gegenwartsaufgabe.

Entscheidend war und ist dabei die Aufgabe der Eingliederung des Einzelnen in den sozialen Zusammenhang, die durch den Ausfall anderer sozialer Gebilde, die diese Funktion erfüllten, gegeben war. Dieses, auch als *‚Verlust des Sozialen‘* bzw. als Verlust naturwüchsiger Eingliederungskräfte zu bezeichnende Phänomen, führte zur Institutionalisierung Sozialer Arbeit. Die Gemeinsamkeit solcher Einrichtungen bestehe, so Mollenhauer, „abgesehen von der gemeinsamen geschichtlichen Erfahrung darin, daß sie sich nicht nur der Erziehungseinwirkungen in personaler Begegnung (in Jugendhilfe, Heimerziehung, Kriminalpädagogik etc.) bedienen, sondern wesentlich *erziehungsplanende* Funktionen übernehmen, um die *Voraussetzungen für eine gelingende Erziehung* zu schaffen. Darin liegt der pädagogische Sinn der Fürsorge-These von der Hilfe zur Selbsthilfe, der sozialpolitischen Sicherung eines die soziale Eingliederung sichernden Lebensraumes, besonders aber des Jugendamtes“ (Mollenhauer 1987, S. 131, Hervorh. im Original).

Einer positiven Begründung der Sozialen Arbeit, die Mollenhauer (1968) – hier etwas vergröbert ausgedrückt – seinerzeit in der pädagogischen Sinngebung sah, kommen neuere Ansätze gewissermaßen nach und betonen je spezifische Teilaspekte des Gesamtphänomens[1]. Der übergreifende Anspruch einer gesellschaftlichen Erziehungsaufgabe gilt für heutige sozial*pädagogische* Ansätze (und spiegelt sich meines Erachtens insbesondere in dem Erziehungsziel der Mündigkeit wider): „Dieser Aspekt [. . .] ergibt sich aus den genannten Aufgaben sozialer Eingliederung, die eine gesellschaftliche Erziehungsaufgabe darstellen. Dieser, bereits in den Ursprüngen der Sozialen Arbeit vertretene Ansatz ist ein bleibender Bestandteil auch des weit differenzierteren und arbeitsteiligeren Komplexes moderner Sozialer Arbeit" (Mollenhauer 1987, S. 132).

Soziale Arbeit bildet in meiner Sicht somit zusammengefaßt den gemeinsamen Rahmen einer Handlungswissenschaft und eines Handlungszusammenhangs, der durch sozialarbeiterische und sozialpädagogische Elemente ausgefüllt ist. Die Verwendung der Begrifflichkeiten allerdings ist in der heutigen Diskussion in hohem Maße durch Unsicherheiten und Unschärfen gekennzeichnet[2]. So finden sich derzeit Argumente gegen eine ‚zu starke' pädagogische Orientierung, die als Engführung der Wissenschaft der Sozialen Arbeit gedeutet wird, ohne daß sozialarbeiterische und sozialpädagogische Wissenselemente genügend klar abgegrenzt und als Gesamtsystem Sozialer Arbeit verbunden werden: „Eine allein auf Erziehung ausgerichtete Gegenstandsbestimmung ist meines Erachtens zu eng für das traditionelle und jetzige Handlungsfeld Sozialer Arbeit", heißt es z.B. bei Engelke (1992, S. 143), der darum bemüht ist, Soziale Arbeit als Wissenschaft zu konzipieren, wobei dieser Ansatz u.a. leider daran krankt, daß der Sozialen Arbeit keine eigene Grundlagenforschung zugestanden wird, daß die Zusammenarbeit von Forschung und Praxis[3] nicht konstruktiv gestaltet wird und daß eine problematische Anlehnung an sogenannten Handlungstheorien bzw. ‚System-Problem-Theorien' erfolgt[4].

1 Vgl. z.B. Winkler 1988, Sünker 1989, Brumlik 1989, 1992, Brunkhorst/Otto 1989, Thiersch 1992 b.
2 Vgl. zuletzt z.B. bei Vahsen 1992.
3 Vgl. hier auch Layer 1987.
4 Vgl. dazu Sidler 1993.

Die Ausdifferenzierung Sozialer Arbeit in die sozialen Dienstleistungssysteme wird deutlich, wenn man sich deren Bereiche im einzelnen vor Augen führt[1]. So nennt B. Müller (1992) im Rahmen seiner ‚Ortsbestimmung' sieben für die Soziale Arbeit relevante Systeme:

– Das Versicherungssystem (Absicherung von Lebensrisiken).
– Das Gesundheitswesen (Medizin, Pflege, Rehabilitation, Selbsthilfe).
– Das Erziehungswesen (Schulen, Hochschulen, Fort- und Weiterbildung, außerschulische Bildung).
– Justiz und Rechtspflege (Justizvollzug, Kinder- und Jugendhilfe).
– Wirtschafts- und Arbeitsförderung (Absicherung arbeitsbezogener Risiken).
– Systeme der (privaten) Geldverwaltung (Sparkassen und Banken; Aufgaben der Schuldnerberatung sowie Förderleistungen).
– Die kulturelle Infrastruktur (kommunale Kulturförderung).

Hinzu kommen die Kirchen bzw. die freien Wohlfahrtsverbände als größte Arbeitgeber im sozialen Bereich[2], wobei von einer wechselseitigen Durchdringung dieser Felder ausgegangen werden muß, die insgesamt auf eine *Regulierungsbedürftigkeit des Sozialen* verweisen; insbesondere der sozialpädagogische Anteil zur sozialen und individuellen Lebensbewältigung wird im Rahmen dieser Arbeit innerhalb einer lebensweltlichen Orientierung dabei thematisiert.

---

1 Vgl. auch Böhnisch/Schefold 1991

2 Im UNI-Magazin Perspektiven für Beruf und Arbeitsmarkt (Hrsg. Bundesanstalt für Arbeit), 16. Jg. 1992, H. 11, S. 11, heißt es dazu: „Die freien Wohlfahrtsverbände beschäftigen insgesamt 925 000 hauptamtliche Mitarbeiter (eigene Erhebung, Stand Juli 1992). Zum Vergleich: in der deutschen Automobilindustrie sind gegenwärtig 770 000 Mitarbeiter beschäftigt."

3. Das Verhältnis von Allgemeiner Pädagogik und Sozialpädagogik

Mit der Aussage „Sozialpädagogik ist Pädagogik an ihren Brennpunkten" (Siegel 1981, S. 138) verweist die Autorin auf das Gemeinsame der genannten Disziplinen wie auf das Spezifische der Sozialpädagogik. Das Gemeinsame („Sozialpädagogik *ist* Pädagogik") bezeichnet meines Erachtens vor allem den Grundsachverhalt der „Entwicklungstatsache" (Bernfeld)[1] und der pädagogischen Verantwortung gegenüber deren Ausfaltung durch Bildung, Erziehung und Lernen. Das Spezifische der Sozialpädagogik markiert innerhalb dieser Einheit den Ort des Geschehens als Brennpunkt (Konzentrierung) des Erzieherischen. Pädagogische Prinzipien gelten darin in einer verdichteten, gesteigerten Form als spezifische, situationsangemessene Gewichtung einzelner Komponenten des erzieherischen Tuns (so der Wissens- und Normenweitergabe mittels des pädagogischen Takts – im Sinne Herbarts – sowie der Realisierung prophylaktischen/therapeutischen Tuns).

Allgemeine Pädagogik und Sozialpädagogik können in ihrer heutigen, historisch gewordenen Ausdifferenzierung als gleichberechtigte Disziplinen gelten, die wechselseitig aufeinander verwiesen sind. Für die Allgemeine Pädagogik ergibt sich aus den gesellschaftlichen und individuellen Krisenerscheinungen der Moderne, die unabdingbar mit Erziehungsfragen verknüpft sind, die Verpflichtung einer stetigen theoretischen Vergewisserung der Erziehungstatsache in Korrespondenz mit der Philosophie und Anthropologie[2]. Gilt die Aufmerksamkeit der Allgemeinen Pädagogik im Rahmen erziehungswissenschaftlicher Forschung in ihrer Ausprägung als kritischer Pädagogik vor allem solchen Bedingungen, die die Menschwerdung, d.h. die Entfaltung von

1 Zur Pädagogik Bernfelds vgl. die Beiträge in der Zeitschrift für Pädagogik, 29. Beiheft, 1992, S. 367-397.

2 Vgl. beispielsweise Benners Ansatz 1983, auch Huschke-Rhein 1984, Tenorth 1984; als neuere Entwürfe einer Allgemeinen Pädagogik vgl. auch Gamm 1979 und Dickopp 1983.

Sozialität und individueller Autonomie ermöglichen, geht es in der Sozialpädagogik im gleichen Zusammenhang vor allem darum, solche Bedingungen zu ermitteln, die die Individuierungsgeschichte als Aneignungsgeschichte von Sozialität, Identität und Autonomie behindern oder gar völlig verstellen. Die so skizzierte, komplexe Fragestellung nach der menschlichen Verfaßtheit verlangt arbeitsteiliges Vorgehen, das allerdings einer gemeinsamen Verantwortung verpflichtet bleibt[1]. Diese gemeinsame Verantwortung zeigt sich beispielsweise im Prozeß des Erziehens[2]. Das erzieherische Handeln, welches im Rahmen der geisteswissenschaftlichen Pädagogik in der Herstellung und Ausgestaltung des pädagogischen Bezugs (Nohl) gedacht wurde, ist nach Mollenhauer, in Abgrenzung zum politischen Handeln, zu verstehen „als ein Handeln mit ‚gebrochener Intention'; die Intentionen des Erziehenden müssen sich im Lichte der zu interpretierenden Intentionen des Edukandus reflektieren. Der Herrschaftszusammenhang, den auch Erziehung immer schon enthält, kann wenigstens in einem seiner Aspekte tatsächlich aufgehoben werden: als Herrschaftsbeziehung zwischen dem mächtigen, über alle Mittel der Bedürfnisbefriedigung verfügenden Erwachsenen und dem zunächst ohnmächtigen Kinde [. . .] Im pädagogischen Handeln sollen die individuellen empirischen Bedingungen hervorgebracht werden, unter denen rationales politisches Handeln allererst möglich ist. Insofern ist pädagogisches (ein) kommunikatives Handeln" (1972, S. 15). Mollenhauer gibt die Begrenztheit dieser Unterscheidung zu bedenken, doch ist in seinen Ausführungen eine zentrale Problematik von Erziehung benannt, die sich als subtile Struktur der Bevormundung, als Pädagogisierung des Alltags bezeichnen läßt und derzeit um sich greift.[3] Eine *mäeutische Pädagogik* sucht demgegenüber erzieherisches wie sozialpädagogisches Handeln so zu gestalten, daß die Autonomie der Lebenspraxis von Heranwachsenden respektiert wird, daß Hilfen als ‚Aufforderung zur Selbsttätigkeit' bereitgestellt werden[4] und daß neben der Vermittlung von

1 Für letzteres vgl. Tophoven 1992.

2 Vgl. dazu Winkel 1986 sowie die Beiträge in Rauschenbach/ Thiersch 1987.

3 Vgl. zur Pädagogisierungsdebatte z.B. Brunkhorst 1988, Kade/ Lüders/Hornstein 1991.

4 Vgl. dazu auch Kap. III.6.7. in dieser Arbeit.

Wissen (etwa im Unterricht) und Normen auch prophylaktische Leistungen erbracht werden, die bei der Bewältigung von Lebenskrisen zum Tragen kommen. Versteht man mit Heydorn Erziehen als Voraussetzung zur Bildung, die sich stets gegen das einseitige Vereinnahmen durch ökonomische, politische und gesellschaftliche Zwecke wendet und ihr Ziel im eigenständigen Denken und Urteilen wie auch im verantwortlichen sozialen Handeln findet, so muß die Gefahr von Indoktrination – etwa in Form subtiler manipulativer Informations- bzw. Nachrichtenselektion – stets bewußt sein. Das *Erziehen zur Mündigkeit* läßt sich mit Adorno als zentrales Ziel benennen. Im Zusammenhang mit der Forderung, „daß Auschwitz nicht noch einmal sei" (1979, S. 88), die er apodiktisch als allererste an das Erziehen stellt[1], entwickelt der Autor folgenden Gedankengang: „Der Stellenwert der Erziehung zur Realität dürfte historisch wechseln. Trifft aber zu, [. . .] daß die Realität so übermächtig geworden ist, daß sie den Menschen sich von vornherein aufzwingt, so würde wohl jener Anpassungsprozeß heute eher automatisch besorgt. Erziehung durchs Elternhaus, soweit sie bewußt ist, durch die Schule, durch die Universität hätte in diesem Augenblick des allgegenwärtigen Konformismus vorweg eher die Aufgabe, Widerstand zu kräftigen, als Anpassung zu verstärken. Ich würde [. . .] beinahe annehmen, daß bei jungen Menschen, vor allem auch bei Kindern, so etwas wie ein überwertiger Realismus – vielleicht sollte man sagen: Pseudorealismus – sich findet, der auf eine Narbe zurückdeutet. Dadurch, daß der Anpassungsprozeß so maßlos forciert wird von der gesamten Umwelt, in der die Menschen leben, müssen sie die Anpassung gleichsam sich selber schmerzhaft antun, den Realismus sich selbst gegenüber übertreiben und, mit Freud zu reden, sich mit dem Angreifer identifizieren. Die Kritik dieses überwertigen Realismus scheint mir eine der entscheidensten Bildungsaufgaben, die allerdings wohl in der frühen Kindheit schon würde einsetzen müssen" (1979, S. 110). Adorno benennt hier eine Kernproblematik, die es im erzieherischen Handeln stets neu zu bearbeiten und zu bewältigen gilt. Im Vermögen des Menschen zur Freiheit und Mündigkeit liegt gleichzeitig die zentrale Chance wie auch das Hauptproblem des Erziehens, gilt es doch, diese Freiheit

1 Vgl. in diesem Zusammenhang auch Wulf 1986.

im Prozeß des Erziehens zu bewahren – also einerseits auf die spezifische Befindlichkeit von Zu-Erziehenden Rücksicht zu nehmen und andererseits den Status des ‚Kind-Seins' in den Status der Autonomie und Identität zu überführen. Zudem betont Adorno die für ihn wesentliche Orientierung an dem *Erfahrungsgehalt der Gegenstände,* der meines Erachtens insbesondere im Vollzug der Wissensvermittlung (sozial-)pädagogischen Handelns zentral ist, wenn es technokratisches Expertentum zu verhindern gilt. Auf diesen Tatbestand hat insbesondere Schäfer (1989) im Rahmen seiner Erörterung von Bildungskonzeptionen hingewiesen: „Das (mimetische) Sicheinlassen aufs Objekt verlangt vom Subjekt auf die für die Halbbildung konstitutiven Mechanismen zu verzichten: auf die affektiv besetzten ideologischen Begriffszusammenhänge, die Realität zu filtern erlauben und daher Erfahrung verhindern [. . .], ebenso wie auf die Verwandlung alles Vermittelten in Unmittelbarkeit [. . .]. *In der Attitüde des ‚Bescheidwissens', des ‚Besserwissens', die Halbbildung kennzeichnet, gerät die Aneignung von wahrhaftem Wissen zur ‚geistige(n) Verdoppelung dessen, was ohnehin ist,* wird zu ihrem eigenen Gehalt und Rechtsausweis. Kritik aber ist zur puren Schlauheit erniedrigt, die sich nichts vormachen läßt und den Kontrahenten drankriegt, ein Mittel des Vorwärtskommens. Der Halbgebildete betreibt Selbsterhaltung ohne Selbst'" (Adorno 1984, S. 187, zit. in Schäfer 1989, S. 61 f., meine Hervorh.).

Elemente des erzieherischen Tuns (als Handlungen sui generis), die sich an pädagogischen Ideen orientieren, welche eine dirigistische Formung bzw. Verformung des Menschen, etwa durch fremdbestimmte Programmatiken konsequent ablehnen, entwickelt ebenso A. Flitner im Anschluß an Schleiermacher: „Erziehung ist [. . .] ein behutsames Begleiten und denkendes Mitwirken an dem, was im Zusammenleben der Menschen [. . .] von selbst geschieht. Dieses von selbst Geschehende wird unter einer bestimmten Verantwortung und Selbstreflexion [. . .] verstärkt, korrigiert und vor schädlichem Einfluß bewahrt" (Flitner 1982, S. 63 ff.). Angesichts des eingangs skizzierten Verfalls des ‚Von-selbst-Geschehenden' ergibt sich gerade aus diesem Phänomen die Thematik, welche die Soziale Arbeit[1], aber auch die Sozial-

1 Vgl. zur Diskussion ‚schwieriger Erziehungsziele' Flitner 1987.

politik[1] in Zukunft beschäftigen dürfte. Der „Verlust des Sozialen“, der Zerfall des ‚Von-selbst-Geschehenden‘ ist somit auch Thema der erziehungswissenschaftlichen Forschung. Deren Ergebnisse könnten einen Beitrag leisten für die Entwicklung innovativer und lebensgerechter pädagogischer Konzepte.[2]

4. Der Forschungsbedarf Sozialer Arbeit

Der *Forschungsbedarf*, der mit der Expansion Sozialer Arbeit einhergeht, erwächst aus verschiedenen Bedürfnislagen in Wissenschaft und Praxis. Die Wissenschaft der Sozialen Arbeit, die zwar noch kein ausgeprägtes arteigenes Profil besitzt, gleichwohl aber an den Hochschulen, wenn auch in engem Bezug zur Erziehungswissenschaft, zur Soziologie oder zur Psychologie – ausgestaltet wird, strebt in zunehmendem Maße nach eigener Theoriebildung, auch um als Fachgebiet klarer erkennbar zu werden. Erforderlich dazu ist meines Erachtens in besonderem Maße die Ausweitung von Grundlagenforschung[3]. Mit deren Hilfe kann, langfristig gesehen, die Entwicklung und Förderung einer Wissenschaft der Sozialen Arbeit erwartet werden, die dem Aufbau anderer, institutio-

---

1 Vgl. hier z.B. Kaufmann 1975, Otto/Karsten 1990.

2 Vgl. dazu z.B. Krafeld 1989, Gängler 1990, Liebau 1992 sowie die Beiträge in Hoffmann et al. 1992.

3 Vgl. zu Fragen der Forschung, Forschungspolitik und Forschungssituation Hornstein 1984, zur Bedeutung erziehungswissenschaftlicher Forschung für die Soziale Arbeit Hornstein 1985. Vgl. auch Kreutz et al. 1987, C. W. Müller 1988 c, sowie Pieper 1988, Uhlke 1988, Dewe/Wohlfahrt 1989. Auf die Forschungstypen der Verwendungsforschung (vgl. Lüders 1991 a) und der Praxisforschung (Heiner 1988 a, b), die wie die Medienforschung (Baacke/Kübler 1989, Aufenanger 1991) und die Evaluations- und die Begleitforschung (vgl. z.B. Weiss 1974, Berg/Wortmann 1987, Heiner 1988 b), für die Entwicklung der sozialen Arbeit als Wissenschaft konstitutiv sind, kann an dieser Stelle lediglich verwiesen werden. Vgl. auch die Konferenz der Fachbereichsleiter der Fachbereiche für Sozialwesen 1986 sowie Kreft 1987, Zink 1988, Maier 1992.

nell bereits weiter ausgeformter Humanwissenschaften entspricht. Auch die Ausprägung eines professionellen Habitus in der Handlungspraxis Sozialer Arbeit wird zunehmend erwartbar, wenn Forschungsergebnisse im Kontext des sich gleichzeitig erweiternden und spezifizierenden theoretischen Wissensbestandes in die Lehre einfließen. Inwieweit wissenschaftliches Wissen – z.B. als Produkt erziehungswissenschaftlicher Forschung – in die beruflichen Handlungsfelder eingeht, hängt meines Erachtens vor allem von der ‚Vermittlungslogik' akademischer Lehre sowie von der ‚Aneignungslogik' der Praxis auch im Kontext der gesellschaftlich-sozialen Infrastruktur ab.

Bildet die menschliche Sozialität bzw. ‚das Soziale'[1] wie selbstverständlich den ‚Handlungsgegenstand' für soziale, pädagogische und helfende Berufe, so wird der Objektbereich Sozialer Arbeit als Wissenschaft ebenfalls durch die Untersuchung des Sozialen gebildet. Als Forschungsgegenstand stellt die menschliche Sozialität eine Untersuchungseinheit dar, der sich bekanntlich unterschiedliche Disziplinen widmen. Von der Allgemeinen Pädagogik und der Sozialisationsforschung beispielsweise wird das Soziale unter generellen Bezügen in seiner Interdependenz zwischen Erziehungssystem und Gesellschaftsstruktur erforscht.[2]

Für die Wissenschaft der Sozialen Arbeit ist das Soziale unter den spezifischen Bezügen sozialer, wie individueller Restriktionen thematisch; es geht in einem weiten Sinne um ‚beschädigtes Leben' bzw. um Lebensprobleme. Allerdings sind mit dieser weiten Definition des Objektbereichs, die mit der Komplexität des Untersuchungsfeldes korrespondiert, einige Schwierigkeiten verbunden. So beklagt bereits Mollenhauer, der 1958[3] in seiner Dissertation eine detaillierte Untersuchung der Struktur sozialpädagogischen Denkens und Handelns vorgenommen hat, an verschiedenen Stellen das Problem der Vieldeutigkeit des Wortes ‚sozial', wenn dies zum Ausgangspunkt einer Theorie gemacht werde (1966, S. 40). Jede Untersuchung erfordert deshalb – neben

1 Vgl. zu soziologischen Konzepten des Sozialen Bude 1991.

2 Zur Untersuchung der Ausprägung des Sozialen in der schulischen Sozialisation beispielsweise vgl. die Studien von Fend 1974, 1984, Fatke 1977, Ulich 1991.

3 Vgl. die Neuauflage 1987.

der Verdeutlichung der wissenschaftlichen Position – eine klare Bestimmung der Begrifflichkeit.

Die Herkunftsanalyse des Wortes ‚sozial' zeigt dessen allgemeines Bestimmungsmoment auf: Zum Sozialen gehören Menschen, die miteinander zu tun haben. Dabei kann der Terminus ‚sozial' verschiedene Bedeutungshöfe aufweisen; er kann, wie Siegel herausgearbeitet hat, „neutral den Bezug zur Gesellschaft bezeichnen [. . .] oder wertend die rechte Form der Gesellschaft meinen [. . .] oder auf eine Haltung hinweisen, die irgendwie Nächsten- und Fernstenliebe verbindet (Sprangers Lebensformen schildern sie als eine Grundmöglichkeit menschlicher Lebensstellung). Diese als ethisches Grundverhalten verstandene Bedeutung von sozial (soziale Gesinnung, soziale Verantwortung) gehört zu den deutschen Sprachbesonderheiten und ist in diesem spezifischen Sinne nicht zu übersetzen. Die verschiedenen Schattierungen von sozial sind in das Wort Sozialpädagogik mit eingegangen, das im alltäglichen vorwissenschaftlichen und wissenschaftlichen Sprachgebrauch der letzten Jahrzehnte in vielfältiger Weise benutzt wird, und zwar entweder zur Verdeutlichung der eigentlichen Aufgaben der Pädagogik oder aber, um eine besondere Sozialpädagogik von der Allgemeinen Pädagogik zu unterscheiden. Doch auch dies kann verschiedentlich gemeint sein: 1. neutral zur Abgrenzung eines bestimmten Arbeitsfeldes, dessen Grenzen zwar strittig sein können, das als Ausschnitt aber keine anderen Prinzipien hat als das Ganze; 2. abwertend zur Abhebung einer Art Notstands-Pädagogik als eines möglichst bald zu beseitigenden Gebietes; 3. aufwertend zur Kennzeichnung von pädagogischem Neuland, in dem wichtigste Gegenwartsfragen entschieden werden" (Siegel 1971, S. 1073[1]).

Die von Siegel bezeichneten Bedeutungsvarianten durchziehen bis heute die Theoriediskussion, wobei in dieser Arbeit die Auffassung vertreten wird, daß der ‚Objektbereich Sozialität' auf Grund seiner Komplexität eine Abgrenzung der Arbeitsfelder in den Wissenschaften vom Menschen auch weiterhin erfordert, diese Abgrenzung jedoch in Form interdisziplinärer Zusammenarbeit produktiv vollzogen werden sollte. Die Gemeinsamkeit bzw. fachliche Zusammenge-

1 Die in diesem Lexikonartikel verwendeten Abkürzungen sind hier aus Gründen der besseren Lesbarkeit ausgeschrieben.

hörigkeit in der jeweils nur möglichen, ausschnitthaften Erforschung des Sozialen liegt für die beteiligten Disziplinen meines Erachtens vor allem darin, daß diese allgemeinen, sozialwissenschaftlich anerkannten methodologischen und methodischen Regeln folgen und überdies eine Gemeinwohlorientierung aufweisen.

Sowohl die Analyse der sozialen Wirklichkeit, die mit der Sozialitätsbedürftigkeit, als auch die Analyse der Erziehungswirklichkeit, die mit der Erziehungsbedürftigkeit korrespondiert, richtet sich dabei – allgemein formuliert – auf Grundbedingungen des Menschseins. Die Erforschung und Ausgestaltung menschlicher Sozialität erfordert eine ganzheitliche, aber arbeitsteilige Vorgehensweise, bei der je spezifische Komponenten des Gesamtzusammenhangs thematisiert werden.

Die ‚sozialpädagogische Komponente' Sozialer Arbeit, für deren Analyse die erziehungswissenschaftliche Forschung nutzbar gemacht werden kann, steht deshalb u.a. im Aufmerksamkeitszentrum dieser Arbeit. Gleichwohl ergeben sich Überschneidungen mit den ‚nicht-pädagogischen Komponenten' Sozialer Arbeit, die als Bestandteil staatlicher Daseinsvorsorge den gesamten Bereich des Hilfesystems – etwa in dessen rechtlichen und verwaltungstechnischen Ausprägungen – umfassen[1], in welches das Erziehungs- und Bildungssystem wiederum eingebunden ist[2].

Sowohl der sozialpädagogische Handlungsstrang, der vorrangig der Logik erzieherischen Denkens folgt, als auch der sozialarbeiterische Handlungsstrang, der vorrangig der Logik der ‚Fürsorge' bzw. des Verwaltungshandelns folgt, richtet sich innerhalb der Sozialen Arbeit auf die Her- bzw. Wiederherstellung der *autonomen Lebenspraxis der Klientel* – zumindest in der Ausprägung, die in der Tradition einer gesellschaftlich reflektierten, kritischen Sozialpädagogik/Sozialarbeit steht.[3] Im beruflichen Vollzug Sozialer Arbeit sind beide der genannten Komponenten jeweils präsent und miteinan-

1 Vgl. dazu vor allem Maas 1992, für die Jugendhilfe Gintzel/Schone 1990, Jordan/Sengling 1992, Gernert 1992.

2 Vgl. die genannten ‚sieben Systeme' nach B. Müller 1992.

3 Vgl. zur pädagogischen Aktualität der kritischen Theorie z.B. Claussen 1989, Marotzki/Sünker 1991.

der verflochten, während sich die Forschung auf Grund der Komplexität der Handlungsfelder und der Unterschiedlichkeit der jeweils zu Rate zu ziehenden Bezugswissenschaft in aller Regel analytisch auf einzelne, etwa auf erzieherische, verwalterische, helferische oder rechtliche Aspekte beschränkt.[1]

5. Aufgaben der sozialpädagogischen Forschung

Noch im Jahre 1969 hielten Bittner und Flitner unter der Überschrift „Der komplexe Charakter des sozialpädagogischen Feldes" fest, daß „die sozialpädagogische Arbeit, die in Heimen, offenen Einrichtungen und Einzelmaßnahmen mehreren hunderttausend Kindern zugewandt wird, [...] bisher so gut wie ganz außerhalb pädagogischer Forschung geblieben" sei (Bittner/Flitner 1969, S. 63).

Die Vielgestaltigkeit des sozialpädagogischen Feldes werfe Probleme auf, die sich in anderen erzieherischen Bereichen in dieser Schärfe nicht stellten. Deutlich arbeiteten die Autoren heraus, daß quantitativ-empirische Forschungen – die zu der Zeit insbesondere in schulischen Kontexten und in der Leistungsmessung verbreitet waren – für die sozialpädagogische Forschung sich nicht als einfaches Vorbild eigneten. Die Orientierung am Standard des Experiments und das Bestreben, „unkontrollierte Faktoren neutral zu halten sowie die einseitig ausgerichtete, asymmetrische Beziehung zwischen dem Dispositiv, d.h. der Summe der Bedingungen des beobachteten Phänomens und dem Phänomen selbst schaffen jene ‚unvermeidliche Künstlichkeit' des Experimentierens, die seinen Wert für die Erforschung komplexer Ernstsituationen in Frage stellen" (a.a.O. 1969, S. 64).

1 Vgl. zur Rolle der Forschung in der Sozialarbeit auch Sengling 1987 a, Dewe/Otto 1989, Kähler 1991, S. 170 f.

Die alleinige quantitative Orientierung mit dem Bestreben der Ergebnissicherung unter Einsatz statistischer Methoden führe in pädagogischen Untersuchungskontexten zu Vereinseitigungen und Verzerrungen des Untersuchungsgegenstandes, zu wirklichkeitsfernen Artefakten. Der Sozialpädagogik, der ein Maßstab wie etwa der des Lernerfolges fehle, könne nicht umhin, „auf die ein für allemal komplexen Erscheinungsbilder gelungener oder mißlungener Erziehung abzuheben und einzelne Faktoren stets nur in ihrer hinweisenden Bedeutung, nie als sichere Indizes anzusehen" (a.a.O., S. 65). Die Komplexität des Feldes bzw. des Gegenstandsbereiches und dessen Widerständigkeit gegen exakte Vermessung, die mit der Veränderung des ‚Untersuchungsobjekts' durch Forschung einhergehe, erfordere – so postulieren diese Autoren bereits Ende der sechziger Jahre – die Entwicklung bzw. den Einsatz qualitativer Methoden.

Bittner und Flitner verwiesen neben der Betonung der Bedeutung des ‚action research'-Ansatzes im Anschluß an Lewin[1] auf die Notwendigkeit, den Kanon der Forschungsmethoden zu erweitern und systematisch zu vertiefen (Bittner/Flitner 1969, S. 73). Auf diese Weise könnten neue Gestaltungsmöglichkeiten der erzieherischen Praxis erarbeitet und ein Beitrag zur „Evolution des pädagogischen Bewußtseins" (a.a.O., S. 74) geleistet werden.

Zieht man zur Entwicklung der qualitativen Methoden heute eine Bilanz, um zu prüfen, ob eine Erweiterung des Methodenkanons stattgefunden hat, kann hier ein deutlicher Fortschritt festgestellt werden.[2] Mit dieser Erweiterung kann – so die hier vertretene Auffassung – der Komplexität des Gegenstandes vermehrt Rechnung getragen werden. Dabei hat sich die Pädagogik wie auch die Sozialpädagogik/Sozialarbeit in den vergangenen Jahren um Eigenständigkeit in der Forschung innerhalb der Humanwissenschaften zunehmend bemüht; dies geschieht bis heute mit wechselnden Schwerpunktsetzungen und Erfolgen. Die Sozialpädagogik allerdings orientierte sich in diesem Entwicklungsprozeß zuletzt

1 Vgl. zu einem Resümee zur Handlungsforschung aus heutiger Sicht Heinze 1987; vgl. auch Heinze et al. 1975.

2 Vgl. dazu z.B. Gerdes 1979, Heinze/Loser/Thiemann 1981, Heinze 1987, Loser 1979, 1980, Zedler/Moser 1983, Aufenanger/Lenssen 1986, Flick et al. 1991, Garz/Kraimer 1983, 1993.

stark an sozialwissenschaftlichen Theorien sowie an politisch-ökonomischen Staatstheorien, womit – bei aller Notwendigkeit des Einbezugs solcher Überlegungen – ein weitgehender *Verlust des Pädagogischen* verbunden war.

Im Rahmen dieser Arbeit rücken deshalb pädagogische wie sozialpädagogische Reflexionen, Denkansätze und Methoden, die im Kern abstellen auf Vorgänge und Probleme von Erziehung und Bildung in gesellschaftlichen und ökologischen Kontexten und mit umfassenderen bzw. ergänzenden Gedankengebäuden korrespondieren, stärker in den Vordergrund. Erziehungswissenschaftliche Forschung[1] folgt in diesem Sinne primär dem schon erwähnten ‚pädagogischen Grundgedankengang'[2], der meines Erachtens insbesondere in Feldern der Sozialpädagogik nicht noch weiter in Vergessenheit geraten sollte. Dabei verstehe ich mit Hornstein unter erziehungswissenschaftlicher Forschung die Untersuchung solcher Problemfelder, „die sich auf die Grundprobleme und Grundaufgaben der sozialen und sozialpädagogischen Arbeit beziehen bzw. beziehen lassen. Diese zielen auf Prozesse kollektiver und individueller Emanzipation, auf die Beförderung von Handlungskompetenz und persönlicher Autonomie und Selbstbestimmung" (1985, S. 463).

Mit dieser programmatischen Überlegung und der darin enthaltenen, normativen Erziehungszielsetzung ist ein Selektionskriterium gebildet, welches als Abgrenzungs- bzw. Ordnungselement für die Überlegungen und Ausführungen der vorliegenden Arbeit dienen soll. Die Abgrenzung erfolgt somit gegenüber Ansätzen, die eine normative Dimension nicht wahrnehmen und im Forschungsprozeß erhebliche Informationsreduktionen zugunsten mathematisierbarer Aussagen über die soziale Wirklichkeit wie über die Erziehungswirklichkeit in Kauf nehmen müssen. Mein Anliegen ist es, solche Forschungsmethoden vorzustellen und zu diskutieren, die mit einem (sozial-)pädagogischen ‚Grundgedankengang' verknüpfbar sind, nach Möglichkeiten der Verbindung einzelner Methoden untereinander (Triangulation) sowie nach Formen von Transfermöglichkeiten in die soziale und pädagogische Praxis zu fragen. Chancen für eine vermehrte *Rückgewinnung des Pädagogischen* in der Sozialen Arbeit lie-

1 Vgl. auch König/Zedler 1982.
2 Vgl. W. Flitner 1980, Klafki 1989, Herrmann 1991 b.

gen dabei meines Erachtens vor allem in einem zu beobachtenden Wandlungsprozeß der erziehungswissenschaftlichen Forschung in den letzten zehn bis fünfzehn Jahren. Dieser läßt sich durch zunehmende Empirienähe kennzeichnen, die mit veränderten und verfeinerten Erhebungs- und Interpretationsverfahren einhergeht. Damit ist eine „dichte Beschreibung“ (vgl. Geertz 1987) individueller (Entwicklungs-) Prozesse und sozialer Erscheinungen möglich geworden. Insbesondere die qualitative Biographieforschung kann als Weg zur Rückgewinnung des Pädagogischen genutzt werden.[1]

Meine Perspektive, die ich vor allem im Rahmen der Auseinandersetzung mit Phänomenen abweichenden Verhaltens in der Devianzpädagogik entwickelt habe, läßt sich dabei als eine hermeneutisch-fallrekonstruktive bezeichnen. Ich verstehe Bildungs-, Erziehungs- und Sozialarbeit im allgemeinen und im Hinblick auf ‚abweichende‘ Erziehungs- und Bildungsprozesse im besonderen als wechselseitige Transaktions- bzw. Interpretationsprozesse zwischen Menschen[2]. Die Qualität dieser Prozesse ist – unter dem Blickwinkel von ‚Höher‘-Entwicklung – entscheidend für das Gelingen von Erziehung, Lebensbewältigung und Bildung des einzelnen oder aber, bei ‚Nichtgelingen‘, mitverantwortlich für das ‚beschädigte Leben‘, die beschädigte Identität und Sozialität des Individuums in Form von Lebensproblemen und Abweichung mit unterschiedlicher Intensität und Ausprägung. Solche wechselseitigen Interpretationsprozesse zwischen handelnden Personen im Alltag sind – so die hier vertretene Auffassung – methodisch einzufangen mit Hilfe qualitativer Methoden, die u.a. Rückschlüsse auf die angesprochene Qualität zulassen.

Die Soziale Arbeit ist in ihrer Orientierung als Handlungswissenschaft[3] verwiesen auf Forschungsmethoden, die im Kontext politisch-gesellschaftlicher Zusammenhänge (der

---

1 Vgl. dazu vor allem Kap. III.7. dieser Arbeit.

2 Vgl. dazu Kap. III.6. in dieser Arbeit.

3 Vgl. für die Konzeption der Erziehungswissenschaft als Handlungswissenschaft u.a. Benner 1978, Herrmann 1991 a, zur Handlungstheorie z.B. Lenk 1977, Schmidt 1981, für die Sozialpädagogik/Sozialarbeit insbesondere die Beiträge in Müller et al. 1982, 1984.

Macroebene) sowohl Strukturanalysen sozialer Institutionen (der Mesoebene) als auch Strukturanalysen zwischenmenschlicher Interaktion (der Microebene) ermöglichen. Es geht insgesamt gesehen darum, anschlußfähige und für die Praxis relevante Theorien zu entwickeln, wobei sowohl bereits Bekanntes präzisiert und systematisiert sowie mit einem höheren Maß an Gewißheit versehen wird (zu verstehen als eine Art ,umständlicher Herstellung von Wirklichkeit') als auch (was weniger häufig der Fall ist) Aussagen zu bislang unbekannten Sachverhalten und Zusammenhängen zu leisten. Zudem werden Prognosen erstellbar, die zugleich sowohl Prüfverfahren für die Gültigkeit von Aussagen über einen Objektbereich sind, als auch Deutungsalternativen im Bereich sozialen und pädagogischen Handelns ermöglichen.[1]

Die verschiedenen Methoden einen sich als wissenschaftliche zunächst noch darin, daß planmäßig und methodisch kontrolliert daran gearbeitet wird, einen Erkenntnisfortschritt zu erzielen (Untersuchungsplan, Untersuchung, Auswertung, Präsentation der Ergebnisse). Begründungen für die Wahl und die Ausformung einzelner Methoden (wie z.B. Befragung, Beobachtung, Experiment) liefern entsprechende spezielle Methodologien als Lehre von den Forschungsmethoden. Die Aufgabe allgemeiner Methodologien liegt überdies zusätzlich in der möglichst exakten Beschreibung von Abläufen des Forschungsprozesses insgesamt, wobei diese sich letztlich orientieren an philosophischen Entwürfen, die in der Wissenschaftstheorie vorliegen. Hier präsentieren konkurrierende philosophische Lehrmeinungen jeweils arteigene Methodologien und Methoden wie beispielsweise – und hier sind verschiedene Variationsweisen zu bedenken – das ,Qualitative Paradigma' (interpretativ-verstehende Methode) und das ,Quantitative Paradigma' (statistisch-erklärende Methode).

Eine Aufgabe der wissenschaftlichen Sozialen Arbeit ist es – insgesamt gesehen – im gesellschaftlichen Kontext des Anwachsens sozialer und pädagogischer Problem- und Arbeitsfelder, die einen Analyse- und Vermittlungsbedarf deutlich signalisieren, eine ganzheitliche Problemanalyse zu leisten, aus der sich Deutungs- und Handlungsalternativen für die

1 Vgl. dazu Fromm 1991 sowie aus psychologischer Sicht Knapp 1986.

Handlungspraxis ergeben. Mit Blick auf das analytische Vorgehen in der Forschung wird dazu in dieser Arbeit die Konzeptualisierung einer erziehungswissenschaftlich orientierten Lebensweltanalyse vorgeschlagen, deren ‚Königsweg' meines Erachtens die qualitative Einzelfallstudie ist. Die aus solchen Analysen resultierenden Erkenntnisse könnten – sofern sie von Verantwortlichen der Bildungs- und Sozialpolitik sowie von Praktikern aufgenommen werden – für die praktische, pädagogisch inspirierte Erziehungs-, Sozial- und Vermittlungsarbeit zur Lebensbewältigung nutzbar gemacht werden.

Das auch in der vorliegenden Arbeit verfolgte Anliegen einer *„Rückgewinnung des Pädagogischen"* in der Sozialen Arbeit haben insbesondere Fatke/Hornstein vertreten: Sozialpädagogische Forschung und Theoriebildung sollte ihrer Auffassung nach folgende Aspekte stärker als bisher beachten: *„Erstens* muß es darum gehen, die Aufgaben der sozialpädagogischen Praxis weniger aus der Sicht der pädagogischen Experten, sondern mehr aus der Sicht der Betroffenen darzustellen; sie sollen als Subjekte ihrer Lebensgeschichte mit ihren je individuellen Bedürfnissen, Problemen, Erwartungen in den Vordergrund rücken. *Zweitens* gilt es, das Pädagogische in der Sozialpädagogik stärker, als dies gegenwärtig gemeinhin geschieht, zu reflektieren und zur Darstellung zu bringen.

Die stark soziologisch und gesellschaftstheoretisch ausgerichtete Sozialarbeits- und Sozialpädagogik-Diskussion der letzten Jahre hat tendenziell zur Ausklammerung, zumindest zur Zurückdrängung dieses Aspekts des Pädagogischen geführt und den Schwerpunkt eher auf die *Bedingungen* pädagogischer Prozesse und pädagogischen Handelns als auf diese selbst gerichtet. Hier ist eine spezifische Konzentration der Aufmerksamkeit auf die pädagogischen Prozesse selbst gefordert" (Fatke/Hornstein 1987, S. 591, Hervorh. im Original). Diese Forderungen sind auch im Kontext der Ausführungen von Thiersch/Rauschenbach aus dem Jahre 1984 sowie von Hornstein aus dem Jahre 1985 zu sehen. Die erstgenannten Autoren haben in ihrem vielzitierten Überblicksartikel zur Theorie und Entwicklung der Sozialpädagogik/Sozialarbeit im ‚Handbuch Sozialarbeit/Sozialpädagogik' (interessant ist übrigens auch jeweils die Reihenfolge der Begriffe) fünf ‚zentrale Dimensionen sozialpädagogischer

Theoriebildung' benannt, die Hornstein aufnahm und für eine Bestandsaufnahme erziehungswissenschaftlicher Forschung verwertet hat:

„1. die Dimension der ‚Lebenswelt sozialpädagogischer Adressaten'; das wären also Forschungen zu Kindheit, Jugend, Problemgruppen usw.;

2. die Dimension der gesellschaftlichen Funktion der Sozialpädagogik und Sozialarbeit; es liegt auf der Hand, was damit gemeint ist: Fragen zum Verhältnis von Sozialstaat und Sozialpädagogik usw.;

3. die Dimension sozialpädagogischer Institutionen, Fragen also nach Geschichte, Struktur, Zielsetzungen, Organisationsform sozialpädagogischer Arbeit;

4. die Dimension professionellen Handelns; Fragen also des beruflichen Selbstverständnisses, der beruflichen Handlungsprobleme;

5. schließlich: die Dimension, die den Wissenschaftscharakter der Sozialpädagogik betrifft, die wissenschaftstheoretische Dimension" (Hornstein 1985, S. 465).

Wenngleich diese Aufreihung keinen Strukturzusammenhang einer Theorie der Sozialpädagogik/Sozialarbeit erkennen läßt[1], ist darin doch ein Themenspektrum angesprochen, in welchem sich die Forschungsentwicklung zu den einzelnen Gebieten widerspiegeln läßt. Insbesondere läßt sich klarer erkennen, welche der Felder zu den bislang vernachlässigten gehören. Zu nennen ist hier an erster Stelle die *Dimension der Lebenswelt sozialpädagogischer Adressaten,* die es um die *Dimension der Lebenswelt sozialpädagogisch Handelnder* zu ergänzen gilt und die wiederum mit der institutionellen Dimension, welche gleichfalls als Forschungsdesiderat gelten kann, korrespondiert.

In Teil II dieser Arbeit wird zunächst auf die Entwicklung qualitativer Verfahren der empirischen Sozialforschung unter besonderer Berücksichtigung erziehungswissenschaftlicher Perspektiven kurz eingegangen. Daran anschließend wird das Verhältnis zwischen qualitativen und quantitativen Methoden diskutiert, qualitative Methodologien vorgestellt,

1 Vgl. Fatke/Hornstein 1987, S. 590.

sowie aufgezeigt, daß die ‚kommunikativ-aufklärerische' Variante qualitativer Forschung insbesondere dann sinnvoll einsetzbar ist, wenn es um die Berücksichtigung der oben genannten Dimensionen gehen soll.

Teil III der Arbeit enthält die Konzeptualisierung lebensweltlichen Vorgehens in der Sozialen Arbeit und in der erziehungswissenschaftlichen Forschung. Ein Schwerpunkt wird dabei auf ‚abweichendes', ‚sozialauffälliges' Verhalten gelegt, da dieses Problemfeld eines der zentralen innerhalb der Sozialarbeit und Sozialpädagogik ist. Der Biographieforschung wird deshalb ausdrücklich Beachtung geschenkt, weil diese als geeigneter Weg zur *„Rückgewinnung des Pädagogischen"* in der Sozialen Arbeit angesehen wird. Abschließend wird das Forschungsdesign der qualitativen Einzelfallstudie entwickelt.

Teil II: Qualitative Forschung

1. Kurzer Rückblick auf die Entwicklung qualitativer Methoden

Nachdem quantifizierende Verfahren einer ‚Hauptstromorientierung' etwa bis Ende der siebziger Jahre in den Sozialwissenschaften dominierten[1], wurde in zunehmendem Maße ein Neubeginn sichtbar, der sich durch die Verwendung qualitativer Methoden innerhalb der empirischen Sozialforschung abzuzeichnen begann. Dieser Neuanfang verdankt sich u.a. Mängeln der ‚alten', ‚überkommenen', ‚klassischen' Vorgehensweisen, wie Küchler zu Beginn der achtziger Jahre diagnostiziert: „Das Unbehagen an der konventionellen empirischen Sozialforschung mit ihrer einseitigen Betonung von standardisierten Erhebungsinstrumenten (insbesondere Fragebögen) und statistischen Auswertungsverfahren beschränkt sich in der Bundesrepublik nicht mehr auf eine Randgruppe von Sozialwissenschaftlern. Es hat die Zentren empirischer Sozialforschung längst erreicht (Küchler 1980, S. 373)[2].

„Eines der Hauptprobleme der e. S. [empirischen Sozialforschung] ist nach wie vor das Verhältnis von sozialwissenschaftlicher Theorie und methodischer Forschungspraxis: Einerseits hat eine Ausdifferenzierung der Forschungstechniken sowie die vergleichsweise leichte Zugänglichkeit zu

1 Als ‚Klassiker' vgl. z.B. v. Alemann 1977, Atteslander 1975, Friedrichs 1973 a, König 1973.

2 Zur Kritik herkömmlicher empirischer Sozialforschung vgl. auch Kriz 1981 sowie Bonß/Hartmann 1985. Eine umfassende Kritik an Interview und Einstellungsermessung in der Sozialforschung trägt Berger vor (Berger 1980). Vgl. in diesem Zusammenhang auch Kaase/Küchler 1985.

Daten und den erforderlichen Auswertungsinstrumenten [. . .] zu einer weitgehenden Verselbständigung der ‚Methoden' geführt (vgl. Kriz 1981); andererseits ergeben sich aus dem jeweils unterschiedlichen ‚Theorie'-Verständnis von Subgruppen der scientific community divergierende Definitionen des Ziels sozialwissenschaftlichen Arbeitens" (Kriz 1984, S. 103).

In einem Trendbericht leisten Lüders und Reichertz (1986) einen Überblick zum Entwicklungsstand qualitativer Forschungsmethoden: „In einer Reihe von Teilbereichen der Soziologie, Pädagogik und neuerdings auch der Psychologie [. . .] sind qualitativ forschende Projekte selbstverständlich geworden. Methodologisch qualitativ orientierte und beeinflußte Forschungsschwerpunkte (z.B. der Forschungsschwerpunkt ‚Pädagogische Jugendforschung' im Rahmen erziehungswissenschaftlicher Jugendforschung oder der Schwerpunkt ‚Verbale Interaktion' im Rahmen der Sprachsoziologie) sind eingerichtet worden und werden bzw. wurden gefördert; die Biographieforschung als in dieser Form neue und vor allem qualitativ inspirierte interdisziplinäre Forschungsrichtung ist inhaltlich und institutionell etabliert (z.B. Kohli/Robert 1984). Berücksichtigt man zudem, daß qualitative Sozialforschung nicht nur eine methodologische und methodische Alternative zur traditionellen quantifizierenden Forschung darstellt, sondern darüber hinaus in den letzten Jahren in ihrem Kontext eine Reihe von neuen Theorieansätzen, Themenstellungen, Forschungsfragen und Forschungsorientierungen entstanden sind, dann kann es heute nicht mehr um die Frage gehen, inwieweit qualitative Sozialforschung als ein ernstzunehmender Ansatz bzw. ‚Modetrend oder Neuanfang' zu verstehen ist. Statt dessen bedarf es einer selbstkritischen Auseinandersetzung mit dieser Forschungsrichtung: aber nicht die qualitative Sozialforschung als Ganzes steht heute zur Debatte, sondern das bisher Erreichte und die dabei aufgetretenen Schwierigkeiten" (Lüders/Reichertz 1986, S. 90).

Die Entwicklung im Bereich der erziehungswissenschaftlichen Forschung im engeren Sinne, die viele Parallelen zu dem bislang nachgezeichneten ‚Werdegang' offener Verfahren aufweist, soll im folgenden kurz skizziert werden. Im Zusammenhang mit einer stärkeren Rezeption der geisteswissenschaftlichen Pädagogik.[1] Ende der sechziger/Anfang der siebziger Jahre gewann die von den empirisch-analytisch orientierten Untersuchungen weitgehend verdrängte hermeneutische Methode erneut an Bedeutung – allerdings in modifizierter Form[2].

E. König und P. Zedler finden für diese Entwicklung eine zusammenfassende Formulierung: „Bis in die 60er Jahre war die Geisteswissenschaftliche Pädagogik sicher die einflußreichste erziehungswissenschaftliche Richtung im deutschsprachigen Raum. Hermeneutische Verfahren standen daher im Mittelpunkt. Die Kritik der empirischen Sozialwissenschaften an den Geisteswissenschaften führte dann zu einer Kritik an hermeneutischen Verfahren [. . .] – das Schwergewicht erziehungswissenschaftlicher Forschung lag in den 60er und 70er Jahren eindeutig auf möglichst exakten empirischen Untersuchungen. Mittlerweile gehört die heftige Kontroverse zwischen Anhängern und Gegnern des hermeneutischen Verstehens offenbar der Vergangenheit an. Die ursprünglichen Fronten haben sich ein Stück weit aufgelöst, die unterschiedlichen Positionen einander angenähert. Übereinstimmung, und das dürfte der entscheidende Punkt der neueren Diskussion sein, ist darüber erzielt, daß das verstehende Verfahren in der Erziehungswissenschaft *notwendig* ist" (König/Zedler 1983, S. 101, Hervorh. im Original).

Ansätze qualitativer (sinnverstehender) Sozialforschung befinden sich – so läßt sich resümieren – nach einer längeren Konfrontations- und Etablierungsphase, deren Beginn etwa 10-15 Jahre zurückliegt (läßt man einmal ‚vergessene' ältere Forschungstraditionen außer acht), nunmehr in einer Differenzierungs- und Etablierungsphase.[3] Die dabei gewonnenen Konturen verdanken sich nicht zuletzt den Kontroversen mit Vertretern etablierter, nomologisch-deduktiver Sozialforschung. Zahlreiche und bis heute nicht endende Auseinandersetzungen haben klärende Effekte bewirkt, die die

1 Vgl. Dahmer/Klafki 1968, Thiersch/Ruprecht/Herrmann 1978, Zinnecker 1982.
2 Vgl. Zedler 1982, 1983 a, b.
3 Für die psychologische Forschung vgl. die Beiträge in Bergold/Flick 1987.

Einsatzmöglichkeiten und -grenzen beider Forschungszweige deutlicher hervortreten lassen[1].

2. Das Verhältnis von qualitativer und quantitativer Sozialforschung

Qualitative und quantitative Methoden der empirischen Sozialforschung stehen in einem Verhältnis zueinander[2], welches zu Kontroversen, Fragen nach Gültigkeit, Gewichtung und Reichweite der jeweiligen Richtung sowie zu ‚Einigungsversuchen' geführt hat[3]. Wilson gelangt in diesem Kontext zu folgender Situationsanalyse: „Die Kontroverse um qualitative und quantitative Methoden ist vielleicht die hartnäckigste in der Sozialwissenschaft. Das eine Extrem ist die Auffassung, zu objektiver Erkenntnis des sozialen Lebens komme man nur durch Klassifizieren, Messen, Tabellieren und die Anwendung statistischer Methoden. Andere Verfahren könnten nur Hypothesen nahelegen, die dann mit strengen und objektiven quantitativen Methoden zu prüfen seien oder auch zu ‚Fallstudien' führen könnten, die, wenn in genügender Zahl vorhanden, quantitativ analysiert werden können. Die Rede von ‚qualitativen Methoden' gilt dieser Auffassung oft als schädlich, weil sie einem haltlosen Subjektivismus Vorschub leiste. Das andere Extrem ist die radikale qualitative Auffassung, nach der quantitative Methoden eine wesensfremde Struktur und Form an das Geflecht des sozialen Lebens herantragen, das vielmehr nur in seiner einzel- und ganzheitlichen Komplexität erfaßbar sei. Die Statistik könne zur Organisation vordergründiger Tatsachen unter Verwaltungsgesichtspunkten ganz nützlich sein, doch zum Wesen des sozialen Lebens könne man so nicht vordringen. Nach dieser Auffassung ist der Begriff der ‚quantitativen Metho-

1 Vgl. die Bilanz in Hoffmann 1991.
2 Vgl. einführend Mayring 1990 und vor allem Hoffmann-Riem 1980 a, 1982, 1984; vgl. auch Garz/Kraimer 1991.
3 Vgl. z.B. Ferchhoff 1986, Köckeis-Stangl 1980.

den' im besten Falle schief, weil er zu einem blinden Empirismus führe, der gerade mit seinem Objektivitätsanspruch am Wesen des sozialen Lebens völlig vorbeigehe" (Wilson 1982, S. 487). Eine Schlußfolgerung, die sich als ‚Sowohl-als-auch'-Standpunkt[1] bezeichnen läßt, ist eines der Hauptresultate seiner Überlegungen: „Wir haben empirische Gründe für drei Grundbehauptungen beizubringen versucht. Erstens, daß es keine privilegierte Methode gibt, an der andere Methoden zu messen wären. Zweitens, daß sowohl quantitative als auch qualitative Methoden ihre geeigneten Anwendungsbereiche haben. Und drittens, daß sich die Sozialwissenschaftler in der Forschungspraxis des Zusammenspiels quantitativer und qualitativer Analysen bedienen müssen und das auch tun" (Wilson 1982, S. 504). Eine sogenannte Methodentriangulation[2] verspricht dabei als verbindende Position in solchen Untersuchungsfeldern Gewinn, die mittels einzelner Methoden nicht ausreichend anzugehen sind, wie dies beispielsweise im Umfeld der Erforschung der Jugenddelinquenz und der damit befaßten Personen der Fall ist. So können etwa wesentliche Aspekte der Beziehungsstruktur zwischen Jugendgerichtshelfern und Jugendlichen nicht mit quantitativen, wohl aber mit qualitativen Verfahren rekonstruiert werden[3]; andererseits können die in einer großen Zahl von Akten angesammelten Daten mit Hilfe quantitativ orientierter Zugriffsweisen aufbereitet und analysiert werden.

Modelle der Methodentriangulation[4] werden insbesondere in neueren Jugendstudien favorisiert; so beispielsweise bei Treumann: „Was das Verhältnis von qualitativen und quantitativen Methoden in der empirischen Sozialforschung im allgemeinen und in der Jugendforschung im besonderen betrifft, so läßt es sich mit McGrath et al. (1982) durch drei miteinander konfligierende Ziele kennzeichnen. Diese drei Intentionen, nämlich Generalisierbarkeit, Präzision und Wirkungskontrolle sowie Kontexterfassung lassen sich mit einer einzigen Methode nie gleichzeitig optimal verwirklichen. Das Konzept der Triangulation „geht davon aus, daß durch

1 Vgl. auch Mohler 1981.
2 Vgl. Denzin 1970.
3 Vgl. Kraimer/Müller-Kohlenberg 1990.
4 Vgl. hierzu auch Bittner 1981, Schusser 1991.

die unterschiedlichen Zugriffsweisen der einzelnen Methoden auf soziale Realität jede Verfahrensweise Forschungsergebnisse liefert, die mit methoden-immanenten Stärken und Schwächen behaftet sind“ (Treumann 1986, S. 200).
Es ist notwendig, quantitative und qualitative Ansätze nicht nur im Hinblick auf ihre Leistungsfähigkeit zu vergleichen, sondern auch Überlegungen anzustellen, die darauf abzielen, die Fruchtbarkeit einer möglichen Verbindung der beiden Richtungen zu reflektieren. Idealtypisch lassen sich diese Überlegungen in zwei Extremgruppen einteilen: auf der einen Seite befinden sich diejenigen Vertreter, die eine Verbindung der beiden Richtungen kategorisch ablehnen bzw. diese für unmöglich halten (puristische Position); auf der anderen Seite stehen diejenigen Auffassungen, die einer Verbindung das Wort reden bzw. forschungspraktisch daraufhin arbeiten (pragmatische Position)[1]. Die beiden Gruppen lassen sich aus einer analytischen Perspektive zudem im Hinblick darauf unterteilen, ob die entsprechenden Vorschläge von Vertretern der qualitativen oder der quantitativen Richtung stammen.
In Abgrenzung von einer wenig ertragreichen Frontstellung (Zwei- Welten-Modell) wird von vielen Autoren derzeit vermehrt *eine Methodenkombination* bzw. eine *Triangulation von Methoden* für die Forschungspraxis vorgeschlagen. Hoffmann-Riem erläutert diese Position wie folgt: „Für die Auseinandersetzung zwischen den Richtungen der Sozialforschung ist zu hoffen, daß es zu einer gegenseitigen Öffnung kommt: Wissenschaftlicher Fortschritt wäre für die interpretative Sozialforschung nicht erreichbar ohne die kritische Nutzung tradierter Sozialforschungsgehalte; die neopositive Sozialforschung sollte andererseits ihren Empirie-Begriff überprüfen und – wie *Grathoff* es formuliert hat – den Mut aufbringen, ‚den Alltag erst einmal und stets wieder so zu nehmen, wie er sich jeweils präsentiert‘“ (1980, S. 362, Hervorh. im Original). Wie solche methodologischen Überlegungen methodisch umzusetzen sind, hat, um ein Beispiel zu nennen, Fromm (1990, S. 470 ff.) verdeutlicht. Er unterscheidet drei mögliche Formen der Verknüpfung: Die additive Verbindung; die Triangulation (Mehrfacherhebung

1 Vgl. für die Gegenüberstellung von Puristen und Pragmatikern Firestone 1987.

durch qualitative und quantitative Methoden) und die Überführung qualitativer in quantitative Daten (und vice versa).

Als methodologische Hauptströmungen lassen sich mit Garz/Kraimer (1991, S. 8) folgende vier Richtungen unterscheiden, die hier um eine fünfte ergänzt wird:

1. Die objektive Hermeneutik in der Tradition von Oevermann.[1]
2. Die soziologische Narrativismus in der Tradition von Schütze (narratives Interview, Erzählanalyse).[2]
3. Die kommunikative Sozialforschung in der Tradition des Symbolischen Interaktionismus, in Deutschland vor allem von der Arbeitsgruppe Bielefelder Soziologen vertreten.[3]
4. Die qualitative Biographie- und Lebenslaufforschung, die von den erstgenannten Richtungen stark beeinflußt wird.[4]
5. Die psychoanalytische Textinterpretation als Methode der Sozialforschung.[5]

3. Qualitative Methodologien

Methodologien[6] sind – in einem weit gefaßten Sinne – Verfahrenslehren, die Anleitungen dafür bereitstellen, wie ein Forschungsprozeß ablaufen soll (Untersuchungsplan, Datenerhebung und -auswertung, Ergebnispräsentation). Im engeren Sinne sind Methodologien als Lehren von den Forschungsmethoden zu verstehen.

---

1 Vgl. z.B. Oevermann 1983, 1986, 1993, Oevermann et al. 1976, 1979.
2 Vgl. z.B. Schütze et al. 1973, Schütze 1976, 1984 a, 1987.
3 Vgl. Arbeitsgruppe Bielefelder Soziologen 1973, 1976.
4 Vgl. z.B. Fuchs 1984, Kohli/Robert 1984, Gerhardt 1984, Voges 1987.
5 Vgl. Leithäuser/Volmerg 1979, 1987, 1988, Volmerg 1988.
6 Vgl. auch Filstead 1970.

Der Begriff ‚qualitativ' meint in der Forschung vor allem ‚Messungen' von Qualitäten, Beschaffenheiten, Eigenschaften bei Personen, Gruppen, Diensten, Institutionen, die sich nicht auf reine Auszählungen quantifizierbarer Merkmalsverteilungen beschränken. Qualitative Forschung steht dabei – wie für unterschiedliche Positionen gezeigt – nicht im Gegensatz zur quantitativen Forschung; beide Verfahrensrichtungen bedingen einander, folgen allerdings verschiedenen Standards und Gütekriterien.[1]

Im Unterschied zu dem grundlagentheoretischen Interesse qualitativer Sozialforschung im allgemeinen, die im Sinne einer „umständlichen Herstellung von Wirklichkeit" zu organisieren ist, um vorschnelle Schlüsse vermeiden zu helfen, was etwa die Entlastung des Forschers von ‚Produktionszwängen', Zeitdruck und eine grundsätzliche Ablösung von Erwartungsdruck zwingend voraussetzt, steht in der Sozialen Arbeit im besonderen derzeit ein Forschungstyp in der Diskussion, bei dem es eher um grundlagenpraktische Interessen geht (in der Realität der Forschungspraxis finden wir zahlreiche Mischformen der hier nur grob benannten Forschungstypen vor). Solche Interessen liegen beispielsweise darin, Handlungen, Aktionen oder Ressourcen in sozialen Feldern zu erforschen, um (emanzipatorische bzw. ökosoziale) Veränderungen zu bewirken[2], die Praxis der Sozialen Arbeit von ‚innen' oder ‚außen' auszuwerten (als Selbst- oder Fremdevaluation)[3], oder darin, Forschung als Praxisforschung so zu betreiben, daß Soziale Arbeit möglichst reflektiert erfolgen kann[4]. Diese soll so gestaltet werden, daß Handlungserfolge, die sich auf gelungene Hilfeprozesse stützen, in ihren Wirkungen aufzeigbar sind, ‚meßbar' werden.

Dabei kommen in zunehmendem Maße solche methodologischen Verfahren zur Anwendung bzw. werden eingefordert, die als qualitative, kommunikative, dialogische oder hermeneutische bezeichnet werden und welche die hier im

1 Vgl. z.B. auch Flick 1987, 1990, 1991, Fromm 1987, Lamnek 1988, S. 140 ff.

2 Vgl. für die Handlungsforschung z.B. Heinze 1987; für ökosoziale Konzepte in der Sozialarbeit Ehrhard-Kramer 1989, Wendt 1990 b.

3 Vgl. Heiner 1988 b, Haupert 1989.

4 Vgl. Heiner 1988 a.

Aufmerksamkeitszentrum stehende Erforschung subjektiver Sichtweisen anleiten. Damit ist eine Variante qualitativer Sozialforschung verbunden, die als kommunikativ-aufklärerische bezeichnet worden ist (vgl. Terhart 1983 b, S. 157) und die sich abgrenzen läßt gegenüber deskriptiven, ethnographischen, strukturalistisch-rekonstruktiven.[1]

Im Anschluß an Ausführungen zu Aufgaben und Möglichkeiten der struktralistisch-rekonstruktiven bzw. objektiv-hermeneutischen Methodologie in der erziehungswissenschaftlichen Forschung sowie zur Professionalisierung wird die genannte Variante qualitativen Vorgehens ausführlicher thematisiert werden, da diese meines Erachtens einen Zugang zu Lebensentwürfen und -welten im Kontext Sozialer Arbeit schafft und da mit deren Hilfe eine innovative Arbeit ermöglicht wird.[2]

3.1 Möglichkeiten der objektiven Hermeneutik in der erziehungswissenschaftlichen Forschung

Benennt man als Aufgabe der erziehungswissenschaftlichen Forschung die Problematik, für die Erziehungstatsache, theoretisch wie praktisch Aufklärungen zu erbringen und Unvernünftiges klar zu machen, geht es etwa in der Forschung, die sich auf die *historische Dimension* der Pädagogik und der Sozialpädagogik richtet, darum, eine Rekonstruktion der Sozialgeschichte unter pädagogischem Aspekt zu leisten.[3] Studien, etwa von Ariès (1976) zur Geschichte der Kindheit und von dessen Gegenspieler de Mause (1980) können indes nicht befriedigen. So setzt ersterer auf Bewußtseinsstudien, letzterer auf Kategorien der Psychoanalyse, die auf kollektive Prozesse der Kindheitsgeschichte übertragen werden.

1 Zur Unterscheidung der einzelnen Ansätze vgl. Lüders/Reichertz 1986, Garz/Kraimer 1991.

2 Vgl. auch die Beiträge in Maelicke 1987 b.

3 Vgl. z.B. die Arbeiten von Dittrich/Dittrich-Jacobi 1979, Kokemohr 1989, Krause 1989, Herrmann 1991, Marotzki 1991 a, b.

Die Erziehungstatsache ist dabei in ihrem jeweiligen kulturellen Zusammenhang zu sehen. Blankertz (1983) beispielsweise spricht im Rahmen seiner Erörterung des Verhältnisses historischer Tatsachenerfassung und Erzählbarkeit von einem „Gesamtkomplex pädagogischer Theorien und erzieherischer Praxis als Teil eines Kulturzusammenhanges". In der geisteswissenschaftlichen Pädagogik spielt der Kulturzusammenhang (allerdings unter dem Primat des Menschen als personalem Wesen) – besonders deutlich bei Nohls pädagogischem Verhältnis, in welchem sich ein reifer und ein werdender Mensch gegenüberstehen – bereits eine entscheidende Rolle. Dieser Kulturzusammenhang wird bei Spranger wie folgt benannt: „Erziehung ist eine Seite des großen Lebenszusammenhangs, den wir Kultur nennen. Jede grundsätzliche Erörterung über das Wesen der Erziehung setzt demgemäß den Rahmen einer allgemeinen Kulturphilosophie voraus" (1973, S. 7). Und etwas später heißt es: „Der überindividuelle Geist greift überall durch die Struktur des individuellen Geistes hindurch. Man erfaßt seine Struktur nur in der Erlebnisabschattung. Er sucht sich, wenn er sich sucht, nur durch den Einzelmenschen hindurch" (a.a.O., S. 24). Nicht zufällig ist es gerade Spranger, der in der erziehungswissenschaftlichen Diskussion erneut rezipiert wird. Die Gründe liegen neben der genannten Thematisierung des Kulturellen in seiner Konzeption methodologisch angeleiteten Sinnverstehens sowie in seiner materialen Analyse des ‚Seelenlebens der Jugendlichen'[1]. Aufgaben und Möglichkeiten der objektiven Hermeneutik liegen meines Erachtens in der Erforschung der Erziehungswirklichkeit historisch wie aktuell darin, Defizite der geisteswissenschaftlichen Tradition aufzuzeigen, methodische Schwachstellen und normative Vorurteile etwa bei Spranger wie auch bei interpretativen Alltagsforschern – insbesondere mit Blick auf deren Mangel an Verbindlichkeit – aufzudecken.[2]

Eine erste und meines Wissens bislang kaum diskutierte Arbeit zu diesem Thema legte Gruschka mit dem Titel „Von Spranger zu Oevermann" aus dem Jahre 1985 vor. Gruschka arbeitet u.a. eine theoretische Verwandtschaft beider Auto-

1 Vgl. Spranger 1966
2 Vgl. zu dem Theorieprogramm der objektiven Hermeneutik auch Terhart 1981, Bude 1982, Garz et al. 1983.

ren heraus. Sein Ergebnis lautet: „Trotz gravierender Unterschiede haben beide Autoren in entscheidenden Punkten Gemeinsamkeiten. Sie beziehen sich vor allem auf die Frage des subjektiven vs. des objektiven Sinnverstehens und der erforderlichen zentralen Operationen des wissenschaftlichen Verstehens in Kontrast zu denen des Alltagslebens. Der Begriff der Objektivität ist bei Oevermann dann allerdings material-theoretisch ausgeführt, während Spranger doch jenseits einer sozialwissenschaftlich inspirierten Strukturdefinition vergleichsweise unpräzise und in ihren normativen Implikationen tendenziell verführerische Begriffsbildungen bevorzugt. [. . .] Positiv bleibt festzuhalten, daß Spranger schon in den zwanziger Jahren mit seiner *strukturtheoretischen Perspektive* Einsichten formulierte, die viele der interpretativen Forscher heute in ihrer vorschnellen Tendenz zur Pädagogisierung ihres Adressaten wie im Bedürfnis, zu diesen ein dialogisches Verhältnis einzugehen, noch nicht eingeholt haben [. . .]. Negativ und zugleich als Hinweis auf den mit Oevermann festzustellenden Fortschritt bleibt die These, daß Spranger im Gegensatz zu Oevermann eine Vermittlung zwischen theoretischen und praktischen Fragen wissenschaftlich nicht gelingt, und zwar nicht zuletzt deswegen, weil er die Operationen des Sinnerschließens nicht verbindlich regelt und weil der untersuchte Text entgegen aller Absicht gleichsam keinen Widerspruch gegen die Norm, mit der er kritisiert wird, einlegen kann“ (Gruschka 1985, S. 88 f., meine Hervorh.).

Für die erziehungswissenschaftliche Forschung, die zur Eigenständigkeit der Pädagogik als Disziplin beitragen soll, kann die objektive Hermeneutik beitragen. Dazu noch einmal Gruschka: „Erst im Sinne der objektiven Hermeneutik objekttheoretisch und methodologisch aufgeklärte Bezugnahme auf die Einsichten und das Selbstverständnis der geisteswissenschaftlichen Pädagogik wird eine Renaissance derselben einleiten. Kommt es nicht zu dieser Weiterentwicklung, werden nach kurzer Zeit der Rückbesinnung die alte Theorie und Methode mit den gleichen Argumenten beiseite gelegt werden, die Ende der sechziger Jahre zu ihrem Ausscheiden aus der Diskussion um eine kritische, dabei empirisch akzentuierte Erziehungswissenschaft geführt haben. Schade wäre dies insofern, weil in den Texten Sprangers, Wenigers und anderer Autoren eine hausgemachte Methodologie angelegt war, die immerhin erste Ansätze enthielt, um das notorische strukturtheoretische Defizit der pädagogischen Wissenschaft (Oevermann) zu überwinden“ (a.a.O., S. 93 f.).[1]

3.2 Anmerkungen zur Professionalisierung Sozialer Arbeit

Was das sozialpädagogische Handeln bzw. dessen Professionalisierung angeht, soll vor allem auf zwei Arbeiten zunächst kurz eingegangen werden, die unter Einbeziehung der Professionalisierungstheorie Oevermanns entstanden sind und die im Rahmen Sozialer Arbeit bedeutsam sind.[2]

Bude (1985 a) hat in einem Essay, in welchem er der Frage „Was ist pädagogisches Handeln?“ nachgeht, Versatzstücke der Oevermannschen Überlegungen einbezogen, sozusagen ‚schöne Stellen‘ daraus aneinandergereiht. Neben der ärgerlichen Tatsache, daß dies nahezu ohne Zitierung geschieht, ist zu bemängeln, daß Bude lediglich problematische Formen pädagogischen Handelns benennt und von der (falschen) Voraussetzung ausgeht, pädagogisches Handeln reduziere sich auf Erziehung zur Selbständigkeit. Neben den begründbaren Thesen, daß sich pädagogisches Handeln in der Vermittlung allgemeinen Regelwissens und individuellem Fallverstehen sowie in der Vermittlung von Abstinenz und Identifikation in der Pädagoge-Klient-Beziehung verwirklicht und daß dieses Handeln in Gestalt stellvertretender Deutungen mögliche Begründungen für Selbsthilfeprozesse gibt, kommt Bude zu einigen problematischen Schlußfolgerungen, so etwa zu der, die pädagogische Anforderung bestehe

1 Vgl. Oevermann 1983. In der Enzyklopädie Erziehungswissenschaft ist die objektive Hermeneutik durch den Beitrag von Matthes-Nagel (1984) vertreten. Liebau (1987) ist der pädagogischen Bedeutung der Sozialisationstheorien von Bourdieu und Oevermann nachgegangen. Zur geisteswissenschaftlichen Pädagogik, die es mit Blick auf methodische Fortentwicklungen neu auszugestalten gilt, vgl. z.B. Zedler 1983 a, b, Oelkers/Schulz 1984, Uhle 1989; vgl. hier auch Müller-Doohm 1990.

2 Vgl. Oevermann 1981 a.

darin, ein Programm unter dem Motto „Werde selbständig" zu verwirklichen, womit der Adressat pädagogisiert und in eine Beziehungsfalle gebracht würde. Selbständigkeit ist zwar sehr wohl ein zentrales Erziehungsziel, läßt sich aber nicht durch eine derartig simple Programmatik erzeugen. Vielmehr steht seit Comenius' Prinzip der *autopraxia* in der Pädagogik die Aufforderung zur freien *Selbsttätigkeit* am Anfang jenes sensiblen Prozesses, der die Chance zu einer späteren Selbständigkeit eröffnet und nur im Kontext der Bildsamkeit des Menschen als Vernunfttätigkeit möglich wird. Für professionelles pädagogisches Handeln, insbesondere in der Sozial- und Devianzpädagogik[1], sind mit dieser ‚Erziehungstatsache' folgende Anforderungen verbunden, die Mollenhauer im Anschluß an Kleist[2] herausgearbeitet hat: „es bedürfe nämlich für jene Aufforderung zur Selbsttätigkeit keiner besonders geschäftigen Selbstdarstellung, keiner zielgerichteten, auf eine bestimmte Wirkung bedachten Tätigkeit des anderen, sondern nur einer gewissen gespannten Aufmerksamkeit für die Differenz zwischen dem Möglichen und dem Wirklichen. Die erste Tugend des Pädagogen wäre demnach Aufmerksamkeit, Zuhören-Können, geduldiges Beobachten" (Mollenhauer 1983, S. 121 f.).

Ein Strukturproblem sozialpädagogischen Handelns besteht nach Oevermann darin, stellvertretende Deutung sowie prophylaktisch-therapeutische Anteile unter nicht naturwüchsigen Bedingungen im Kontext der Einbindung in bürokratische Systeme und Systeme sozialer Kontrolle so zusammenzubringen, daß eine technologische Problembearbeitung verhindert wird. In der Sozialpädagogik/Sozialarbeit läßt sich eine sehr selektive und umdeutend vereinnahmende Rezeption der Oevermannschen Theorie feststellen. Man meint in Oevermann „den Vorreiter einer nicht expertokratisch-autoritären Professionalisierung emanzipatorischer oder gar postmoderner Prägung [. . .] sehen zu müssen – ganz gegen Oevermanns Programm einer strukturalen Rekonstruktion auf der Basis eines heuristischen Professionsbegriffs [. . .]. Eine derartige Umdeutung von objektiven sozialpädagogischen Handlungsproblemen und gesellschaftlich-organisa-

1 Vgl. auch Kap. III.6. in dieser Arbeit.

2 Zum Prinzip der Selbsttätigkeit vgl. auch Schaller 1971, Funke 1983.

torischen Kontexten mittels eines strukturtheoretischen Professionsbegriffs kann theoretisch nicht befriedigen“ (Koring 1989, S. 87).

Koring formuliert im Anschluß an Oevermann mit Blick auf die besondere soziale ‚Logik‘ professionellen Handelns, die als konstitutive Bedingung für pädagogisches Tun gesehen wird, „daß Professionen damit befaßt sind, spezialisiertes abstraktes Theoriewissen in einer Form auf lebenspraktische Problemsituationen zu ‚übersetzen‘, daß diese Probleme kompetent, folgenreich und auf Dauer gelöst oder bearbeitet werden. Oevermann begreift demnach Professionen als soziale Strukturen, die ein institutionalisiertes Bindeglied zwischen Theorie und Praxis sind“ (Koring, a.a.O., S. 17).

In der Verbindung von ‚Theorieverstehen‘ und ‚Praxisverstehen‘ mit der stellvertretenden Deutung ergibt sich für die Profession die Notwendigkeit einer empirisch-hermeneutischen Rekonstruktion vorfindbarer Deutungs- und Handlungsschemata (a.O., S. 52). Ich sehe in der objektiven Hermeneutik eine Möglichkeit – etwa in Kombination mit der pädagogischen Kasuistik[1] oder der erziehungswissenschaftlichen Forschung in der Sozialen Arbeit die akademische Ausbildung in diesem Bereich zu optimieren. Für dieses Vorhaben wurde ein Konzept entwickelt, aus dem das folgende, hier modifizierte Schema stammt.[2]

Für die Soziale Arbeit ist es dringlich, diejenigen Bedingungen zu extrahieren, die eine ‚schlechte Praxis‘, etwa als Bevormundung von Klienten oder als Abwehr ehrenamtlicher Hilfe, ausmachen.[3] Ebenso wichtig ist es, die ‚gute Praxis‘ zu dokumentieren wie sie beispielsweise in der Analyse eines Interviews mit einer Schweizer Sozialarbeiterin durch Oevermann (1991) vorliegt. Auf diese Weise könnte die Entwicklung der Sozialen Arbeit wenn schon (noch) nicht als Profes-

---

1 Vgl. Kap. III.5. in dieser Arbeit.

2 Vgl. Haupert/Kraimer 1991 b. Zur Professionalisierung vgl. Mühlfeld et al. 1988; zu einer kritischen Einschätzung der Möglichkeit einer gelingenden Professionalisierung unter dem Aspekt der Sittlichkeit vgl. Brumlik 1992, S. 213 ff., auch Olk/Otto 1989 b.

3 Vgl. zur Laienkompetenz Müller-Kohlenberg 1988, 1990.

sion, so doch als Beruf, dem man sich zuverlässig anvertrauen kann, befördert werden.[1]

Schaubild 1: Professionskompetenz als Reflexions- und Könnensmodus im beruflichen Kontext, die zwei Elemente umfaßt:

a) *wissenschaftliche Kompetenz* als Zugang zu einem Theorieverstehen, das es ermöglicht, wissenschaftliche Erkenntnisse zur Reflexion wie zur Problembearbeitung zu nutzen	b) *berufliche Kompetenz* in der Ausformung einer beruflichen Kunstlehre, die zu einem Handlungswissen wird. Dabei ist das hermeneutische Fallverstehen zentral. In der *mäeutischen Intervention* kommt die berufliche Kompetenz u.a. als stellvertretende Deutung zum Tragen.

Aus beiden Strängen resultiert die Handlungskompetenz für die berufliche Praxis.[2]

Die *Mäeutik,* die eigentlich die Fertigkeiten einer Hebamme beschreibt, ist die von Sokrates entwickelte Methode, Vorstellungen und Begriffe durch ein dialogisches Fragen zu präzisieren, neu zu strukturieren bzw. überhaupt erst zum Vorschein zu bringen und einsichtsfähig zu machen. In der *mäeutischen Intervention* geht es – ganz ähnlich wie in der Hebammenkunst – um einen Eingriff in eine Lebenspraxis, der behutsam und wohldurchdacht auszuführen ist. Oevermann verwendet den Begriff der Mäeutik im Kontext seiner Erörterung professionellen Handelns, in der die *stellvertretende Deutung* zentral ist. Diese bezeichnet – grob charakterisiert – ein Handeln, welches auf die Lebenspraxis einer anderen Person bezogen ist und darauf zielt, Autonomie (wieder-)herzustellen.[3]

Soziale Arbeit, die – wie Thiersch/Rauschenbach (1984, S. 1007) feststellen – in ihrer Ganzheit nur in einem Miteinander von Professionellen[4] und Nichtprofessionellen wirk-

1 Vgl. in diesem Zusammenhang Nieke 1991 sowie auch Böhnisch/Lösch 1979.
2 Vgl. auch Kap. III.5.3. und III.6.7. in dieser Arbeit.
3 Vgl. z.B. Oevermann 1981 a, 1983.
4 Vgl. auch Olk 1989 sowie die Beiträge in Müller/Rauschenbach 1988.

sam ist, findet eine sinnvolle Ergänzung durch freiwilliges soziales Engagement.[1]

Neben der Schulung hermeneutischen Fallverstehens und der Einübung von Deutungsfähigkeit ist für eine gelungene Professionalität die *berufliche Kunstlehre als Arrangement sozialer Beziehungen* so auszugestalten, daß die Gewinnung und Nutzung zusätzlicher Hilfepotentiale zur Her- bzw. Wiederherstellung von Sozialität und Bildung unter defizitären Bedingungen systematisch in die Ausbildung einbezogen wird.

Insbesondere Müller-Kohlenberg (1993) hat mit ihrer *Konzeption der Triangulation von Hilfe* dazu ein tragfähiges Modell vorgelegt. Die vorgeschlagene ‚Verdreieckung' von Zusammenarbeit besteht für die Soziale Arbeit darin, daß Hilfesuchende, „methodisch administrativ kompetente *Sozialarbeiter und Sozialarbeiterinnen"* sowie „menschlich und persönlich engagierte (Laien-)Helferinnen und Helfer" in ein gemeinsames, wechselseitiges Leistungsangebot eingebunden werden. In diesem Zusammenhang sind die Überlegungen von Hildenbrand bedeutsam: Für die Organisation von psychiatrischen Übergangseinrichtungen, die als ‚Familien-Heime' (gegenüber institutionell organisierten) wirken, zeigt die Untersuchung von Hildenbrand (1991)[2], deren Relevanz für die therapeutische Beeinflussung von Ablöseprozessen Schizophrener aus der Familie auf. Die dabei betonten Rahmenbedingungen weisen ebenfalls auf die Notwendigkeit einer *Verteilung von Hilfe*[3] hin und könnten in der Zusammenschau mit dem Triangulationskonzept richtungsweisend sein für eine alternative Professionalität, die die Kompetenz von Laien problemlos anerkennt und durch die Einsicht in die Autonomie der Lebenspraxis der Klientel charakterisiert ist. Die von Hildenbrand (1991, S. 299) genannten Bedingungen beziehen sich in diesem Kontext auf drei wesentliche Bereiche: „Auf die Einbettung in eine soziale Umgebung, zu der die Nachbarschaft und die Gemeinde, die Arbeitswelt und ggf. die Herkunftsfamilien der Heimbewohner gehören, auf die begleitende professionelle Therapie durch einen neu-

1 Müller-Kohlenberg et al. 1992.
2 Vgl. dazu Kap. III.8.7. in dieser Arbeit.
3 Vgl. hier auch Huber/Zlauwinen 1992.

tralen, d.h. außerhalb der Einrichtung tätigen Therapeuten, und schließlich auf die Supervision der innerhalb der Einrichtung tätigen Personen mit dem Ziel, deren unvoreingenommenen Blick einer alltäglichen naturwüchsigen Lebenspraxis der Klientel zu erhalten.“ Die Ausprägung eines professionellen Habitus, der sich durch die Verinnerlichung einer unbedingten Anerkennung der Autonomie der Lebenspraxis der Klientel allererst ausweist, wird künftig die zentrale Aufgabe von Curricula der akademischen Ausbildungsstätten von Sozialpädagogik und Sozialarbeit sein müssen.[1] Weitere Aufgaben, die meines Erachtens durch die systematische Entfaltung einer Sozialarbeitsforschung angehbar werden, hat ebenfalls Hildenbrand (1991) im Anschluß u.a. an Parsons und Oevermann herausgearbeitet. Es sind dies in der Hauptsache die *problematische Stellung des Sozialarbeiters zwischen Hilfe und Kontrolle* und die *problematische Wissensbasis* in der Sozialen Arbeit.

Die ‚problematische Wissensbasis‘ bezeichnet den diffusen, modischen Strömungen unterworfenen und meines Erachtens durch den Verlust des Pädagogischen gekennzeichneten Zustand Sozialer Arbeit. Insbesondere die *Umgehung des Fallverstehens* ist dafür charakteristisch. Hildenbrand zeigt das Scheitern des Versuchs einer „Professionalisierung über Methoden“ als Technokratisierung auf, diskutiert mangelhafte ‚Alternativen‘ wie einen „Abschied von der Profession“, der einem Ersatz von Sozialarbeitern durch Bürokraten gleichkomme oder kritisiert den Vorschlag von Peters (1971), der einen Entzug der Arbeitsgrundlage zur Folge habe. Diese ‚Lösungsvorschläge‘ erweisen sich als unzureichend für das Problem, Soziale Arbeit als professionelle zu organisieren. Deren Bedingung formuliert Hildenbrand (1991, S. 168) wie folgt: „Methodisch kontrolliertes Fallverstehen einer beschädigten lebenspraktischen Autonomie setzt eine universelle Wissensbasis, Verfahren eines hermeneutischen Zugangs zum Fall sowie einen beruflichen Habitus voraus, der es den professionell Handelnden ermöglicht, diese beiden widersprüchlichen Elemente der professionellen Orientierung auch unter Handlungsdruck in Einklang zu

1 Zum Habituskonzept vgl. Portele 1985; zur Autonomie der Lebenspraxis vgl. Kap. III6.7. in dieser Arbeit; zur Ausbildung vgl. z.B. Mühlum/Kemper 1988.

bringen. In der Sozialarbeit ist dies sowohl aus Gründen der organisatorischen Bedingungen, unter denen hier gehandelt wird, wie auch aus Gründen, die in der Geschichte dieses Berufs (Fürsorge) liegen, nur in brüchiger Weise realisiert." Auf den Ansatz von Schütze (1992), der der Supervision[1] einen besonderen Wert in der Lösung des Professionalisierungsproblems zuweist, und der Parallelen zu dem Oevermannschen Modell aufweist, soll auf Grund dessen Entwicklungs- und Anschlußfähigkeit eingegangen werden, um so Hinweise darauf zu finden, wie die ‚Brüchigkeit des Habitus' in der Sozialen Arbeit vermieden und die ‚Neuformung des Nachwuchses' zusammenhängend gestaltet werden kann.

Für die Sozialarbeit (wobei die Berufsbereiche der Sozialpädagogik mitgedacht sind) postuliert Schütze (1992) neuerdings in Anlehnung an Hughes 1971 den Status einer bescheidenen Profession. Diese sei als „noch unvollständige [. . .] Profession in besonders schmerzlicher Weise von den *Paradoxien professionellen Handelns* betroffen, [. . . wodurch] ein besonders intensives Bedürfnis nach neuartigen Selbstreflexions- und Selbstvergewisserungsverfahren wie denen der Fallbesprechung und denen der Supervision entstehen konnte" (S. 147). Auch Schütze sieht in der stellvertretenden Deutung eine zentrale Aktivität professionellen Handelns, wenngleich er betont, daß diese nur *eine* unter weiteren Kernaktivitäten sei. Neben der Betonung der Fruchtbarkeit der biographietheoretischen Fallanalyse arbeitet Schütze diejenigen Paradoxien professionellen Handelns heraus, die meines Erachtens bereits während des Studiums den künftigen Berufsträgern Sozialer Arbeit in ihrer Strukturiertheit transparent zu machen wären, damit unaufhebbare Antinomien besser aushaltbar werden und nicht (zu Lasten der Klientel) zum Gegenstand eigens dazu inszenierter aber wirkungsloser ‚Therapien' werden. Seine Lesart ist, die Soziale Arbeit verkörpere als ‚bescheidene Profession' die modernen Problemstellungen professionellen Handelns besonders intensiv (vgl. 1992, S. 165), sei also wie Dewe et al. in der Einleitung des Sammelbandes betonen „ein Trendsetter zukünftiger Professionsentwicklung" (1992, S. 19). Schütze belegt dies unter Hinweis auf die Paradigmagrenzen im professio-

1 Vgl. auch Schütze 1984

nellen Bereich generell sowie auf die stetig umfassender werdenden Problemlagen der Klientel in medizinischen, schulischen, technischen sozialwesenspezifischen und psychotherapeutischen Feldern. Neben dem interdisziplinären Diskurs hebt der Autor als Bedingung erfolgreichen professionellen Handelns die Notwendigkeit einer *grundsätzlichen Fallorientierung,* sowie das Erfordernis einer *flexiblen, arbeitsteiligen Bearbeitung der Fallproblematik* hervor. Insbesondere das letztgenannte Element stößt in der derzeitigen beruflichen Handlungspraxis auf heftigen Widerstand.

Als typische Berufsfehler bzw. als Probleme der Berufsausübung können folgende Phänomene bezeichnet werden:[1]

- eine ‚berufstypische' Abwehr des Ehrenamtes (‚Besitzstandsproblem')
- eine ‚berufstypische' Statusunsicherheit (‚Habitusproblem')
- eine ‚berufstypische' Klientifizierung Ehrenamtlicher (‚Stigmatisierungsproblem').

In diesem Zusammenhang ist die Studie von Nagel (1991) interessant, die die Statuspassage in den sozialen Beruf bei Nachwuchssozialarbeitern untersucht hat. Ihre Krisenmanagement-Konzeption thematisiert ‚effektiveres' Helfen in der Folge des ‚Deutungsmusters' Hilfe. Innerhalb ihrer empirischen Beobachtungen bezeichnet das Habitus-Problem neben dem Laufbahn-Problem, (institutionellen) Autoritätskonflikten und Verortungskonflikten „die Schwierigkeit, das berufliche Handeln zu habitualisieren und Selbstausbeutung zu verhindern" (a.a.O., S. 73). Für die Strukturierung sozialberuflichen Handelns ergeben sich folgende Entwürfe, die hier lediglich kurz benannt werden sollen: Das „praxisgesättigte Expertentum" als Antwortlösung eines erwerbsbiographischen Projekts, das „professionelle Engagement" als Antwortlösung zur Berufsrollenfindung, die „selbstautorisierte Arbeitsökonomie" als Antwortlösung auf Autoritätskonflikte und das Managen der Krisenbewältigung als Antwortlösung auf Verortungskonflikte von Sozialarbeit (a.a.O., S. 74 f.). Besonders die Unsicherheit des beruflichen Status von Sozialarbeitern wirkt sich in negativer Weise für die Kli-

1 Vgl. Müller-Kohlenberg/v. Kardorff/Kraimer 1992.

entel Sozialer Arbeit und die Gewinnung ehrenamtlicher Hilfe aus.

Eine alternative Form Sozialer Arbeit, in deren Praxis die *sachliche Problemorientierung,* etwa in Form der Neuordnung sozialer Dienste unter dem Gesichtspunkt der *Vernetzung von Hilfeleistungen,* diskutiert werden sollte, wird notwendigerweise auch zu einem positiverem Bild ehrenamtlichen Engagements führen müssen, wenn die einschlägigen Forschungsergebnisse anerkannt werden. Eine ‚neue Sachlichkeit' in der Sozialen Arbeit, die aus der Abwendung von *allein* therapeutischen, ‚intimen Orientierungen'[1] sowie ‚flüchtigen Therapien'[2] könnte zugunsten der Klientel resultieren aus der stärkeren Inanspruchnahme des *Kapitals neuen sozialen Engagements* (auch des social-sponsoring), der *Förderung von Netzwerkressourcen,* der Nutzung von *‚Empowermentstrategien'.*[3]

Denkbar ist auch die Schaffung *kommunaler sozialer Schaltstellen,* die in der Lage sind, auf ‚biographische Signale'[4], auf Lebensprobleme, auf Risse und Brüche des Sozialen so zu reagieren, bzw. präventiv zu agieren, daß persönliche, soziale und institutionelle Ressourcen gestärkt bzw. ausgeschöpft werden.[5]

Ein zusätzliches Hindernis für die gesellschaftlich dringend erforderliche Ausweitung sozialen Engagements liegt meines Erachtens in der Nichtentwicklung von Standards für die Abnehmerseite (Hilfeempfänger). Die Nutzerstruktur, die sich insbesondere auch mit der Öffnung des europäischen Binnenmarkts 1993 und der damit einhergehenden Freiheit des Angebots sozialer Dienstleistungen (d.h. auch der Konkurrenz privater Dienste mit den Wohlfahrtsverbänden[6]) weiter stark verändert, läßt sich insofern als gewandelte beschreiben, als zunehmend von einer passiven Duldung

1 Vgl. dazu Schaefer 1988.
2 Vgl. Kastel 1988.
3 Vgl. für das Vorbild, welches die Gemeindepsychologie liefert, Keupp 1990, auch die Beiträge in Kommer/Röhrle 1983 und in Stark 1989 sowie für die Netzwerkarbeit z.B. Nestmann 1989.
4 Vgl. zu diesem Begriff Hohn/Windolf 1988.
5 Vgl. in diesem Zusammenhang Müller-Kohlenberg/v. Kardorff/Kraimer 1992, auch Fink 1990.
6 Vgl. hier Mühlfeld et al. 1987.

(‚Fürsorgeempfänger') des Ausgeliefertseins zu einer aktiven Mitgestaltung und mündigen Nutzung des Angebots zu sprechen sein wird.

Neben der europäischen bzw. interkulturellen Perspektive ist ebenso die regionale Perspektive für soziales Engagement im jeweiligen Nahraum (Stadtteil, Bezirk, Milieu, ‚Kiez') in den Blick zu nehmen. Um Menschen für Hilfstätigkeiten zu gewinnen und zu motivieren, ist es zunächst erforderlich, eine Einschätzung der jeweiligen Problemlagen, der Milieuverbundenheit bzw. -ferne dort lebender Personen, der vorhanden Ressourcen und Mentalitäten vorzunehmen. Die dazu erforderlichen Instrumente sind in der lebensweltorientierten Sozialen Arbeit, die mit dem Netzwerkkonzept korrespondiert, entwickelt worden.

Ein gravierendes Hindernis in der Entfaltung von Selbsthilfe wie freiwilliger Hilfe ist oftmals die fehlende Bereitschaft zur Öffnung für Innovationen und veränderte Formen sozialer Dienstleistungen.[1] Dieses Manko wenigstens in Ansätzen zu bearbeiten, ist eines der wichtigsten Anliegen, welches meines Erachtens u.a. über Öffentlichkeitsarbeit befördert werden kann.

Ebenso wie die alternative, flexible und lebensweltlich orientierte Arbeitsorganisation ist Öffentlichkeitsarbeit bislang ein ‚Stiefkind' etablierter Formen der Sozialen Arbeit. Die Chancen, die in der Öffentlichkeitsarbeit als Weckung von Interesse, als Schaffung von Verständnis sowie als Informationsgebung liegen, sollten künftig stärker genutzt werden. Auf die vielfältigen Aktivitätsformen (u.a. Plakat-Aktionen, Zeitungswerbung, ‚Werbeveranstaltungen', Kinowerbung) soll hier nur kurz eingegangen werden: Um einen möglichst breiten Bevölkerungsteil zu erreichen, sind generell Anzeigenkampagnen in größeren Tageszeitungen, vor allem aber in lokalen ‚Kiezblättern' wie Stadtteilzeitungen und kostenlosen Wochenblättern als sinnvoll anzusehen, wenn diese über einen längeren Zeitraum geschaltet sind. Erforderlich ist dabei die kontinuierliche Präsentation der Idee einer notwendigen Ausweitung sozialen Engagements, die ständige Information über die vielfältigen Möglichkeiten solchen Engagements (z.B. in ‚Fallberichten' im Lokalteil von Tages-

1 Vgl. hier auch Oliva et al. 1991.

zeitungen), das wiederkehrende Veranstaltungsangebot sowie die Präsentation erfolgreicher Aktionen als Maßnahme zur Herstellung von Vertrauen. In beiden Fällen (überregionale und regionale Zeitungen) muß auf einen Langzeiteffekt gesetzt werden.

Es geht darum, latente Hilfsbereitschaft zu aktivieren, neue Zielgruppen zu interessieren sowie ein akzeptables Angebot ständig bereitzuhalten. Entscheidend kann in vielen Fällen die Erreichbarkeit der Vermittler sein, wenn der durch die Anzeige gesetzte Impuls in die Tat umgesetzt werden soll. Auch und gerade an Wochenenden sollte eine solche Kontaktmöglichkeit bestehen.

Zur Öffentlichkeitsarbeit gehört weiterhin die mediengerechte Nutzung sonstiger öffentlicher Informationsquellen (Rundfunk, Fernsehen, Kinowerbung) sowie die spezielle Werbung, die sich an die Hilfeorganisationen (Fachöffentlichkeit) sowie an potentielle Geldgeber richtet. Auch ist den Hilfeempfängern die Möglichkeit einer angemessenen öffentlichen Selbstpräsentation einzuräumen. Gleiches gilt für alle der am Hilfeprozeß beteiligten Personen.[1]

4. Das kommunikativ-aufklärerische Verfahren

Der Ausspruch *„Hilf dir selbst, sonst hilft dir ein Sozialarbeiter“*, der in den Reihen der Klientel Sozialer Arbeit kursiert, weist auf eine als bedrohlich empfundene Situation in der Praxis Sozialer Arbeit hin, die wenig von der Atmosphäre gelingender Sozialität etwa im Sinne einer sozialen Assistenz widerspiegelt.[2]

1 Zu der oftmals vernachlässigten Öffentlichkeitsarbeit in der Sozialen Arbeit vgl. etwa Pfannendörfer 1987, Marchal 1988 sowie die Beiträge in Blätter der Wohlfahrtspflege, H. 6, 1990.

2 Vgl. hier auch Sengling 1987 b.

Hilfen bzw. Hilfsangebote der Sozialarbeit/Sozialpädagogik werden offensichtlich nicht als mitmenschliche, entlastende, Arbeit und Mühe sparende, Not- und Problemlagen überbrückende soziale Handlungen verstanden, sondern als drohende Bevormundung aufgefaßt, der es mittels Eigeninitiative zu entrinnen gilt. Bevormundung meint ja im allgemeinen Sinne die Beraubung von Autonomie, also jemandem die Entscheidungsfreiheit zu nehmen, indem fremdbestimmte Entscheidungen getroffen werden. Auf diese Weise erfolgte Eingriffe in der Sozialen Arbeit sind insofern kontraproduktiv, als sie an subjektiven Erfahrungen, Sichtweisen, Deutungen und Interessen der Klientel vorbeigehen – ein oftmals beklagter Prozeß, der etwa in der Debatte um die Expertokratisierung der Sozialarbeit zu Recht als Fehlform der Dominanz sogenannter Experten bezeichnet wurde.

In der neueren Diskussion um Soziale Arbeit und Forschung wird vermehrt die Forderung nach solchen (Forschungs-) Methoden laut, die dabei helfen können, einen Zugang zur Lebenswelt einzelner Adressaten bzw. Adressatengruppen zu finden[1], mit denen es schließlich möglich wird, Soziale Arbeit so zu organisieren, daß diese nicht an den Bedürfnissen ihrer Klientel vorbeigeht, diese nicht bevormundet, ihnen größtmögliche Autonomie läßt. Die hier vorgeschlagene vermehrte Nutzbarmachung qualitativer Methoden in der Sozialen Arbeit bildet eine Grundvoraussetzung dafür, die Zielrichtung, die Hornstein (1985) für die erziehungswissenschaftliche Forschung angibt, verwirklichen zu helfen. Erst mit der Herausarbeitung von Klientenperspektiven, mit denen latent vorhandene Kompetenzen freigelegt werden können, ergeben sich Ansatzpunkte für daran anknüpfende, fundierte soziale Handlungen – meines Erachtens eine der zentralen Aufgabenstellungen Sozialer Arbeit.

Auch Kriesten erhebt beispielsweise im Kontext seiner Diskussion zum Verhältnis von Sozialarbeit und Forschung und dem Stellenwert sozialpolitischer Maßnahmen den Anspruch, daß in eine auf Sozialarbeit ausgerichtete Forschung die Klientenperspektive eingebunden werden müsse. Dies bedeute notwendigerweise, „individuelle und soziale Ressourcen der Klienten im alltäglichen Prozess der Lebensbe-

1 Vgl. auch Girtler 1980, 1984.

wältigung zu erkunden und für Strukturbedingungen sozialarbeiterischen Handelns erkenntlich zu machen" (1989, S. 29). Die dabei nach Kriesten von der Sozialen Arbeit zu erfüllende anwaltliche Rolle erfordere qualitative Forschungsansätze, die dabei allerdings nicht näher bezeichnet und spezifiziert werden.

Mit dem Bemühen qualitativ orientierter Sozialforscher um eine gegenüber konventioneller, empirisch-analytisch orientierter Sozialforschung erweiterte Erfassung und Rekonstruktion subjektiver Sichtweisen wie sozialer Wirklichkeit, geht der Anspruch einher, ein *Mehr an Feldarbeit* zu leisten (also sich in Handlungsfelder und -bezüge – beispielsweise mittels teilnehmender Beobachtung – zu bewegen), ein *Mehr an Offenheit* für den Gegenstandsbereich zu realisieren, sowie ein *Mehr an Sinnverstehen* hervorzubringen (Maximierung der Erfassung). Dabei soll die Beeinflussung des untersuchten Gegenstandsbereichs durch den Forscher und dessen Perspektive bzw. theoretischer Orientierung im Datenerhebungsprozeß möglichst gering sein (Minimierung der Einwirkung).

Überträgt man diese vom Sozialforscher verlangten Vorgaben auf den Praktiker bzw. Praxisforscher, so bedeutet das Mehr an Feldarbeit in Handlungsbereichen der Sozialen Arbeit ein Mehr an lebensweltlicher Orientierung, das Mehr an Offenheit eine erhöhte Sensibilisierung für die Sicht des Klienten, die Minimierung der Einwirkung eine Zurückhaltung bei dem ersten ‚Zugriff' auf das jeweilige Handlungsproblem. Für diese Zwecke ist insbesondere die Methode des narrativen, erzählenden Interviews geeignet, mit welchem sich ein maximal offener Zugang zu eigenerlebten Erfahrungen von Klienten eröffnet.

Kennzeichnend für die kommunikativ-aufklärerische Variante qualitativer Sozialforschung sind vor allem folgende Merkmale[1], die in diesem Zusammenhang bedeutsam sind:

a) *die Subjektorientierung,* bei der die Person im Mittelpunkt steht. Der Mensch wird als reflexives Subjekt betrachtet, das in der Lage ist, denkend und handelnd Realität zu ver-

1 Vgl. zu den Prinzipien qualitativer Sozialforschung im einzelnen Hoffmann-Riem 1980 a.

arbeiten und als Person zu wirken. Dem Subjekt kommt dabei eine lebensgeschichtlich erworbene Einzigartigkeit zu, die es auszeichnet und abgrenzt gegenüber dem ihm ebenfalls innewohnenden typischen gesellschaftlich Allgemeinen.

Analytisch können dabei entwicklungsgeschichtlich gewordene, in aller Regel in familiären oder familienähnlichen ‚Interaktionssystemen' erworbene primäre Deutungsmuster als subjekttypische sowie milieu- wie quartiertypische, berufsbezogene oder institutionell beeinflußte sekundäre Deutungsmuster unterschieden werden, die vornehmlich kollektiver Natur sind, wobei deren wechselseitige Durchdringung stets zu beachten ist. Auf den Deutungsmusteransatz, der sich im Anschluß an das ‚graue Papier' von Oevermann „Zur Analyse der Struktur von sozialen Deutungsmustern" aus dem Jahre 1973[1] entwickelt hat, kann hier nicht näher eingegangen werden[2]. Soziale Deutungsmuster sind relativ zeitstabil, lebensgeschichtlich determiniert und dienen dazu, Identität und Handlungsfähigkeit von Personen aufrechtzuerhalten. Diese haben für den einzelnen somit stets die Doppelfunktion, gesellschaftliches Leben anzueignen und zu bewältigen, wie die eigene Biographie zu orientieren. Ein zweites Kennzeichen ist folglich

b) *die Kontextorientierung,* in welcher es darum geht, das soziale und ökologische Umfeld von Personen systematisch in den Analyseprozeß einzubeziehen. Einzeldaten dürfen nicht von ihrem Entstehungs- und Beeinflussungsmilieu abgelöst werden, sondern sind ganzheitlich wie situationsspezifisch zu verstehen. Damit einher geht ein weiteres Merkmal, welches ich

c) als *Situationsorientierung* bezeichnen möchte. Bei dieser geht es um die ausdrückliche Beachtung der Situation, in die ein ‚Datum' (Äußerung, Beobachtung etc.) stets eingebettet ist. Für den Nachvollzug subjektiver Sichtweisen ist dabei ein Konzept zentral, das in der Sozialarbeit/Sozialpädagogik anscheinend zu den vergessenen Zusammen-

1 Vgl. auch Oevermann/Roethe 1981.

2 Vgl. dazu Brunkhorst et al. 1978, Arnold 1983, 1985, Lüders 1991 b, Meuser/Sackmann 1992.

hängen zählt und aus diesem Grunde hier kurze Erwähnung finden soll. Gemeint ist das ehemals vielzitierte Thomas-Theorem: „Wenn Menschen Situationen als real definieren, so sind ihre Folgen real“ (W. I. Thomas, zuerst 1931, zitiert nach Thomas/Thomas 1973, S. 334) im Kontext der ‚Situationsmethode‘. Dem Thomas-Theorem zufolge wird die Bedeutung von Ereignissen nicht allein von den objektiven Bedingungen in einer Situation, sondern vielmehr von den subjektiven Erfahrungen, die jemand darin macht, für dessen Handeln bedeutsam. Situationen lassen sich dabei in drei Komponenten zerlegen: a) Objektive Bedingungen (Gesamtheit aller Werte, die auf Handlungen Einfluß nehmen); b) bestehende Einstellungen; c) die „Definition der Situation“ (Thomas/Thomas 1973)[1].

d) die *hermeneutische Orientierung* hat den zuvor genannten Perspektiven Rechnung zu tragen, wobei diese das integrale Herzstück des gesamten Vorgehens ist. Das hermeneutische Vorgehen ist eine Kunstlehre, eine nichttechnologische Methode der Text- und Sinnauslegung, deren zentrales Anliegen im Unterschied zur bloßen Erklärung das Verstehen des Menschlichen und dessen Bedeutung ist.

   Es geht nicht um einfühlendes Verstehen sondern um Sinn-Verstehen, wobei Verweisungszusammenhänge und ganzheitliche Zusammenhänge erfaßt werden, die das höhere Verstehen von unmittelbarem Verstehen abgrenzen. Individuelles und Allgemeines wird als Zusammenhang sowohl unterscheidbar als auch verbindbar. Die hermeneutische Kunstlehre ist eine Form der Deutung, die konstitutiv zur professionellen Sozialen Arbeit gehört und in der akademischen Ausbildung erlernt und eingeübt werden sollte.[2]

Ziel der kommunikativ-aufklärerischen Variante qualitativer Forschung ist methodisch kontrolliertes Fremdverstehen.[3] Das verstehende Bemühen richtet sich zunächst deskriptiv auf die Nachzeichnung ‚subjektiver Repräsentanzen‘ (das

1 Vgl. Kraimer 1985 S. 25 ff.
2 Vgl. Kap. II.3.2. in dieser Arbeit.
3 Vgl. auch die Beiträge in Eberwein 1987, Eberwein/Köhler 1984.

was eine Person gedanklich hervorbringt); „zugleich aber wird davon ausgegangen, daß es noch etwas geben muß, das gleichsam ‚hinter‘ oder ‚zwischen‘ den Zeilen dessen liegt, was von den Angehörigen einer Kultur gesagt wird. Um nun diesen Bereich durch hermeneutische Operationen erschließen zu können, bedarf es eines Besser-Verstehens von seiten des/der Forscher/s. Dieses Besser-Verstehen [. . .] ist letztendlich an das Interesse geknüpft, dasjenige, was den Akteuren selbst als Bedingung ihres Denkens oder Handelns nicht oder ‚falsch‘ bewußt ist, in den Bereich des Reflektierbaren zu transportieren“ (Terhart 1983 b, S. 157).

Mit dem ‚Transport‘ in den Bereich des Nachdenkbaren, des Zu-Bearbeitenden (etwa in der Beratung im Zuge stellvertretender Deutung) ist das Ziel verbunden, die Lebensbewältigung von Menschen zu erleichtern bzw. (wieder) zu ermöglichen. Es geht darum, Lebenschancen zu erkennen und wahrnehmen zu helfen und diese in deren sozialer und ökonomischer Verflochtenheit transparent und bearbeitbar zu halten.

Das kommunikativ-aufklärerische Verfahren qualitativer Sozialforschung ist dabei einzubinden in eine lebensweltliche Gesamtkonzeption, die im folgenden Hauptabschnitt entwickelt und vorgestellt wird. Der in dieser Arbeit betonte, qualitative, lebensweltliche Ansatz darf dabei allerdings keinesfalls als alleiniger Zugriff auf die komplexe Handlungs- und Forschungssituation in der Sozialen Arbeit gedeutet werden, für die eine übergreifende, arteigene Theorie künftig zu entwickeln ist.

Mit der Akzentuierung der gewählten Schwerpunkte geht notwendigerweise eine Vernachlässigung anderer Zugangsweisen einher. Insbesondere praktische Arbeitsprinzipien und Methoden Sozialer Arbeit sind neben den hier entwickelten jeweils im Kontext des zu bearbeitenden Problem- und Projektzusammenhanges zu sehen, zu entwickeln und in ihrer Angemessenheit im Sinne eines ‚Passungsverhältnisses‘ zu verorten.[1] So ist ein ‚verstehender Zugang‘ *nicht in al-*

1 Vgl. Pfaffenberger 1974, 1992 b, Iben 1976, Jungblut/Schreiber 1980, B. Müller 1985, Krauss 1988.

len Fällen der Weg, der um jeden Preis einzuschlagen wäre. Beispielsweise reicht es oftmals aus, ‚Umweltressourcen' zur Lebensbewältigung zu aktivieren.[1]

1 Vgl. auch Kap. II.3.2. dieser Arbeit; für das Arbeitsfeld der Familienfürsorge vgl. z.B. Meinhold 1987, für die sozialpädagogische Jugendarbeit z.B. Böhnisch 1992, für die Didaktik der sozialpädagogischen Arbeit Martin 1989; für Konzepte der sozialen Einzelhilfe vgl. z.B. Hege 1979, Geissler/Hege 1985; für Modelle und Funktionsbestimmungen, die für die Entwicklung einer arteigenen Wissenschaft der Sozialen Arbeit nach wie vor zu berücksichtigen sind, vgl. Fooken 1973, Hollstein/Meinhold 1973, Rössner 1975, Knapp 1980, Schmidt 1981, Wollenweber 1983, Schmitz 1984, Hasenclever 1985, Germain/Gittermann 1988, auch Haag et al. 1979, Otto/Schneider 1979, Gernert 1988; zur Ausbildungsdiskussion in der Sozialen Arbeit vgl. Wendt 1985, Hörster 1986, Goll et al. 1989 sowie Horn/Klinkmann 1989; zu einer ‚Metatheorie' der Sozialpädagogik vgl. Niemeyer 1980, auch Possehl 1990.

Teil III: Lebenswelt als Konzept

1. Lebenswelt als Konzept Sozialer Arbeit

Eingangs ist die lebensweltliche Dimension Sozialer Arbeit benannt worden, deren Beachtung und Berücksichtigung sowohl für die Theoriebildung als auch für die Professionalisierung Sozialer Arbeit meines Erachtens besonders bedeutsam ist.[1]

Das lebensweltlich orientierte Konzept erziehungswissenschaftlicher Forschung in der Sozialen Arbeit zielt u.a. darauf, die Perspektive des Subjekts in ihrer Spezifik und sozialen Konstitution zu rekonstruieren. Dieses Konzept, in das ‚Erzählen als Methode' als konstitutives Element eingeht, wird im folgenden zunächst inhaltlich auf die Soziale Arbeit übertragen, als lebensweltliche Kasuistik ausgestaltet und in die qualitative Einzelfallstudie überführt. Ein Konzept zu haben bedeutet, über eine Zusammenfassung zu verfügen, die sich auf ein Programm für ein Vorhaben bezieht. Dabei hat ein Konzept stets auch etwas Skizzenhaftes und Einfallartiges, enthält also Momente, die es weiter auszuformen gilt und die somit zukunftsoffen sind. Konzipieren heißt aber vor allem, ‚eine Grundvorstellung von etwas gewinnen', wobei das Skizzenhafte – das, was – um im Bild zu bleiben – aus der ‚Feder' kommt – sich auf das Wesentliche eines Entwurfs bezieht, im Grundriß das Markante auf Anhieb erkennen, gleichzeitig aber das Komplexe aufscheinen läßt. Bevor Konzepte entwickelt und zur Vorstellung gebracht werden können, sich als Einheit zeigen lassen, sind darin vorkom-

1 Vgl. Thiersch 1992 b sowie in diesem Zusammenhang auch Damm 1982, Buchholz et al. 1984, Buchholz 1984, Gref 1992.

mende Begrifflichkeiten zu klären: Der Lebenswelt*begriff*, heute in den Sozial- und Erziehungswissenschaften wie auch in der Praxisprogrammatik der Sozialen Arbeit gern und oft gebraucht, ist vielschichtig. Es bestehen verschiedene Ausformungen, die mit unterschiedlichen Programmatiken verbunden sind. Eine begriffs- und theoriegeschichtliche Auseinandersetzung mit dem Thema ‚Lebenswelt' ist – wie die im folgenden genannten Beispiele zeigen – bereits andernorts geschehen und erübrigt sich hier: So ist etwa Luckmann (1990) der Auffassung, das Wort ‚Lebenswelt' sei neuerdings zu einem modisch verwaschenen und fast inhaltsleeren Un-Begriff geworden. Zehn Jahre zuvor berichtet Bergmann (1981) bereits von einem geradezu inflationären Gebrauch dieses Begriffs. Bergmann leistet eine begriffliche und soziologische Rezeptionsanalyse, Luckmann entwickelt sein Programm einer Protosoziologie in Anknüpfung an Schütz[1]; Grathoff (1989) hat ein umfassendes Konzept der Lebensweltforschung vorgelegt[2], und bei Matthiesen (1983) findet sich eine Auseinandersetzung mit der von Habermas vertretenen Auffassung des Lebensweltbegriffs in dessen Theorie kommunikativen Handelns. Die Karriere des Lebensweltbegriffs hat Lippitz (1992) in seiner Vielschichtigkeit dokumentiert.[3]

Mir geht es demgegenüber im folgenden vor allem darum, *einige der elementaren* Bedeutungen der Wortschöpfung Lebenswelt (und auch der damit einhergehenden Programmatik) zu erfassen, welche für die hier zu entwickelnde Konzeption relevant sind; dabei ist es insgesamt gesehen für diese entscheidend, daß phänomenologische *und* hermeneutische Methoden zum Tragen kommen.

1.1. Die phänomenologische Perspektive

Die *Wortbildung* ‚Lebenswelt' ist in ihrer eigentümlichen Zusammensetzung in der Autorenschaft noch ungeklärt. Die *Wortgeschichte* zeigt, daß ‚Lebenswelt' eine Analogiebildung

1 Vgl. Schütz/Luckmann 1979, 1984.

2 Vgl. auch Grathoff 1978.

3 Vgl. auch Lippitz 1980; zu Arbeitsprinzipien in der Erwachsenenbildung vgl. Kaiser 1990.

zur ‚Lebewelt', zur organischen Welt ist.[1] Lebenswelt bezeichne die Welt des Menschen in einem doppelten Sinne: Welt, in der Menschen leben (Umwelt), und Welt, die durch Menschen hervorgebracht wurde (Kulturwelt). Als Umwelt ist die Bedeutung von Alltagswelt im Unterschied zu wissenschaftlichen, technischen oder institutionalisierten Sonderwelten gemeint; mit Kulturwelt ist die geschichtliche Welt der Bedeutungen im Unterschied zur Naturwelt bezeichnet[2]. Lebenswelt – und damit benenne ich bereits ein erstes, für das Konzept bedeutsames Merkmal – ist die Bezeichnung für das Vorgegebene, bereits Erfahrene, das, was schon vor der Wissenschaft, gleichsam ‚vorwissenschaftlich' da ist.[3]

Als wissenschaftlicher Begriff ist ‚Lebenswelt' seit dem Erscheinen der gesammelten Schriften Husserls ein philosophischer Leitbegriff. Die sogenannte Lebensphilosophie wendet sich den konkreten Wissensformen zu.[4] Husserl (1977) ging es in Abgrenzung zu vorherrschenden naturwissenschaftlichen Denkmodellen, in denen der Mensch zum Objekt verkam, entsubjektiviert wurde, um einen Perspektivwechsel: Der Mensch sollte so betrachtet werden, wie er in seiner Welt lebt und wie er darin handelt. Diese Sichtweise nannte er phänomenologisch. Ein Ziel dabei war – und dies ist für eine lebensweltliche Anamnese und Kasuistik zentral – Lebensvollzüge möglichst unvoreingenommen, so wie sie sich darstellen, zu beschreiben, nicht aber so, wie sie sich durch theoretische Voreinstellungen zeigen. Der *unvoreingenommene Blick* ist somit ein markantes Merkmal des phänomenologischen Vorgehens.[5]

Es geht somit in der Phänomenologie um das ‚Vorfindbare', um das ‚Gegebene'. Nicht „ein Wissen *über* eine Sache soll zur Sprache kommen, sondern diese *selbst*" (Danner 1989, S. 117, Hervorh. im Original). Danner, der die Phänomenologie sowie die Hermeneutik und die Dialektik systematisch als Methoden geisteswissenschaftlicher Pädagogik entfaltet,

---

1 Vgl. Fellmann 1989.
2 Bei Fellmann (1989) finden sich Hinweise auf weitere Literatur sowie auf Bibliographien zum Thema ‚Lebenswelt'.
3 Vgl. hier auch Orth 1989.
4 Vgl. hier auch die Beiträge in Ströker 1979.
5 Vgl. zur Phänomenologie in der Pädagogik z.B. Loch 1983, Lippitz 1978, 1983, 1984, Plöger 1986.

faßt in diesem Kontext wie folgt zusammen: Wissenschaftlich sei „bei dem anzusetzen, *was tatsächlich gegeben ist* und nicht bei dem, was Tradition, Ideologie, Lehrmeinung usw. vorgeben – darin liegt ein Moment der *Befreiung* durch die phänomenologische Methode: Man kann bei einem neuen Anfang beginnen, kann Ursprüngliches in den Blick bekommen; Verengungen und Sackgassen können sich zu neuen Wegen öffnen“ (a.a.O. 1989, S. 118). Die Phänomenologie richtet sich als wissenschaftliche Methode auf das ‚vorwissenschaftlich Vorfindbare‘, auf ‚die Sache selbst‘. Mit Blick auf die Lebenswelt ist dies der Versuch, das ‚vorwissenschaftlich Vorfindbare‘, das sich in der Lebenswelt als ‚natürliche Einstellung‘ zeigt, aufzudecken. Lebenswelt ist – in einer weiteren Bedeutung – die Bezeichnung für den Ort der ‚natürlichen Einstellung‘. Die ‚natürliche Einstellung‘, wie Schütz – in der Tradition von Husserl stehend – sie beschreibt, ist in der Welt des Alltags[1] verankert, die eine gemeinsame Welt bezeichnet, die, um es mit Schütz zu sagen, lange vor unserer Geburt bestanden hat, schon vorgeordnet ist und die unserem Erleben und Deuten vorgegeben ist. An dieser Welt haben wir als Alltagsmenschen ein vordringlich praktisches Interesse.[2]

Die *Phänomenologie der Lebenswelt* kann als wissenschaftlicher Zugang zu einer beschreibenden Bestandsaufnahme des ‚Vorfindbaren‘ bezeichnet werden. Dieses Vorgehen beinhaltet die Notwendigkeit, theoretisches Wissen zunächst im Sinne Husserls ‚einzuklammern‘, d.h. zurückzustellen, um zu erkunden, was originär vorhanden ist. Das ‚vorurteilsfreie phänomenologische Schauen‘ enthält sich vorschneller Deutungen, die auf ‚Mitgeltungen‘ abstellen und so Ursprüngliches verdecken. Da sich die ‚natürliche Einstellung‘ nicht selbst durchschauen kann (Danner), wird eine distanzierende, wissenschaftliche Einstellung eingenommen.

Dieses Vorgehen der phänomenologischen Reduktion bedeutet einen Einstellungswechsel: Es ist dies der Wechsel vom natürlich Handelnden zum unbeteiligten, nüchtern und sachlich analysierenden Betrachter. Danner, der die Phänomenologie Husserls in ihrem methodischen Rückgang bis

1 Vgl. hier die Beiträge in Hammerich/Klein 1978.
2 Vgl. Schütz 1971, S. 238 f.

zur transzendentalen Subjektivität ausarbeitet und für die Pädagogik ‚übersetzt', nennt mit der eidetischen Reduktion einen weiteren methodischen Schritt, der für die lebensweltliche Orientierung in der Sozialen Arbeit und in der erziehungswissenschaftlichen Forschung bedeutsam ist. Die eidetische Reduktion ist als Wesenschau zu verstehen, die „in schöpferischer, aktiver Denkleistung dadurch erreicht [wird], daß der Gegenstand in seinem intentionalen Gegebensein variiert wird. Das sich dabei herausstellende Invariante, Allgemeine, ist das Wesen" (Danner 1989, S. 134).

Das anamnestische Vorgehen in der Sozialen Arbeit, die Erfassung des Gegenstandes in der Kasuistik sowie der erste Zugang auf das Forschungsobjekt im Forschungsprozeß sind als aktive Reflexionsleistungen darauf gerichtet, das ‚Wesen', das Invariante zu erfassen. Indem die phänomenologische Einstellung und die eidetische Reduktion dazu genutzt werden, kann es gelingen, sowohl das ‚individuelle Wesen' als auch das ‚Charakteristikum eines Falls' herauszuarbeiten.

Insbesondere im Bereich der Erforschung von Lebenswelten als gesellschaftlichen Orten, die ‚Abweichung' und Leidensprozesse in Form mangelnder Lebensbewältigung erzeugen, hilft die phänomenologische Perspektive zur Aufdeckung solcher Strukturen, die dazu beitragen, daß eine stetige Reproduktion zu Problemverfestigungen führt.[1]

Mollenhauer, der das Lebensweltkonzept frühzeitig für die Pädagogik und die Sozialpädagogik aufgegriffen und fruchtbar gemacht hat, zeichnet eine der substantiellen Thesen Cicourels nach, in welcher das Ergebnis phänomenologischen Denkens im Problemzusammenhang Sozialer Arbeit zum Ausdruck gelangt: „Die Strategien, nach denen Bewährungshelfer oder Sozialpädagogen verfahren, wenn sie mit jugendlichen Delinquenten professionell Gespräche führen, haben nichts oder nur zufällig etwas mit dem zu tun, was für diese Jugendlichen selbst relevant ist; sie fassen pädagogische oder pädagogisch relevante Ereignisse mit Hilfe von Begriffen, Begriffsklassen und Erklärungsmustern auf, die durchaus von denen verschieden sind, mit deren Hilfe die Jugendlichen sich selbst interpretieren und die Welt, in der sie leben, und damit ihr eigenes Handeln strukturieren. Die weitge-

1 Vgl. dazu insbesondere Cicourel 1968.

hende Wirkungslosigkeit unserer Formen der Behandlung von Delinquenz hängt also damit zusammen, daß beide ‚Partner' nach verschiedenen Regeln verfahren. Diese Regeln sind ihrerseits nur der kognitive Ausdruck verschiedener ‚Lebenswelten': im Falle des Jugendlichen die soziale Gruppe, der er entstammt; im Falle des Bewährungshelfers das institutionelle System, für das er agiert" (Mollenhauer 1972, S. 32).[1]

In der Erforschung eines lebensweltlichen Zusammenhangs sind somit jeweils der soziale Kontext sowie die sozialen Definitionsprozesse der darin handelnden Personen explizit zu berücksichtigen. Für das (sozial-)pädagogische Handeln, welches auf Verständigung über Sinnorientierungen angewiesen ist, bildet die phänomenologische Sinnrekonstruktion, die sich in der hier vorgeschlagenen lebensweltlichen Konzeption mit der hermeneutischen Tradition verbindet, eine entscheidende Voraussetzung.

Zusammenfassend läßt sich das phänomenologische Konzept der Lebenswelt charakterisieren als das Erkennen des ‚vorwissenschaftlich Vorfindbaren', der ‚natürlichen Einstellung' des Menschen im Alltag, ein Erkennen, in dessen Folge die wissenschaftliche Erfassung der genannten Phänomene statthaben kann. Diese Konzeption will dazu verhelfen, Wesentliches zu sehen, während die *hermeneutische* Wissenschaftstradition dazu beiträgt, das Gesehene begrifflich klar zu erfassen. In der Synthese von Phänomenologie und Hermeneutik liegt meines Erachtens die Möglichkeit, das ‚Tatsächliche' zu ermitteln.

1.2 Die hermeneutische Perspektive

Die soziale Natur des Menschen ist in der Pädagogik, die sich auf besondere Weise mit der Menschenführung in der Erziehung befaßt, seit langem bekannt. Die Anthropologie lehrt, daß der Mensch, organisch ein Mängelwesen, auf zweite Menschen und auf eine zweite Natur, die Kultur-

1 Für das Auseinanderklaffen subjektiver Situationsdefinitionen und objektiver Verhaltensnomierungen vgl. insbesondere auch Dreitzel (1980) sowie Gerstenmaier/Nestmann 1984, S. 64 ff.

sphäre angewiesen ist. Die Ausprägung der menschlichen Natur und der Kultur[1] erfolgt nicht zuletzt durch Sinn- bzw. Zusammenhangsbildung. Letztere ist für Dilthey (1968) eine zentrale Kategorie des Lebens, ein ‚Grundzug des Seelenlebens'; jede persönliche Erfahrung ist nach Dilthey auf den seelischen Strukturzusammenhang der ganzen Person bezogen. Marotzki spricht in diesem Kontext von dem *anthropologischen Zwang zur Zusammenhangsbildung,* zur Biographisierung. Biographisierung ist die Leistung jedes Menschen, Zusammenhänge herzustellen, Bedeutungen zu ordnen, ein „kommunizierbares Selbst- und Weltverhältnis bzw. -verständnis" (Marotzki 1991 b, S. 411) zu entwickeln. Für die Soziale Arbeit, die sich an Menschen richtet, ist es erforderlich, menschlichen Sinn, menschliche Zusammenhänge zu verstehen, um zu verständlichen Maßnahmen zu gelangen und bei der Problembewältigung sinnvoll assistieren zu können. Eine Grundvoraussetzung Sozialer Arbeit ist somit soziales Verstehen. Dies gilt für Einzelhilfe, für Gruppen- und Gemeinwesenarbeit wie für sogenanntes ‚case management' oder auch für die ‚Netzwerkarbeit' gleichermaßen: methodisch kontrolliertes soziales Verstehen bzw. Sinn-Verstehen bedarf der hermeneutischen Methode.

‚Hermeneutik' meint der Grundbedeutung nach die ‚Aussage von Gedanken' und kann als Kunst des Auslegens bezeichnet werden. Soziale Arbeit konvergiert – so meine Überlegung – mit der Hermeneutik in der Kunst des Verdolmetschens, des Auslegens, des Erklärens.

Während die Kunst des ‚wissenschaftlichen Hermeneuten' primär auf die Interpretation von Texten – bzw. von Protokollen sozialer Geschehnisse – bezogen ist, richtet sich die Kunst des Sozialarbeiters/Sozialpädagogen in der Anamnese, der Diagnose, der Fallbearbeitung und der Prävention vorrangig auf die *Interpretation von Personen in Situationen* bzw. auf die Interpretation von Lebenslagen in Lebenswelten. Personen sind dabei zugleich auch immer schon in Texte, schriftlich Fixiertes ‚verstrickt' (Akten, Verordnungen, Verträge etc.). Soziale Arbeit sollte – so mein Vorschlag – von Kunstlehren bzw. Regeln der hermeneutischen Textinterpretation profitieren, diese ‚lebensweltlich' erweitern

---

1 Vgl. hier Taylor 1978.

und in die professionelle Handlungspraxis integrieren. Die Hermeneutik, als Verfahren der Auslegung, zielt stets darauf ab, Sinnzusammenhänge zu erschließen und diese aus einer ‚Sinnwelt' in eine andere zu übertragen. Sie bezieht sich dabei auf das Sinn- Verstehen des Menschlichen insgesamt, auf „dauernd fixierte Lebensäußerungen" um mit Dilthey (1957 a, S. 319) zu sprechen. Sinnwelten ergeben sich in der philosophischen bzw. theologischen Hermeneutik durch ‚große und außeralltägliche' Texte, wie etwa aus wissenschaftlichen Werken oder aus der Bibel.

In der juristischen Hermeneutik – einem anderen klassischen Anwendungsbereich der sinnauslegenden Textinterpretation – geht es bekanntlich um die ‚richtige' Auslegung von Gesetzestexten. Die Übertragung sich daraus ergebender, lebenspraktischer Konsequenzen vermittelt sich in aller Regel über die jeweiligen Berufsträger. So legen beispielsweise Rechtsanwälte stellvertretend für Klienten Gesetze aus. Ähnliches geschieht in der Sozialen Arbeit, wobei unterschiedliche ‚Sinnwelten' wirken, die einer ‚Übersetzung' ständig bedürfen und zudem mit dem Problem des ‚doppelten Mandats' einhergehen. Sinnwelten liegen im Rahmen Sozialer Arbeit vor in der *Realität administrativer Regelungen,* in der *Realität der Lebenswelten der Adressaten* und schließlich in der *Realität des Sozialarbeiters* selbst, der als ‚Wanderer' zwischen diesen Welten Interpretations- und Vermittlungsarbeit zu leisten hat. Dabei muß sowohl dem (richtig verstandenen) Interesse der Klientel, als auch dem beruflichen Auftrag, so den ethischen, gesellschaftlichen und gesetzlichen Bedingungen Rechnung getragen werden.

Um handlungsfähig zu sein und um sinnvoll arbeiten zu können, ohne einem unreflektierten ‚psychischen Abrieb' (dem sogenannten burnout-Syndrom[1]) zu unterliegen, sind Sozialarbeiter/Sozialpädagogen gehalten, sich zunächst die eigene Lebenswelt[2], eigene Norm- und Wertvorstellungen, sowie das Berufsverständnis zu vergegenwärtigen. Zudem muß die ‚administrative Realität' transparent gehalten, die Lebenswelt der Adressaten zu verstehen gesucht werden. Erst so läßt sich in einen Vermittlungsprozeß eintreten, der

1 Vgl. z.B. Enzmann/Kleiber 1989.
2 Vgl. hier auch B. Müller 1986.

ein hermeneutischer, ein verstehender ist. Das Wirken des Sozialarbeiters/Sozialpädagogen besteht nicht in einem reinen Mitteilen – etwa von Fakten über zu ergreifende Maßnahmen – sondern in einem Vermittlungs- und Erklärungsprozeß über *soziale Geschehnisse.* In diesen Prozeß läßt sich allerdings nicht voraussetzungslos eintreten: Verstehen als professionelles Fallverstehen vor dem Hintergrund akademischer Bildung (verstanden als Einsicht in übergreifende Zusammenhänge) zählen ebenso zu dessen Bedingungen wie der vollzogene, verantwortliche Umgang mit Menschen. Zur Herausbildung dieser Fähigkeiten lassen sich phänomenologische, hermeneutische und qualitative Methoden nutzbar machen. Diese finden zunehmend bereits in der Sozialarbeitsforschung Verwendung und können gleichzeitig für die Handlungspraxis Geltung gewinnen. Solche Methoden zielen auf die sinnverstehende Erfassung von Beschaffenheiten, Eigenschaften und Qualitäten von Personen, Diensten und Institutionen. Sie dienen zur Anamnese, zur Diagnose und Prognose wie zur Interventions- bzw. Präventionsplanung in sozialen Bezügen: Das hermeneutische Vorgehen[1] ist für die Soziale Arbeit nutzbar zu machen, insbesondere dann, wenn auf bereits bestehende Regelsysteme zurückgegriffen werden kann. Davon soll im folgenden Abschnitt gehandelt werden.

1.3 Hermeneutische Textinterpretation und Fallanalyse

Die im folgenden aufgeführten methodologischen Grundregeln (es handelt sich dabei um – extrahierte – methodologische Grunderkenntnisse), die Klafki (1971) im Kontext seiner Auseinandersetzung mit hermeneutischen Verfahren in der Erziehungswissenschaft formuliert hat, lassen sich auf die Belange der Sozialen Arbeit beziehen und bilden auch dort zentrale Voraussetzungen hermeneutischer Text- bzw. Fallanalysen. Beide Anwendungsfelder korrespondieren miteinander, wobei sich unterschiedliche Akzentsetzungen ergeben: Wird z.B. der Begriff des ‚Textes' in den elf Schwer-

1 Vgl. auch S. Kade 1990.

punktsetzungen Klafkis durch den Begriff des ‚Falls' und der Begriff des Interpreten durch den des Sozialarbeiters/Sozialpädagogen sinnlogisch ersetzt, ergeben sich bereits jeweils wichtige Hinweise für das hermeneutische Vorgehen in der Sozialen Arbeit.

Der Begriff des ‚Falls' ist dabei sehr weit zu fassen und kann sich beziehen auf eine Einzelperson, ein Ereignis, eine Gruppe, ein Programm, ein System, eine Institution, eine Gesellschaft.[1] Stets aber geht es darum, die ‚naturwüchsige Ganzheit' des Falls zu wahren.

In folgender Weise werden die Regeln der hermeneutischen Textinterpretation auf die Fallinterpretation in der Sozialen Arbeit übertragen:

1. „Textinterpretation erfolgt immer unter bestimmten Fragestellungen, und in der Fragestellung drückt sich ein bestimmtes Vorverständnis des zu untersuchenden Zusammenhangs aus. Der Interpret verfährt unreflektiert, wenn er sich das in seiner Fragestellung steckende Vorverständnis nicht bewußt macht. Dieses Vorverständnis ist jedoch nicht etwa ein bedauerlicher Störfaktor für das Auslegungsverfahren, so als wäre das voraussetzungslose Herangehen an einen Text die anzustrebende Idealform; vielmehr ist die Fragestellung und das darin eingeschlossene Vorverständnis die Voraussetzung dafür, daß ein Text überhaupt interpretiert werden kann. Damit die Aussagen des Interpreten aber von anderen überprüft werden können, muß der Interpret seine Fragestellung und sein Vorverständnis formulieren".

   In der ‚Fallarbeit' ist das Vorverständnis, d.h. die vorgängige Einschätzung des Sozialarbeiters/Sozialpädagogen bzw. des Teams zu explizieren. Die schriftliche Fixierung der ersten Einschätzung des jeweils zu bearbeitenden Falls dient zur Herauskristallisierung einer Orientierung und bietet gleichzeitig die Möglichkeit des zeitlich späteren ‚Abgleichs'. Die erste Einschätzung des Falls ist u.a. die Voraussetzung dafür, daß gezielt interveniert werden kann. Die Formulierung der Problemstellung kann auch dazu dienen, eine zusätzliche Prüfung durch Fachkollegen einzuleiten.

---

1 Vgl. zum Fallbegriff Kap. III.5. in dieser Arbeit.

2. „Die vorgängige Fragestellung und das darin sich ausdrükkende Vorverständnis müssen am Text bzw. an den Texten selbst immer wieder überprüft und ggf. geändert werden.“

   Die formulierte Problemsicht und darin enthaltene Deutungen sind entsprechend ständig zu überprüfen und ggf. abzuändern.

3. „Eine der wichtigsten Voraussetzungen für eine wissenschaftliche Auseinandersetzung mit Texten ist die Quellen- bzw. Textkritik.“

   Die Voraussetzung für eine professionell durchgeführte Fallanalyse ist die systematische Anamneseerhebung.

4. „Ein notwendiges Moment der Interpretation ist die Frage nach der Bedeutung einzelner Worte oder Formen eines Textes. Mit dem Fachterminus ausgedrückt: es handelt sich um den semantischen Aspekt, d.h. also den auf die Wortbedeutung gerichteten Aspekt der Interpretation.“

   In der Fallinterpretation sind Wortbedeutungen, etwa im Aktenmaterial, insbesondere solche, die stigmatisierenden oder mißverständlichen Charakter haben, besonders zu berücksichtigen.

5. „Pädagogische Texte entstehen häufig als Stellungnahme im Zusammenhang mit Kontroversen, sie ergreifen Partei, sind Ausdruck eines praktischen Engagements, nicht eines rein theoretischen Erkenntnisstrebens; folglich können sie nur verstanden werden, wenn auch die jeweiligen Gegenspieler in die Interpretation mit einbezogen werden.“

   Auch in der Sozialen Arbeit können die über einen Fall vorliegenden Texte ‚parteilich‘ sein, bzw. das Problem einseitig behandeln. Es gilt daher, Interessenslagen und Sinnkonstruktionen aufzudecken sowie bereits erfolgte Interventionen zu überprüfen.

6. „Zur Interpretation eines einzelnen Textes ist es häufig notwendig, über den immanenten Zusammenhang hinauszugehen und weitere Quellen hinzuzuziehen. Da umgekehrt aber auch die textimmanenten Informationen zur Klärung textübergreifender Zusammenhänge beitragen können, kann man prinzipiell von einem Verhältnis wech-

selseitiger Erklärung textimmanenter und textübergreifender Zusammenhänge sprechen“ (alle Zit. bei Klafki 1971, S. 126-153).

Die Bearbeitung zusätzlicher Materialien bzw. die Analyse ähnlich gelagerter Fälle sind ebenfalls konstitutive Elemente lebensweltlicher Fallanalysen. Die verbleibenden fünf Regeln Klafkis sind weniger zentral für die Systematik der Fallanalyse und können hier vernachlässigt werden.

Für das Konzept der Lebenswelt ergeben sich mit der hermeneutischen Orientierung – wiederum grob zusammengefaßt – somit folgende Elemente: Die *sinnauslegende Interpretation* des ‚Vorfindbaren‘, die *Erschließung von Sinnzusammenhängen* sowie der Eintritt in einen *Vermittlungsprozeß*.

Probleme der Sinnerschließung und -auslegung durchziehen die Handlungsfelder Sozialer Arbeit, wobei insbesondere die Eintritts- bzw. Eröffnungsphase den Charakter einer ‚Gründungssituation‘ hat und somit Weichenstellungen für den gesamten Hilfeprozeß beinhaltet.[1] Ziel soll es daher sein, die für diese Phase wesentlichen Zugänge zu beschreiben. In Kombination mit dem anamnestischen Vorgehen[2] findet das narrative Interview[3] in meiner Konzeption Eingang in eine lebensweltlich erweiterte Kasuistik[4].

2. Die Anamnese als Instrument der lebensweltlichen Erkundung

In den hippokratischen Epidemiebüchern sind Krankengeschichten von Menschen dokumentiert, die gleichzeitig sowohl Vor-Geschichten von Krankheiten als auch Vor-Ge-

1 Vgl. auch Flader/Gieseke 1980, Kähler 1991 b, Wilke 1992.
2 Vgl. Kap. III.2. dieser Arbeit.
3 Vgl. Kap. III.3. dieser Arbeit.
4 Vgl. Kap. III.5. dieser Arbeit.

schichten des Kranken sind. Der Terminus Anamnese[1] entwickelte sich zu einem gebräuchlichen und weitverbreiteten Ausdruck in der medizinischen Fachsprache und fand mit wechselnder inhaltlicher Gestalt Eingang in zahlreiche andere Gebiete der Humanwissenschaften.

In der modernen Begriffsverwendung zielt Anamnese auf das Insgesamt der Erkenntnisbemühungen zur Vorgeschichte eines zu untersuchenden Falls im Kontext von (diagnostischen) Zuordnungs- und Entscheidungsfindungen. Dieser formale Ansatz läßt deutlich werden, daß es bei einer Anamnese im Kern um die Gewinnung praktisch verwertbaren Wissens geht, etwa um Unterscheidungen und Zuordnungen vornehmen zu können und um zu Entscheidungs-, Handlungs-, und Modifikationsstrategien zu gelangen. Dazu gehören im einzelnen die Schritte der Erhebung und Sammlung, Ausdeutung und Interpretation, Systematisierung und Dokumentation von Informationen (wie Symptomen, Anzeichen, Details, Merkmalen, Spuren) mit Bezug auf das Deutungsobjekt (Patient, Klient, Adressat, Erscheinung), womit die Aufgabe verbunden ist, aus diesen Informationen im Sinne eines zurückerzählenden Deutens dem zu ergründenden Sachverhalt vorausgegangene Ergebnisse systematisch zu erfassen, also Hinweise auf zeitlich vorher wirkende Ursachen oder Bedingungsgefüge zu erhalten.

Zentrale Anwendungsfelder der Anamnese[2] sind allgemeinmedizinische, psychiatrische, psychologische wie psychoanalytische, gesprächs- und verhaltenstherapeutische, pädagogische wie allgemein erziehungsberaterische, sozialpäd-

---

1 Der Wortbedeutung nach meint Anamnese (griech./spätlat.) soviel wie Erinnerung, Wiedererinnerung, Rückerinnerung, Gedächtnis; gedacht ist an Offenlegung von etwas, das dem Menschen innewohnt (Er-Innerung). Im Sinne der Ideenlehre Platons ist die Erkenntnis ein Sicherinnern der Seele an präexistente Ideen und Wahrheiten. Der griech. Wortstamm findet sich beispielsweise auch im Englischen ‚anamnesis', im Französischen ‚anamnèse', im Italienischen ‚anamnesi', im Spanischen ‚anamnesis'. Das heutige Begriffsverständnis von Anamnese umfaßt zahlreiche eigensprachliche Definitionen sowie umschreibende Begriffsverwendungen wie etwa im Englischen ‚case-history', ‚initial-interview' oder im Deutschen ‚Fallgeschichte', ‚Erkundungsgespräch'.

2 Vgl. auch Kemmler 1965, Kraimer 1992.

agogische, heil- und sonderpädagogische sowie sozialarbeiterische Gebiete. In Medizin, Neurologie und Psychiatrie sowie in der klinischen Psychologie geht es bei der Anamnese – im Unterschied zur Katamnese – im Zusammenhang der Gesamtuntersuchung wesentlich um die Rekonstruktion der *Vorgeschichte einer Krankheit,* eines ‚abnormen' Verhaltens oder einer Störung/Problemstellung nach den Angaben des Kranken/Betroffenen bzw. darum, den ersten Zugang zur Erkrankung, zur Abweichung, zur Problemlage zu gewinnen. Dies geschieht in der Regel durch ein kürzeres oder längeres Gespräch zwischen Arzt oder Psychologen auf der einen Seite und Patient oder Klient (Eigenanamnese) oder dessen Angehörigen bzw. sonstigen kundigen Personen wie Freunden oder Arbeitskollegen (Fremdanamnese) auf der anderen Seite. Letztere kommt bei (noch) nicht oder nicht kompetenten Personen bevorzugt zur Anwendung (Kinder, verwirrte oder bewußtlose Menschen). Oftmals ergibt die zusätzliche Fremdanamnese wichtige, ergänzende Gesichtspunkte. Im ärztlichen Bereich bildet die Kenntnis der Vorgeschichte einer Krankheit, eines Falls oder eines Geschehens neben dem Untersuchungsbefund die zentrale Voraussetzung für die Erstellung einer gültigen Diagnose. Die medizinische Anamnese fragt bis heute weniger nach sozialen, sozioökonomischen Einflüssen. Die eher *somatische Anamnese* schließt biologische und familiäre Gesichtspunkte ein. Das vermeintliche oder wirkliche Wissen des Erkrankten von seiner Krankheit und deren Entstehungsgeschichte ist primär von Interesse. In den Psychotherapien steht die *biographische Anamnese* (personale und soziale sowie Familien-Anamnese) im Mittelpunkt, wobei die Fragen- und Explorationsschwerpunkte je nach theoretischer Orientierung (psychoanalytisch, postanalytisch, verhaltenstherapeutisch) stark variieren und im Vergleich zur medizinischen Anamnese breiter angelegt sind. So zielt etwa die Fragerichtung auf früheste und frühe Erinnerungen und Träume, auf Szenen und Gefühlsleben, auf Verhalten und auslösende Reize. Die Subjektivität der Daten wird dabei verschieden gewichtet. Die biographische Anamnese soll ein Bild von der Persönlichkeit, der psychodynamischen bzw. erworbenen Vorgeschichte der aktuellen Problematik erzeugen und zugleich eine Art von Familiendiagnose ermöglichen. Unter Umständen soll eine Prognose erstellt, in der Regel eine therapeutische Intervention eingeleitet werden, wobei die Anamneseerhebung als kommunikatives Geschehen bereits selbst therapeutische Effekte zeitigen kann. Die Aufmerksamkeitsschwerpunkte differieren stark, können jedoch grob als vornehmlich ätiologisch, deskriptiv oder prädikativ orientiert klassifiziert werden.

Wie die Anamnese der Medizin letztlich bei der Heilung von Krankheiten, der Psychotherapie bei der Wiederherstellung beschädigter Identität dienlich sein soll, so soll sie im Bereich der Sozialpädagogik der praktischen Erziehung zur Hilfe kommen, sofern diese problematisch geworden ist. Vornehmlich handelt es sich dabei um Personen, deren Subjektkompetenz noch nicht voll ausgestaltet ist (Kinder und Jugendliche) bzw. darum, Bedingungen zu ermitteln, die der Entfaltung der Persönlichkeit entgegenstehen. Ein klassisches Anwendungsfeld in diesem Bereich ist die Erziehungsberatung. Üblich ist es hier, Hinweise auf die Symptomatik (mitgeteilte oder erfragte), auf typische Verhaltensweisen, die Lebenssituation, Gefühlsprobleme, die Vorgeschichte der Eltern, die Entwicklungsgeschichte, Krisensituationen, auf erzieherische Einflüsse und viele andere Faktoren zu sammeln.[1] Durch die Zentrierung auf das erzieherische Geschehen gewinnt die Anamnese eine Erweiterung, wobei etliche der zuvor genannten Momente ebenfalls einfließen müssen. Die Ausweitung resultiert u.a. daraus, daß die Anamnese vorrangig über Mediatoren (in der Regel durch die Mütter) erfolgt, daß Erziehungsgehalte, -methoden und -ziele, Einflüsse auf die Erziehung etc. berücksichtigt und verarbeitet werden müssen. Dabei mündet die Anamnese oft notwendigerweise in eine Familien-Anamnese oder eine Anamnese der Bezugspersonen.

Die Ausgestaltung der *pädagogischen Anamnese* korrespondiert unmittelbar mit der jeweiligen Problemstellung (heil-, sonder-, sozialpädagogisch) und hat stets zu beachten, daß bereits bei der Anamnese-Erhebung über Labeling-Prozesse[2] Fehlinterpretationen drohen, die zur Stigmatisierung, Pathologisierung oder Psychiatrisierung von in Rede stehenden Lebensschwierigkeiten bzw. problematisch gewordenen Situationen führen können und somit kontraproduktiv sind. Dies gilt besonders auch für die *Anamnese in der Sozialen Ar-*

1 Vgl. ausführlich Kemmler 1965.
2 Vgl. Kap. III.6.5. in dieser Arbeit.

beit etwa als Vorbereitung von Gutachten in Jugendgerichtshilfe und Bewährungshilfe, wie überhaupt in Feldern der Sozialen Arbeit. Hier müssen Daten oftmals aktenkundig gemacht werden, die dann rechtsfolgewirksam sind. In der Sozialen Arbeit dient die Anamnese vorrangig im Zuge der Einzelhilfe bei der Abfassung sozialer Stellungnahmen (Akten-, Berichts- und Gutachtenführung; Sozialreport). Dabei steht die Eruierung relevanter Daten der Gesamtlebensführung des Klienten (unter dem Prinzip der Sachhaltigkeit) im Vordergrund der Tätigkeit des Sozialarbeiters. Auch hier geht es um die Einleitung geeigneter (Hilfs-)Maßnahmen (Intervention), um soziale Prognosen, um Hilfen zur Entscheidungsfindung. Der hohe Stellenwert der Anamnese als Instrument der ersten Datengewinnung, als Herstellung einer ersten kommunikativen Beziehung zur Erfassung und Präzisierung einer Problemstellung sowie als Grundlage erster Hypothesenbildungen wird in den genannten Disziplinen weitgehend anerkannt. Von testtheoretischer Seite wird der Wert anamnestischer Daten mit Blick auf die klassischen Gütekriterien allerdings oft in Zweifel gezogen. So bei der Reliabilität, die die Meßgenauigkeit des Verfahrens bezeichnet und sich auf die innere Konsistenz der Daten bezieht, bei der Validität, die den Grad der Genauigkeit angibt, mit der die Anamnese das mißt, was zu messen vorgegeben wird, und vor allem bei der Objektivität, die den Grad der Unabhängigkeit eines Meßwerts von der Person des Messenden meint. Die Übertragung der Testgütekriterien erweist sich allerdings als problematisch, da es bei anamnestischen Daten nicht um stabile, in sich geschlossene Sachverhalte geht.[1] Von großer Bedeutung ist allgemein die Vollständigkeit der Vorgeschichte und die Ergänzung und Überprüfung subjektiv gefärbter verbaler Daten, die durch Erzählung, Gespräch und Befragung erhoben werden, durch Dokumenten- und/oder Aktenanalyse, eventuell Testergebnisse sowie äußere ‚harte' Daten (wie Geburtsjahr und -ort, Geschlecht, Stellung in der Geschwisterreihe, vorliegende Krankheiten in der Familie, Operationen, Unfälle, vorausgegangene Maßnahmen).

Die wichtigsten Formen anamnestischer Datenerhebungen bilden Exploration (mündliche oder schriftliche Befragung), Ratingverfahren (Selbst- oder Fremdratings) und Verhal-

1 Vgl. ausführlich zu dieser Problematik Schmidt/Kessler 1976.

tensbeobachtungen (Eigen- und Fremdbeobachtung).[1] Eine Kombination aus den genannten Elementen führt normalerweise zur Anamnese selbst, wobei die Schwerpunktsetzungen durch Anwendungsfelder und Orientierung des Anamnestikers bestimmt werden. Ebenso variieren Methoden, Arrangements und Grad der Strukturiertheit der Anamnese als Verfahren der rückwärts- und gegenwartsorientierten Informationsgewinnung sowohl nach theoretischer Ausrichtung, praktischer Erfahrung, Empathiefähigkeit und Vorbildung des Untersuchers. Somit bestehen keine verbindlichen Formen und Techniken der Anamneseerhebung, wenngleich institutionell verfestigte Verlaufsformen mit vorgegebenen Fragekomplexen vielerorts gängig sind. Anamnese-Schemata als (gesprächs-)strukturierende Hilfen reichen von relativ unstrukturierten über halb strukturierte bis zu maximal strukturierten Vorgaben. Auf seiten ganzheitlich, biographisch-anthropologisch ausgerichteten Diagnostikern wird eine Standardisierung der Anamnese zugunsten einer Kunstlehre abgelehnt, Vertreter teststatistischer Verfahren favorisieren feste Leitlinien, z.B. in Form von Fragebögen, wobei teils eine Computerisierung der Anamnese angestrebt wird.[2]

Anamneseerhebungen kommen in vielfacher und vielfältiger Weise in den Arbeitsfeldern der Sozialarbeit wie der Sozialpädagogik zur Anwendung, gehören zur klassischen Einzelfallhilfe ebenso wie zum modernen ‚case management' oder ‚networking'. Wie Kähler (1987) mit Recht betont, bietet die Anamneseerhebung die Chance, einen eigenständigen sozialarbeiterischen Ansatz – ich füge hinzu: einen *arteigenen Ansatz Sozialer Arbeit* – zu begründen. Für die Bewältigung dieser Aufgabe schlägt Kähler vor, Anregungen des Indizienmodells wie der empirischen Sozialforschung aufzunehmen. Impulse aus dem Indizienparadigma (Ginzburg, Morelli, Freud und Doyle , letzterer vertreten durch die imaginäre Person des Sherlok Holmes) hat Kähler (1987) interessanterweise für den Gegenstandsbereich sozialarbeiterischer Anamnesen aufgenommen und ausgearbeitet. Die von die-

1 Zur Anamnese-Erhebung, -Schematisierung und -Auswertung vgl. Kemmler/Echelmeyer 1978.

2 Für einen Gesamtüberblick existierender Schemata vgl. Schmidt/Kessler 1976.

sem Autor genannten Konzeptionen aus der sozialwissenschaftlichen Forschung, die sich vor allem auf die Gestaltung von Einzelfallanalysen beziehen, müssen meines Erachtens um die Potentiale, die in der qualitativen Forschung liegen, erweitert werden. Mit der Technik des narrativen Interviews liegt eine Variante qualitativer Methodik vor, die anschließend erörtert werden soll. Diese Methode verspricht sowohl einen Zugang zu eigenerlebten Erfahrungen der jeweiligen Informanden in alltäglichen Interaktionsabläufen und -feldern (ermöglicht somit also den Nachvollzug subjektiv gemeinten Sinns) als auch eine darüber hinausgehende Aufdeckung von Tiefenstrukturen, allgemeinen Prozeßstrukturen, die die bewußte Erzählintention überschreiten und den Gegenstand grundlagentheoretischen Interesses – etwa in Form einer sprachsoziologischen Theorie des Erzählens[1] oder einer Biographietheorie[2] – bilden.

Auf Grund der hohen Komplexität und Vernetztheit, die sich ergibt, wenn in der Sozialen Arbeit Erstgespräche zu führen sind, schlägt Kähler (1991 a) vor, typische Fehler, die aus dieser Tatsache resultieren, transparent zu machen. Dies geschieht unter Heranziehung von Dörners Forschungen zur „Logik des Mißlingens" (1989), wobei Kähler diese Analyse auf die Problemstellungen Sozialer Arbeit überträgt. Auch die sich daraus ergebenden Anregungen, von denen hier lediglich einige kurz angerissen werden, sind bei der zu entwickelnden ‚alternativen Professionalität' in der Sozialen Arbeit zu berücksichtigen und könnten in eine veränderte Ausbildung Eingang finden. Auf diese Weise könnte eine Art ‚Fehlerminimierungsprogramm' in die Ausbildungsphase in Verbindung mit der Fallstudienmethode integriert werden.[3] Typische Berufsfehler wie der des falschen Einschätzens ehrenamtlicher Arbeit wären – zieht man beispielsweise Fallrekonstruktionen aus Handlungsfeldern Sozialer Arbeit dazu heran[4] – z.B. in Seminaren klar thematisierbar und einsichtig zu machen.[5]

1 Vgl. z.B. Schütze 1978 a.
2 Vgl. Schütze 1981, 1983, 1984.
3 Vgl. in Kap III.5.3. in dieser Arbeit.
4 Vgl. z.B. Kraimer/Müller-Kohlenberg 1990.
5 Vgl. auch Kap. II.3.2. in dieser Arbeit.

Die *Logik des Scheiterns* beschreibt nach Kähler die Unfähigkeit von Personen in komplexen Situationen relevante, realitätsbezogene Informationen zur Entscheidungsfindung zu gewinnen.[1] Charakteristisch für die Logik des Scheiterns ist danach der Mangel an sogenannten *Superzeichen,* die als Ergebnis einer sinnvollen Verknüpfung vieler Einzelzeichen in Form einer ‚Gestalt' bzw. einer ‚Strukturhypothese' gedacht werden können.

Mit Dörner identifiziert der Autor in diesem Kontext u.a. folgende Fehler im Umgang mit komplexen, dynamischen und intransparenten Situationen (Kähler 1991 a, S. 141 ff.):

- *‚Adhocismus'* (Springen von Thema zu Thema), der aus einer Flucht in ‚Nebensächlichkeiten' entstehe oder aus der Auswahl falscher Themen resultiere (Auswahl bereits bekannter Themen unter Vernachlässigung der tatsächlich bearbeitungswürdigen). Daraus folge ein sogenanntes ‚Reparaturdienstverhalten'.
- *‚Falscher' Auflösungsgrad von Problembereichen.* Dieser Fehler bestehe vor allem in einer mangelhaften Herausarbeitung von ‚Zielvariablen'. Die Informationssammlung z.B. werde dann zu breit und ineffektiv angelegt.
- *‚Bildung reduktiver Hypothesen'.* Aus der Vielzahl der Faktoren würden danach nur wenige herausgegriffen; Aussagen würden auf Grundlage unzureichender Informationen getroffen (Übergeneralisierung).
- *‚Aktionismus'.* Auf der Grundlage bruchstückhafter Informationen werde z.B. zu früh mit Aktionen begonnen; oder aber eine regelrechte ‚Informations-Sammelwut' vereitle letztendlich die Aktion selbst.

Eine weitere Fehlform, die sich, wie die skizzierten, in Feldern Sozialer Arbeit findet, läßt sich mit etwas überzogener Typik als das ‚ewige Gespräch' bezeichnen, wenn allein auf der Gesprächsebene verblieben wird, obwohl andere Interventionsformen (z.B. rechtliche Regelungen, die Erstellung eines Entschuldungsprogrammes, gemeinsame Unternehmungen oder aber konkrete Hilfestellungen zur Arbeitsbeschaffung) demgegenüber vordringlich wären. Die Interven-

---

1 Vgl. auch Kap. III.6.5. in dieser Arbeit.

tion, die – idealiter – das Ergebnis der gründlichen Reflexion in Feldern Sozialer Arbeit ist, zielt im Kern auf die Verbesserung der Lebensbewältigung.[1] Da intervenieren immer auch ein ‚dazwischentreten' bedeutet und allzu leicht gegenteilige Wirkungen zeitigen kann, sollte dieser Eingriff[2] als mäeutischer, hebender und stabilisierender Beeinflussungsfaktor konzipiert und ausgestaltet werden; die folgenden Überlegungen geben Anregungen, wie dies geschehen kann.

3. Das narrative Interview in der Phase der Informationsgewinnung

Für die Informationsgewinnung – der Phase des ersten Zugangs zum Untersuchungs- bzw. zum ‚Handlungsgegenstand' – eignet sich im Rahmen qualitativen Vorgehens[3] in den Feldern Sozialer Arbeit das Instrument des narrativen Interviews zur Erhebung von Erzählungen eigenerlebter Erfahrungen.[4] Das narrative Interview ist ein Instrument zur Erzeugung bzw. zur ‚Hervorlockung' von Erzählungen, in denen Erfahrungen zum Ausdruck kommen, die konventionell verfahrenden Methodiken nicht zugänglich sind. Für die Berufspraxis Sozialer Arbeit ist ein solches unkonventionelles Verfahren nutzbar zu machen, wenn es in der Informationsgewinnungsphase systematisch eingesetzt bzw. im Studium methodisch (auch zwecks ‚Fehlerminimierung' in der Fallbearbeitung) eingeübt wird.

Das narrative Interview, als die an alltagsweltliche Erzählungen anknüpfende Form der Sozialforschung, gehört als er-

1 Vgl. dazu die folgenden Ausführungen zur Anamnese und zur Kasuistik.

2 Vgl. die Unterscheidung in rechtliche, ökonomische, ökologische und pädagogische Intervention bei Kaufmann 1980, auch bei Hurrelmann/Holler 1988 und Otto/Karsten 1990.

3 Vgl. auch Schütze 1978 b.

4 Vgl. vor allem Schütze 1976 b, 1983, 1987, auch Kraimer 1983, 1985.

zählanalytisches Verfahren[1] zu den neueren qualitativen Ansätzen und wurde von dem Sprachsoziologen Schütze maßgeblich entwickelt und systematisiert. Es ist das Verdienst dieses Autors, phänomenologische und interaktionstheoretische Theorietraditionen in einem nicht-standardisierten Interview-Verfahren in eine Synthese gebracht zu haben. Insbesondere der sozialphänomenologische Einfluß von A. Schütz sowie der sozialphilosophische Einfluß Meads prägen den soziologischen Narrativismus Schützes[2] im Gefolge der Chicagoer Schule[3].

Schütze formuliert das, was für die Erfahrungskapitulation als Basismodus zentral ist, wie folgt: „Erzählungen eigenerlebter Erfahrungen sind diejenigen vom thematisch interessierenden faktischen Handeln abgehobenen sprachlichen Texte, die diesem am nächsten stehen und die Orientierungsstrukturen des faktischen Handelns auch unter der Perspektive der Erfahrungskapitulation in beträchtlichem Maße rekonstruieren: d.h. insbesondere seine Zeit-, Orts- und Motivationsbezüge, seine elementaren und höhersymbolischen Orientierungskategorien, seine Basispositionen und seine Planungs- und Realisierungskapazitäten" (Schütze o. J. (a), S. 1).

Schütze unterscheidet (mindestens) vier Anwendungsfelder für das narrative Interview: Interaktionsfeldstudien (z.B. Gemeindezusammenlegungen), das narrative Experteninterview, die Analyse von Statuspassagen (z.B. Berufs- und Problemkarrieren) und die Analyse von biographischen Strukturen:

1. „*die Interaktionsfeldstudie.* [...] Hier sollen eine oder mehrere soziologisch relevante Ketten von Begebenheiten rekonstruiert werden, die für ein bestimmtes abgegrenztes Interaktionsfeld (wie das der Kommunalpolitik in einer Gemeinde) relevant sind. Die grundlegende Vorausset-

1 Vgl. auch Schütze 1978 a, 1981.

2 Vgl. kritisch Bude 1985 b. Es ist hier nicht der Ort, um den theoretischen Bezugsrahmen des narrativen Interviews zu erörtern. Vgl. dazu die Veröffentlichungen von Schütze (z.B. 1983) sowie etwa Bohnsack 1991, S. 1 ff. Vgl. zur Theorietradition der kommunikativ-wissenssoziologischen Feldforschung Arbeitsgruppe Bielefelder Soziologen 1973; 1976.

3 Vgl. als Vertreter vor allem Strauss 1991.

zung ist die, daß alle Informanten an derselben Ereigniskonstellation durch eigene Handlungsverwicklung mehr oder weniger beteiligt sind. Eine wesentliche methodische Folgerung besteht darin, daß der ereignisspezifische Kreuzvergleich zwischen den verschiedenen narrativen Darstellungen einer identischen Ereigniskonstellation möglich ist."

2. *„das narrative Experteninterview.* Im Prinzip geht es auch hier um die Rekonstruktion eines Interaktionstableaus. Die narrativen Thematisierungen können allerdings in diesem Fall nur als Teilbereiche des großenteils nicht-narrativen Gesamtinterviews angeboten werden; zudem werden sie erst im Verlauf des Interviews aus den allgemeineren Formulierungen des Informanten unter Rückgriff auf eigene Vorinformationen des Interviewers (fußend z.B. auf Dokumentenmaterial) ad hoc formuliert und ins Gespräch gebracht. Zwar sind die allgemeinen Zustandsbeschreibungen der einzelnen Informanten miteinander vergleichbar, in der Regel jedoch nicht die Detail-Erzählmaterialien, die von den jeweiligen Informanten hervorgelockt werden. Denn diese beziehen sich sehr häufig auf ganz unterschiedliche Thematisierungen. Das insbesondere dann, wenn nur wenige Experten eines Interaktionsfeldes befragt werden."

3. *„die Analyse von Statuspassagen.* [. . .] Gegenstandsfelder sind insbesondere Ausbildungs- und Berufskarrieren und Betroffenenkarrieren (etwa von Obdachlosen oder Alkoholikern). Hier existiert eine organisatorisch mehr oder weniger festgelegte allgemeine Karrierefolie. Ein bereichsspezifischer abstrahierter Vergleich der narrativen Darstellungen im Hinblick auf die Strukturpunkte dieser Karrierefolie ist möglich."

4. *die Analyse von biographischen Strukturen* [. . .]. Es existiert keine von den zentralen historischen Ereignissen, vom formalen Karriereplan oder von einer ‚Standardleidensgeschichte' festgelegte Befragungsfolie. Inwieweit es dennoch allgemeine Strukturpunkte der Biographie gibt, die narrative Relevanz haben (z.B. allgemeine Passagepunkte der Biographie: Schulabschluß, Heirat usw.), ist eine empirische Frage. Ziel müßte in diesem Fall sein die Herausarbeitung einer verallgemeinerten Vergleichsfolie, um aggre-

gatsspezifische biographische Strukturen erfassen zu können." (Punkte 1-4: Schütze o. J. (a), S. 1 f., meine Hervorh.)

Die Technik des narrativen Interviews, die der Autor am Beispiel des Anwendungsfalls von Interaktionsfeldstudien in dem zitierten Papier entwickelt[1], beinhaltet ein für alle Formen ganz ähnliches Vorgehen (siehe die Schaubilder auf den folgenden Seiten). Für alle Anwendungsfelder ist die ‚narrative Generierungskraft' des Erzählthemas zur In-Gang-Setzung und Aufrechterhaltung der Erzählung entscheidend, wobei sich eine Zweiphasigkeit des Ablaufs in eine Anfangs- bzw. Haupterzählung und eine daran anknüpfende, durch Nachfragen initiierte Folgeerzählung ergibt. Dazu noch einmal Schütze: „Eine zentrale Anfangsthemenstellung hat die Funktion, eine längere Haupterzählung hervorzulocken. Der Interviewer beschränkt sich strikt auf die Zuhörerrolle mit entsprechenden erzählerunterstützenden Signalen (Kopfnicken, „hm, hm" usw.), bis der Informant durch eine eindeutige Koda (z.B. „So, das wär's") zu erkennen gibt, daß nunmehr seine Erzählung abgeschlossen sei. Die jetzt einsetzenden Fragen an den Informanten dürfen nicht als Theorie- und Meinungsfragen formuliert sein (Frage nach Gründen, Aufforderung zu Meinungskundgaben usw.), sondern sollen neue narrative Sequenzen zu Darstellungsbereichen hervorlocken, die bisher nicht genügend oder überhaupt nicht ausgeführt wurden." (o. J. (a), S. 4). Ergänzende Informationen werden also durch anknüpfende Fragen als Zusatzerzählungen ausgelöst, bis das Thema erschöpfend behandelt ist. Schließlich geht das Interview in die Phase des Gesprächsabschlusses über.[2]

Ohne auf die Fragestellungen, für die sich die Technik des narrativen Interviews eignet, im einzelnen einzugehen, soll mit den folgenden Schaubildern der Ablauf der Befragung in seinen wesentlichen Schritten markiert werden. Das Instrument ist mittlerweile in den unterschiedlichsten Forschungsfeldern erfolgreich eingesetzt worden.[3]

---

1 Vgl. zur Weiterführung u.a. Schütze 1983, 1987.

2 Für den Ablauf narrativer Interviews vgl. auch Riemann 1987, Helsper et al. 1991.

3 Vgl. z.B. Hermanns 1981, Hoffmann-Riem 1984, Riemann 1987, Kraimer/Müller-Kohlenberg 1990, Marotzki/Kokemohr 1990, Haupert 1991, Helsper et al. 1991, Ludewigt/Otto-Schindler 1992.

Schaubild 2: Verlaufsmodell des narrativen Interviews

1. **Kontaktaufnahme**
   – Vorstellung
   – Vorabeinbettung des Themas
   – Verschwiegenheitsverpflichtung
   – Vorbehalte überwinden
2. **Formulierung der narrativen Eingangsfrage**
   – Erzählung vorbereiten
3. **Das In-Gang-Setzen und In-Gang-Halten der Anfangs- bzw. Haupterzählung**
   – Zuhörkompetenz realisieren
4. **Narrative Nachfragen**
   – Fragekompetenz realisieren
5. **Small-Talk-Phase**
   – Diskrepanzprüfung
   – Gesprächsabschluß
   – Protokoll I (Beschreibung wichtiger Merkmale und Einflüsse unmittelbar nach dem Interview).
6. **Kommunikationsabschluß**
   – Post-Interview-Beschreibung
   – Protokoll II (mit zeitlichem Abstand)

Das Ziel narrativer Interviews ist es, ein Höchstmaß an eigenerlebter Deutung hervorzubringen, was nur interaktiv, d.h. über eine ‚alltagsweltliche' Kommunikationsbeziehung gelingt, die allerdings methodisch kontrolliert ist.

In der Phase der *Haupterzählung,* bei der sich der Interviewer (entgegen der ‚Alltagsregel') auf die Rolle eines produktiven Zuhörers (im Sinne eines ‚verstehenden Nachvollzugs') beschränkt, greifen die sog ‚Zugzwänge des Erzählens'[1]:

– Der Detaillierungszwang (Zwang zum Verknüpfen von Ereignissen in einer Reihenfolge mit Angaben zur ‚plausiblen' Erfahrungsdarstellung; umgangssprachlich: „etwas auf die Reihe bringen").

– Der Kondensierungszwang (Verdichtungs- bzw. Ökonomiezwang; so muß z.B. der Kern des Erzählten deut-

1 Vgl. Schütze o.J. (b), 1976.

Schaubild 3: Hinweise zum Ablauf narrativer Interviews

1. **Kontaktaufnahme**
   Die Interviewer (hier wird von einem Interviewerpaar ausgegangen) stellen sich vor, beschreiben kurz den Gesamtzusammenhang des Vorhabens, stellen heraus, vor welchem Hintergrund das beabsichtigte Interview interessiert und sichern Diskretion zu.

2. **Formulierung des narrativen Eingangsthemas**
   Das Thema soll zur Erzählung anregen, das Themengebiet deutlich umreißen und ‚unproblematisch', d.h. für jedermann grundsätzlich erzählbar erscheinen. Das Thema sollte Eigenerlebtes ansprechen und eingegrenzt sein.

3. **In-Gang-Setzen und -Halten der Anfangs- bzw. Haupterzählung**
   Der durch das Eingangsthema gesetzte Stimulus löst die Haupterzählung aus, die durch („natürliche') Zuhörkompetenz von seiten der Interviewer sowie durch äußerst zurückhaltende und vorsichtige Nachfragen in Gang gehalten wird. Erst wenn die Haupterzählung eindeutig abgeschlossen ist („so das wär's dann also" o.ä.) sollten gezielte Nachfragen erfolgen.

4. **Narrative Nachfragen**
   Die Nachfragen dienen dazu, die Haupterzählung sinnvoll zu ergänzen. Problemfelder, die nicht genügend oder gar nicht angesprochen wurden, sollen hier vorsichtig thematisiert werden; hier sollten auch Themen aus der „stillschweigend mitgebrachten Fragen- und Erzählfolie" (Schütze) eingestreut werden.

5. **Small-Talk-Phase**
   Hier werden noch einmal wichtige Themen kurz angerissen; nicht zuletzt um zu prüfen, ob sich nach dem Abschalten des Tonbandgeräts veränderte Reaktionen zeigen. Etwaige Diskrepanzen und Einflußfaktoren auf das Interview (so auch atmosphärische) sind in einem Beobachtungsprotokoll anschließend festzuhalten (Protokoll I).

6. **Kommunikationsabschluß**
   Post-Interview-Beschreibung. Dieses zweite Protokoll umfaßt einen Bericht zur gesamten Interviewsituation, der im Anschluß an eine ‚Reflexionsphase' von einigen Tagen verfaßt werden sollte.

lich werden; umgangssprachlich: „etwas auf den Punkt bringen").

– Der Gestaltschließungszwang (Zwang zur ‚befriedigenden' Rekonstruktion der Ereignisse als Ganzes; umgangssprachlich: „zu einem Ende/zu ‚Potte' kommen").

Für das *autobiographisch* narrative Interview (Schütze 1983) ergibt sich durch ‚Warum-Fragen' in der Nachfragephase die Möglichkeit, die Aussagen des Interviewten daraufhin zu überprüfen, inwieweit dieser sich als ‚Theoretiker seiner selbst' versteht. In der Analyse[1] ergeben sich so Hinweise auf die Fähigkeit zur Abstraktion vom eigenen Lebenslauf. Eine auf diese Weise provozierte ‚Bilanzierung' des eigenen Lebens durch den Interviewten läßt zudem Anknüpfungspunkte für eine *biographische Beratung* erwarten, die sich in der Sozialen Arbeit als Interventionsmöglichkeit anbietet.[2]

Selbstverständlich sind die Hinweise zum Verlauf narrativer Interviews nicht als technische, starre Ablaufregeln zu verstehen, die es um jeden Preis einzuhalten gilt. Vielmehr sollte jedes Interview auf den Einzelfall bezogen sein und flexibel organisiert und durchgeführt werden. Entscheidend ist wohl, daß der Interviewte auf Seiten des Interviewers eine ‚Neugier' im Sinne eines echten Interesses an dem in Rede stehenden Erzählthema verspürt.

Schaubild 4: Das autobiographisch-narrative Interview (Schütze 1983)

1. **Autobiographisch orientierte Erzählaufforderung**
   a) zur gesamten Lebensgeschichte oder
   b) zu Phasen der Lebensgeschichte
   = Anfangs- bzw. Haupterzählung

2. **Narratives Nachfragen**
   vor allem zu
   – ‚querliegenden' Stellen
   – ‚Stellen der Raffung'
   – ‚Stellen mangelnder Plausibilität'
   = Ergänzende Erzählung

3. **‚Warum-Fragen' und deren argumentative Beantwortung**
   = Erklärungs- und Abstraktionsphase

1 Vgl. zur Auswertung Kap. III.8.5. in dieser Arbeit.
2 Vgl. Schütze 1983, S. 292 ff., auch Kap. III.7. in dieser Arbeit.

Ein Beispiel für die Einführung der auslösenden Frage, die für das Ingangsetzen narrativer Interviews maßgeblich ist, findet sich bei Hoffmann-Riem (1984), der es gelingt, den Aufbau familialer Wirklichkeit und familialer Grundstrukturen an einem Alternativtyp von Familie verständlich zu machen: „Obwohl uns die Adoptionsgeschichte ‚von Anfang an' interessierte, d.h. angefangen mit den Motiven zur künstlichen Familiengründung und ihrer Entstehung im Verlauf der Ehe, schlossen wir diesen auf den tabuierten Kernbereich der Ehe abstellenden Fragekomplex für die Lösung des Zugangsproblems aus. Stattdessen setzten wir an der zweiten Stufe des Adoptionsgeschehens an, dem Vermittlungsprozeß. Am Ende eines längeren Interviewer-Vorspanns, aus dem die Handlungsorientierung für den gesamten Erzählablauf deutlich werden sollte, stand die Frage: *‚Können Sie sich noch erinnern, wie es war, als Sie sich um ein Kind bewarben?'* [. . .] Der Vermittlungsprozeß schien uns als ein Ereignisbündel zur Lösung der Einstiegsproblematik geeignet, da er zunächst einmal den Forschungssubjekten die Kontrolle darüber ermöglichte, welchen Grad persönlichen Engagements und emotionaler Betroffenheit sie in der Erzählung zum Ausdruck bringen wollten. Die Erfahrung weitgehender Handlungsautonomie beim Erzählen sollte auf diese Weise gesichert werden" (a.a.O. 1984, S. 20, meine Hervorh.).

Dieser Einstieg in das narrative Interview zeigt die Bedeutung eines Zuganges an, der der *Deutung aus der Sicht der Handelnden* genügend Freiräume läßt, vor allem aber dem Kriterium der möglichst ‚unproblematischen' Erzählbarkeit Rechnung trägt. Gleichzeitig mit der Einstiegsfrage wird bei Hoffmann-Riem die Vorabeinbettung des Themas vorgenommen: „Wir können Ihnen vielleicht zunächst einmal sagen, was wir mit unserer Untersuchung vorhaben. Wir möchten gern etwas darüber erfahren, wie Sie zur Adoption Ihres Kindes gekommen sind und wie Sie den Aufbau der Beziehung zu Ihrem Kind erleben. Wir würden gern mit unserer Untersuchung Einfluß nehmen auf die Lösung einiger auch nach dem neuen Adoptionsrecht noch offenstehender Fragen. Für uns wäre es hilfreich, wenn Sie Ihre Geschichte so erzählen, wie es Ihnen jetzt richtig und wichtig erscheint. Wir wollen Ihre Erzählung auch nicht allzu stark durch unsere Fragen steuern. Als Gesprächseinstieg würden wir vorschlagen, daß Sie uns etwas über die Adoptionsvermittlung

Ihres Kindes erzählen. Können Sie sich noch erinnern, wie es war, als Sie sich um ein Kind bewarben?" (a.a.O., S. 20). Während der Phase der Datenerhebung bestätigte sich die Richtigkeit des gewählten Zugangs, da nach Hoffmann-Riem auch die interessierende Motivationsgeschichte in fast allen der 30 Interviews erzählt wurde. Die aus der Erzählforschung bekannte Struktur, wonach Erzählungen dazu tendieren, faktische Handlungsabläufe chronologisch abzubilden, kam auch in dieser Untersuchung zum Tragen, so daß das ‚Kinderwunschmotiv' in der Mehrzahl der Fälle gleich zu Beginn des Interviews zum Ausdruck gebracht wurde.[1]

Auch innerhalb des Forschungsprojekts ‚Lebenswelt Obdachlosigkeit'[2] aus welchem im folgenden Abschnitt kurz berichtet wird, zeigte sich auf Seiten der Befragten deutlich die Tendenz, den Beginn einer Ereigniskette in das Interview einzuführen, womit die ‚Chronologie der Ereignisfolgen' in der Anfangs- bzw. Haupterzählung sichergestellt war.

3.1 ‚Lebenswelt Obdachlosigkeit': Ein Werkstattbericht

Innerhalb der Untersuchung der Lebenswelt obdachloser Menschen wurde in einem mehrjährigen, noch laufenden Projekt ein Untersuchungsdesign entwickelt, in welches quantitative und qualitative Methoden eingehen. Auf diese Weise soll sowohl die ‚Breite' (der gesellschaftlichen Verteilung) als auch die ‚Tiefe' (der Erfahrung eines individuellen Problems) des untersuchten Phänomens erfaßt werden. Es ließ sich in einem ersten Schritt zeigen, daß unter Verwendung qualitativer Methoden ein veränderter Zugang zur ‚Weltsicht von Betroffenen' möglich ist, aus dem sich Anknüpfungsmöglichkeiten für die Interventionspraxis der Sozialen Arbeit ergeben.[3]

Die Entwicklung des lebensweltlichen Forschungsdesigns ist vor dem Hintergrund zunehmender Obdachlosigkeit zu sehen. Die durchgeführte Lebensweltanalyse greift als sozia-

1 Vgl. hier auch Hoffmann-Riem 1981 b, 1984.
2 Vgl. Kraimer/Haupert 1992, vgl. auch Sidler 1989.
3 Vgl. Haupert/Kraimer 1991 a.

le Diagnose (siehe das folgende Schaubild) über individuell in Erzählungen dargebotene Lebensgeschichten hinaus, da deren Einbettung in gesellschaftliche Strukturen und soziale Milieus Berücksichtigung findet[1]. Milieus haben stets auch biographiekonstituierenden Charakter und sind mitmenschliche Bereiche des Zusammenlebens etwa in der Familie, im Dorf, im ‚Kiez', im Stadtteil etc.[2], in denen Normalität ‚ausgehandelt' und aufrechterhalten wird. In dieser Sicht wird Normalität nicht etwa als „lebensweltliches Apriori, sondern als soziale Organisation des mitmenschlichen Milieus betrachtet" (Grathoff 1979, S. 92). Lebenswelt steht in diesem Zusammenhang für den „Inbegriff einer Wirklichkeit, die erlebt, erfahren und erlitten wird" (Schütz/Luckmann 1979, S. 92)[3]. Die Lebenswelt wird in der phänomenologischen Tradition deutbar als ein Spektrum unterschiedlicher ‚Sinnprovinzen' mit je eigenen Gesetzlichkeiten. In diesem Zusammenhang sprechen Hitzler/Honer (1988) davon, daß Menschen in modernen Industriegesellschaften gezwungen seien, ständig Umorientierungen vornehmen zu müssen, um am sozialen Leben ‚erfolgreich' teilhaben zu können. Der heutige Mensch bastle sein Leben wie ein ‚Patchwork' oder ‚Puzzle' zusammen. Für die Lebenswelt Obdachlosigkeit zeigt sich u.a., daß eben diese flexible Realitätsbewältigung des ‚Bastelns' zunehmend sich einschränkt, in eine eher einseitige, ‚restringierte' kleine soziale Lebens-Welt übergeht[4] und verkümmert. Unter dem ‚Focus Obdachlosigkeit' wurden mit der Methode des narrativen Interviews bisher insgesamt 23 Personen nach ihren Erfahrungen befragt[5]. Der Er-

1 Zum Milieubegriff vgl. Grathoff 1989. Nach Hildenbrand (1979, S. 157) ist ein Milieu u.a. dadurch gekennzeichnet, daß es einen Bestand an Routinelösungen für Routineprobleme gibt, der es erlaubt, Situationen zu bewältigen.

2 Vgl. beispielsweise zu ländlichen Lebenswelten Böhnisch et al. 1991.

3 Vgl. auch Waldenfels 1985.

4 Den Ausdruck der ‚kleinen sozialen Lebens-Welt' verwenden Hitzler/Honer (1988) zur Bezeichnung teilzeitlicher Bezugsgruppen-Orientierung.

5 In der Schweiz wurden 15, in Deutschland zehn Interviews mit obdachlosen Menschen von Studierenden durchgeführt und in Seminaren ausgewertet. B. Haupert – mit dem ich Veranstaltungen am Lehrstuhl für Sozialarbeit in Fribourg, Schweiz, gemeinsam durchgeführt habe – sowie den Studierenden verdanke ich wertvolle Hinweise und Interpretationen. Die ebenfalls er-

zählstimulus regte – ausgehend von der aktuellen Lebenssituation etwa in Notschlafstellen, auf der Straße oder im ‚Asyl' – dazu an, die Geschichte des Obdachloswerdens zu entfalten. Zur Analyse des Datenmaterials wurde ein sechsstufiges Modell erarbeitet, welches in der Interpretation in allen untersuchten Fällen zum Tragen kam.[1]

Schaubild 5: Analyseschritte einer ‚sozialen Diagnose'

1. Bestimmung des Falls und gegebenenfalls des Handlungsproblems.
2. Interpretation der objektiven Daten (Geburtsort und -jahr, Schul- und Berufsabschluss, Familienstand usw.).
3. Interpretation der ersten Sequenz (Sinneinheit).
4. Formulierung einer ersten Kernaussage über den Fall (‚Fallhypothese').
5. Weitere Analyse des Materials zur Überprüfung der ersten Kernaussage.
6. Überprüfung und eventuell Modifikation der Kernaussage und des eingangs bestimmten Handlungsproblems.

Im Rahmen dieses Vorgehens zeigte sich, daß bereits durch die Interpretation der ‚objektiven Daten' und der ersten Sequenz mikrologisch die Gesamtgestalt des jeweiligen Falls erkennbar wird. Als Fallbestimmung gilt der *lebensgeschichtliche Verlauf des Obdachloswerdens.* Von Interesse dabei sind – mit Blick auf die Praxis Sozialer Arbeit – vor allem diejenigen Stellen, die Hinweise auf ein Entwicklungspotential des Biographieträgers enthalten, um bei der autonomen Lebensbewältigung sinnvoll assistieren zu können.

Aus der systematischen Interpretation der objektiven Daten resultiert die Konstruktion von Normalbiographien mit typischen Statuspassagen (wie Kindergarten, Einschulung, Eintritt in das Berufsleben, Heirat etc.) die dann mit der erzählten, subjektiv gestalteten Biographie kontrastiert werden.

---

hobenen narrativen Experteninterviews mit Sozialarbeitern können aus Platzgründen in dieser Arbeit nicht in ihren Ergebnissen vorgestellt werden.

1 Vgl. Kraimer/Haupert 1992.

Bereits die Analyse der objektiven Daten in der Zusammenschau mit den Erkenntnissen, die aus den Protokollen gewonnen werden, deutet durchgängig auf *Prozedierungskarrieren* hin. Dieses Phänomen ist für alle untersuchten Fälle signifikant. In Krankenhaus-, Heim-, Asyl- oder Notunterkunftaufenthalten dokumentiert sich eine Fort- und Festschreibung abweichender Karrieren[1], die mit zunehmendem *Autonomieverlust* für die Betroffenen korrespondiert.

Die erforderliche Flexibilität zur Lebensbewältigung nimmt in allen Fällen – abbildbar in Form von ‚*Verlaufskurven*‘[2] – stark ab. Eine tiefgreifende Verunsicherung in bezug auf die eigene Biographie, die ‚durcheinandergewirbelt‘ wird und ins ‚Trudeln‘ gerät, zeigt sich in verschiedenen Ausprägungen.[3] Gleichzeitig – und darin liegt ein weiterer Aufmerksamkeitsschwerpunkt in der Analyse – zeigen sich Entwicklungspotentiale und Stärken sowie Hinweise auf biographische Projekte und Handlungspläne, welche die interviewten Personen gleichsam gegen die Verhältnisse aufrechterhalten und noch in sich haben. Wenngleich solche Anzeichen oftmals nur schwer sichtbar zu machen sind, bilden gerade diese Selbstdeutungen Ansatzpunkte für die ‚mäeutische Intervention‘ bzw. für das sozialpädagogische Handeln. Möglichen Stigmatisierungen und Entmündigungstendenzen im Zuge institutioneller Handlungsroutinen kann auf diese Weise entgegengewirkt werden.

4. Erzählen als Methode

Mit dem narrativen Interview läßt sich in der Sozialen Arbeit ein Zugang zu Lebenswelten schaffen, der sowohl Wege für die erziehungswissenschaftliche Forschung als auch für die praktische Arbeit eröffnet. Insbesondere für die professionelle Ausformung Sozialer Arbeit in der akademischen

1 Zum Karrierekonzept vgl. Kap. III.6.4. in dieser Arbeit.
2 Vgl. z.B. Schütze 1992, S. 137.
3 Vgl. die Ausführungen zur Verlaufskurve in Kap. III.7.3. in dieser Arbeit.

(Aus-)Bildung bieten Erzähltexte, die mit diesem Instrument gewonnen wurden, die Möglichkeit des arteigenen Zuganges als Eindringen in den Gegenstand der beruflichen Handlungspraxis mit wissenschaftlichem Instrumentarium.

In die lebensweltliche Konzeption Sozialer Arbeit geht das narrative Interview als eine Möglichkeit ein, qualitative Daten im Zuge der Erforschung von Lebenswelten zu verwerten. Für die Handlungspraxis bietet sich die Möglichkeit, *Assistenz* bei der Lebensbewältigung mit Blick auf gewonnene Fallrekonstruktionen[1] adäquat leisten zu können. Insbesondere im Rahmen pädagogischer und sozialpädagogischer Kasuistik nimmt das narrative Interview als Instrument zur Erzeugung relevanter Erzählungen einen besonderen Stellenwert ein: „Erzählende Texte weisen uns wieder hin auf den Wert häufig umstrittener pädagogischer Kasuistik. In der Sozialpädagogik sind ‚Fallbeschreibungen' und ‚Fallstudien' seit längerem geläufig – ebenso wie in der Rechtswissenschaft der Rechtsfall, der Krankheitsfall in der Medizin usw. Dabei geht es in der Fall-Analyse immer darum, am Allgemeinen orientiertes Vor-Wissen am konkreten Fall zu erproben und gegebenenfalls zu korrigieren" (Baacke 1979, S. 21 f.).

In Anlehnung an Günther verweist Baacke (1979, S. 22) darauf, daß es in aller Regel nicht das Problemlose, Selbstverständliche und Wiederkehrende, sondern das Problemhafte, Besondere, Merkwürdige sei, was im Aufmerksamkeitszentrum der Kasuistik stehe. Für die Kasuistik in der Sozialen Arbeit ist zentral, daß in der Rekonstruktion eines Falls bzw. eines Geschehens das Problematische, das, was in der jeweiligen Handlungspraxis zur Lebensbewältigung Schwierigkeiten bereitet, herausgearbeitet wird. Dieses bildet neben dem Typischen – auch darauf stellt Baacke ab, wenn er von erzählten Texten als hervorragenden Falldokumenten mit theoriekritischem und zugleich praxisanleitendem Wert spricht – das Zentrum in der kasuistischen Analyse.

Auch Terhart geht auf die Fruchtbarkeit von Geschichten bzw. Erzählungen in der Pädagogik ein[2], wobei diese Überlegungen für die Soziale Arbeit fruchtbar zu machen sind:

1 Vgl. hier Oevermann 1988.

2 Zu Fallstudien und -geschichten in der Pädagogik vgl. auch Fischer 1982, 1983.

– „Dokumentierte Geschichten aus dem Alltag von Erziehung können sinnvoller *Gegenstand* erziehungswissenschaftlicher Forschung sein. Anhand der (exemplarischen) Analyse einzelner Fälle lassen sich komplexe und weitreichende Außenbeziehungen und -bedingungen konkreter Erziehungssituationen anschaulich verdeutlichen.

– Erzählen bzw. Erzählen-lassen ist selbst eine Form erziehungswissenschaftlicher *Forschung.* Die in Erzählungen dokumentierte subjektive Sicht auf bzw. Verarbeitung von selbsterlebten und beobachteten Erziehungsprozessen vermittelt einen Einblick in die individuell bedeutsame Rezeption, Sedimentierung und Explikation erfahrener pädagogischer Einflußnahme. Erzählte Fallgeschichten lassen sich als Material im Rahmen der *Ausbildung* für pädagogische Berufe heranziehen. An erzählten Fällen läßt sich speziell ein pädagogisches Verstehen sowie die Reflexion über eigene Handlungsmöglichkeiten üben" (Terhart 1983 a, S. 149, Hervorh. im Original).

Als Gegenstand erziehungs- und sozialwissenschaftlicher Forschung in der Sozialen Arbeit sind – wie gezeigt – ‚Betroffenenkarrieren' von Interesse, die sich mit dem narrativen Interview erheben lassen. Gerade die Entwicklung der Biographieforschung in Verbindung mit narrativer Datenerhebung zeigt die Fruchtbarkeit einer so konzipierten Untersuchungsstrategie auf.[1]

Baacke (1979) formuliert im Rahmen seiner ‚narrativen Pädagogik' zentrale Funktionen, die mit dem Eindringen in den spezifischen Erfahrungsbereich von Erzählern verbunden sind. Diese Funktionen, die für die Soziale Arbeit in Theorie und Praxis ebenfalls greifen, wenn Narratives zur Erkenntnisquelle wird, lassen sich in etwas abgewandelter und erweiterter Formulierung wie folgt benennen:

1. Die *sensibilisierende Funktion* (diese ermöglicht das Erkennen vorschneller Klassifikation, Typisierung und Generalisierung).

---

1 Vgl. Helsper et al. 1991, auch Kap. III.7. in dieser Arbeit. Vgl. in diesem Zusammenhang auch die Beiträge in Ehlich 1980.

2. Die *realitätserweiternde Funktion* (Erzählungen erschließen zusätzliche, ansonsten nur schwer beobachtbare oder kaum mitgeteilte Realitätsbereiche).

3. Die *faktorenvermehrende Funktion* (Erzählungen fördern zusätzliche Faktoren zutage, die ansonsten unzugänglich sind).

4. Die *anschaulichkeitsvermehrende Funktion* (Erzählungen weisen einen situativ-anschaulichen Charakter auf).

5. Die *Funktion der Sicht auf Erfahrungsquellen* (Erzählungen spiegeln die Erfahrungswelten der Erzähler und deren Eingebundenheit in Zeit und Umgebung wider).

6. Die *Funktion der Entdeckung ‚affektiver Wahrheiten'* (in Erzählungen finden sich Hinweise darauf, was Personen für sich als ‚wahr' definieren).

7. Die *Funktion der Entdeckung von Entwicklungspotentialen* (etwa biographische Projekte oder angestrebte Ziele, die die mäeutische Intervention anleiten können).

Was in den *erzählten Phantasiegeschichten* von Kindern zum Ausdruck kommt, hat Fatke (1980) herausgearbeitet. Er zeigt u.a. auf, wie Kinder in ihrer Phantasie sozusagen alternative Lebensbewältigungsweisen einüben, bzw. welche heilenden Kräfte der kindlichen Phantasie innewohnen (Fatke 1986). Für die Bedeutung von Erzählungen bzw. biographischer Forschung für den Erzieher vgl. auch den Sammelband von Dikow (1988).

Auf die Erwähnung der grundlegende Funktionen des *erinnernden Erzählens* für die Biographieforschung[1], wie Loch (1988) sie formuliert hat, soll hier nicht verzichtet werden:[2]

- „Die Erzählung ist – wie die Beschreibung, die Vorschrift, der Plan und die Hypothese – eine elementare ‚Ordnungsform des menschlichen Erlebens' (Luhmann); darin liegt ihre sinngebende Funktion.
- Die erinnernde Erzählung ist eine manifeste, kommunizierbare Form der Erinnerung.

1 Vgl. dazu Kap. III.7. in dieser Arbeit.
2 Vgl. hier auch die Beiträge in Maurer 1981.

– Zusammen mit der zurückblickenden Beschreibung ist die erinnernde Erzählung die Elementarform, aus der sich alle komplexeren, das gelebte Leben im ganzen umfassenden Formen autobiographischer Darstellung, aber auch die abstrahierenden, Komplexität reduzierenden Begriffe und Verallgemeinerungen aufbauen, die man in bezug auf den Lebenslauf theoretisch bilden kann.

– Die erinnernde Erzählung hat eine kommunikative Funktion: sie vereinigt die teilnehmenden Menschen im Medium eines ‚kollektiven Gedächtnisses' (Halbwachs). So eignet sich das Kind Überlieferungen an. [. . .]

– Deshalb ist die erinnernde Erzählung eine wichtige Voraussetzung des pädagogischen Verstehens. Deshalb muß die Schule auch expressiven und narrativen Verhaltensweisen der Schüler Raum geben.

– Die grundlegende reproduktive Funktion des erinnernden Erzählens liegt in der Bewahrung vergangener Ereignisse. [. . .]

– Die erinnernde Erzählung dient der Selbstbestimmung bei der Erörterung des prekären Verhältnisses zwischen dem, was andere aus einem gemacht haben, und dem, was man selbst aus sich gemacht hat." (Loch 1988, S. 98 f.)

Loch erteilt mit diesen Aussagen dem, was etwa in der idealistischen Position des sogenannten radikalen Konstruktivismus als erinnerungslose Konstruktion allein erdachter Wirklichkeit zum Ausdruck kommt, eine klare Absage.

Gerade die Vergangenheit verhilft, indem sie reflektiert wird, zur Entstehung von Neuem; das Neue einer Lebenspraxis wird oftmals erst in der Durchdringung des Gewesenen wahrgenommen. Wie dieses Geschehen durch Geschichtenerzählen für die therapeutische Beeinflussung von Familien nutzbar zu machen ist, schildert Hildenbrand (1990). Er zeigt u.a. auf, daß eine ästhetische Haltung gegenüber Familienzusammenhängen die Identifizierung familiärer Muster erleichtert. In der Therapie wie in der Kunst gehe es darum, den unvoreingenommenen Blick auf die Wirklichkeit des Gegebenen und des zu Gestaltenden zu richten. Finden und Erfinden sind dabei konstitutive Elemente. Es geht um das Finden familialer Strukturen in Erzählungen sowie um das erfinderische Weitererzählen derselben. Damit läßt sich –

sofern resozialisierende Schritte angemessen sind – eine andere als die der Familie bekannte Pointe finden, die dazu angetan ist, ‚Strukturtransformationen' hervorzubringen, das ‚Verstricktsein' in Geschichten zu beeinflussen.[1]

Neue Geschichten zu erzählen, die eine neue (gelungenere) Lebenspraxis initiieren, wie dies auch in der stellvertretenden Deutung (Oevermann) geschieht, ist somit eine weiteres konstitutives Element des Lebensweltkonzepts.

Eine Soziale Arbeit, die sich der Kasuistik bedient, kann Mittel und Methoden zur Kenntnis zu bringen, die der Findungskunst (Heuristik) förderlich sind. Das heuristische Verfahren dient dazu, auf methodischem Wege Neues zu entdecken, Möglichkeiten zur (Wieder-)Herstellung von Sozialität aufzuzeigen.

5. Lebensweltliche Kasuistik

Mit ‚Lehre vom Fall'[2] läßt sich die Kasuistik allgemein als Methode zur Erfassung konkreter Erscheinungen und deren Analyse und Bewertung im kontextuellen Werte- und Normensystem bezeichnen. Sie ermöglicht das forschende Eindringen in ein real vorfindbares Geschehen und kann überdies zu Übungs- und Ausbildungszwecken eingesetzt werden.[3]

Für die erziehungswissenschaftliche Forschung in der Sozialen Arbeit sowie für die Handlungspraxis sozialer und pädagogischer Arbeit ist es unabdingbar, dem realen Geschehen von erzieherischen und sozialen Akten nahe zu kommen. Mit der pädagogischen Kasuistik – die es um die lebensweltliche Orientierung künftig zu erweitern gilt – liegt dafür ein methodisch-analytisches Verfahren mit langer Tradition vor.[4] Wenngleich sich die Kasuistik als wissenschaftliches

1 Vgl. Schapp 1976.
2 Vgl. Hauser 1976.
3 Vgl. hier auch Rumpf 1979.
4 Vgl. zusammenfassend Biller 1988.

Verfahren der ‚Einzelforschung'[1] immer wieder gegen Anwürfe der Unwissenschaftlichkeit zu verteidigen hat[2], bietet diese ausgezeichnete Möglichkeiten zur Erforschung der Lebenswelt unter ganzheitlichen Gesichtspunkten, insbesondere dann, wenn qualitative Methoden wie z.B. das narrative Interview stärker eingebunden werden. Die aus der Kasuistik übernommene Lehre vom ‚Fall' impliziert in der lebensweltlichen Interpretation immer auch eine Geschehensgeschichte und – mit Blick auf die Felder Sozialer Arbeit – eine Leidensgeschichte mit entsprechender Vorgeschichte, die situativ zum Ausdruck gelangt.[3] So arbeitet Plügge in seiner Begriffsanalyse u.a. heraus, daß das Wort ‚Fall' etymologisch die gleiche Wurzel hat wie die *Falle.* Der Autor zeigt die Übereinstimmung des deutschen Wortes ‚Fall' mit den entsprechenden Begriffen im Englischen, Französischen und Griechischen auf: „Alle diese Worte enthalten, untrennbar und in sich verschränkt, die Feststellungen: 1. einer fällt; 2. er kommt zu Fall; 3. er bringt sich zu Fall; 4. er gerät in eine Falle, die er selbst nicht gestellt hat; und 5. er muß dafür büßen; er hat es auszubaden. Keine dieser Einzelaussagen ist von der anderen zu trennen. Sie bilden zusammen einen komplizierten Vorgang, in dem Verhängnis, Leichtfertigkeit, schuldhaftes Verhalten, eine bestimmte Situation, ein nicht vermeidbares Verhältnis zur Welt zu einem Ereignis verschmelzen" (1968, S. 151).

Eine Schwierigkeit der Kasuistik – welche die Fallanalyse in der Forschung wie in der Praxis häufig ausmacht – liegt in dem Verflochtensein von Tun und Erleiden, so daß eine klare Zuordnung zu den Rubriken des ‚Aktiv' oder ‚Passiv' kaum gelingen kann. „Es ist hier zu bedenken, daß uns in der anthropologischen Konkretion außerordentlich häufig etwas widerfährt, das nicht ohne unser Zutun zustande kommen würde. Alles Geschehen, das unser Leben [. . .] betrifft, ist meist zugleich ein Über-uns-kommen wie auch eine tätige Teilhabe. Das, was sich in unserer Welt begibt, geschieht nicht ohne unsere Teilnahme und nicht, ohne daß wir in irgendeiner Weise – bewußt oder unbewußt – etwas dazutun.

1 Vgl. z.B. Roth 1958, S. 36
2 Vgl. auch Kap. III.8.1. in dieser Arbeit.
3 Zum Begriff der Leidensgeschichte vgl. Schütze 1983; zur Diskussion des kasuistischen Fallbegriffs vgl. Biller 1988, S. 24.

Und an dem, was sich in uns vollzieht, ist die Welt [. . .] immer, unablösbar, beteiligt“ (Plügge 1968, S. 153). In Fällen, die in ihrer Konkretion zwar nicht vollständig abbildbar sind, zeigt sich stets auch etwas Welthaftes, Lebensweltliches und Exemplarisches, welches situativ zum Ausdruck gelangt und durch kasuistische Studien erschlossen werden kann.

So weist Gamm (1967, S. 326) auf die Bedeutung der Situationsanalyse im Rahmen der Kasuistik hin (nachdem Petersen den Begriff der Situation in die erziehungswissenschaftliche Diskussion eingeführt hatte). Insbesondere die Anamnese könne dadurch bereichert und die Dringlichkeit von Situationen angemessener wahrgenommen werden. Eine besondere Art der ‚Situationsanalyse‘, die für die erziehungswissenschaftlich-kasuistische Forschung und die Soziale Arbeit nutzbar zu machen ist und als Instrument der sozialen Diagnose dienen kann, liegt mit dem Oevermannschen Programm der objektiven Hermeneutik vor.[1]

In Anlehnung an Oevermann plädiert Aufenanger (1986) im Rahmen einer sozialpädagogischen Kasuistik dafür, mit einer hermeneutisch-rekonstruktiven Sichtweise den Blick zu öffnen für die Strukturierungsgesetzlichkeit des Falls, der als Fallgeschichte in dem gesamten Interaktionszusammenhang, in dem ein Individuum oder eine Institution steht, zu deuten ist. Somit erweitert sich die Kasuistik auch auf die Analyse gesamtgesellschaftlicher Verhältnisse, wenn von der sozialen Konstitution des Subjekts ausgegangen wird.

5.1 Kernelemente der Kasuistik

In seinem Plädoyer für eine pädagogische Kasuistik, die Binneberg (1983, S. 55) als die Kunst bezeichnet, „eine Fallbeobachtung in eine Falldarstellung zu überführen und sie mit einer Fallanalyse zu verbinden“,[2] führt er den Begriff der ‚zarten Empirie‘ ein, mit dem er das kasuistische Programm charakterisiert: „Es scheint mir nicht abwegig zu sein, das Verfahren der Kasuistik nach einem Wort Goethes aus den

1 Vgl. Kap. II.3.1. in dieser Arbeit.
2 Vgl. auch Binneberg 1985, Brügelmann 1982 b, Terhart 1983 a, Stenhouse 1982.

‚Maximen und Reflexionen‘ mit dem Namen *‚zarte Empirie‘* zu bezeichnen. Goethe, selbst ein Meister der Kasuistik in verschiedenen Wissenschaften seiner Zeit, hat das gemeinte Verfahren in einer poetisch zu nennenden Wendung folgendermaßen ausgedrückt: ‚Es gibt eine zarte Empirie, die sich mit dem Gegenstand innigst identisch macht und dadurch zur eigentlichen Theorie wird‘“ (Binneberg 1983, S. 55, meine Hervorh.).

Die pädagogische Kasuistik, die als gelungene gelten kann, wenn ein reflexives Gleichgewicht zwischen ihren – im folgenden benannten – Größen erreicht ist, stößt allerdings an eine Grenze, wenn aus einer persönlichen Empirie eine allgemeingültige Erkenntnis werden soll.[1]

Als Kernelemente der Kasuistik lassen sich nennen:

1. Die *Fallbeobachtung,* in der es um die Wahrnehmung, Betrachtung und Bestimmung dessen geht, was der Fall ist.
2. Die *Falldarstellung,* in welcher es um eine Beschreibung von Abläufen, Situationen, Vorgängen und Begebenheiten geht, die den Fall ausmachen.
3. Die *Fallanalyse,* in welcher es darum geht, eine Bestimmung von Merkmalen und eine Formulierung von Zusammenhängen vorzunehmen, die aus dem Fall hervorgehen.[2]

Mit der Verbindung von Fallbeobachtung, Fallbeschreibung und Falldarstellung ergebe sich, so Binneberg (1983. S. 56), im Ganzen einer Fallstudie ein tragfähiges Stück pädagogischer Theorie. Wird die Kasuistik[3] zudem zwecks zusätzlicher ‚Erhärtung‘ in die qualitative Einzelfallstudie überführt, lebensweltlich erweitert und methodisch verfeinert, bildet sie einen Kernbereich erziehungswissenschaftlicher Forschung, der für die Soziale Arbeit relevant ist.[4]

---

1 Vgl. dazu im einzelnen Binneberg 1979, 1983, 1985, auch R. Lehmann 1983, Terhart 1983 a, 1985, auch Zedler 1983 b.

2 Vgl. Binneberg 1983, der diese Arbeitsschritte mit Beispielen aus den verschiedenen Pädagogiken veranschaulicht.

3 Vgl. aus psychologischer Sicht auch Jüttemann 1990.

4 Vgl. Kap. III.8. in dieser Arbeit.

5.2 Die analogische Methode

Die spezifische Möglichkeit der Kasuistik liegt in deren Beziehung zur analogischen Methode, worauf Brügelmann (1982 a) aufmerksam gemacht hat und woran Binneberg (1985) anknüpft[1]. Nicht die Gleichheit der Fälle (die empirisch ohnehin nicht existiert), sondern die analogen Beziehungen mehrerer Fälle sind dabei von Interesse. Das analogische Vorgehen zielt auf eine dichte Beschreibung – die insbesondere durch die verfeinerten qualitativen Methoden erreichbar ist – die den Vergleich konkreter Fälle ermöglicht und von dort aus seine Relevanz in der lebensweltlich erweiterten Kasuistik entfaltet.

„Die analogische Methode, so wie sie als erster Aristoteles ausgebildet hat, strebt nicht nach einem ausgezeichneten Einzelfall, der gleichsam zum Fundament einer ganzen Klasse von Fällen wird, sondern versucht, an der in der Erfahrung ausweisbaren Vielfalt von Fällen das Gemeinsame einer *Beziehung* aufzunehmen und begrifflich zu erfassen. *So* wie sich Bastiaan [ein Beispiel, welches Binneberg in Anlehnung an Freudenthal verwendet -Anm. d. Verf.] in seinem Fall zu einer Zahl als mentalem Objekt *verhält,* so werden sich auch in anderen gleichgearteten Fällen Kinder zu Zahlen als mentalen Objekten *verhalten.* Nicht die jeweiligen Kinder und Zahlen selbst sind gleich, sondern das *Verhältnis* des Kindes zur Zahl. Dieses *Verhältnis* eines Kindes zu einer Zahl als einem nicht-wirklichen objektiven Gegenstand (im Sinne Freges) *macht* den besonderen Fall *aus;* zugleich aber ist dieses *Verhältnis* dasjenige, was sich in weiteren, ähnlich gelagerten Fällen gegen alle Unterschiede in den Fällen als *invariant* erweisen und damit als das *Allgemeine* durchsetzen wird. So kann man die Analogie als Vermittlung zwischen Allgemeinem und Besonderem, zwischen Einheit und Vielfalt interpretieren. Die Kenntnis mehrerer Fälle *einer* analogen Beziehung würde es dem Kasuisten ermöglichen, allgemeine Annahmen über Entstehung und Veränderung dieser Beziehung zu formulieren. Mit Hilfe solcher Annahmen könnte er eine *‚idealtypische'* Geschichte (M. Weber) dieser

1 Zum analogischen Denken in der Pädagogik vgl. Scheuerl 1959, zum Begriff der Analogie Patzig 1956.

Beziehung *erzählen,* die einen besonderen logischen Status hat" (Binneberg 1985, S. 783 f., Hervorh. im Original).

Mit der Herausarbeitung einer ‚ideal-typischen' Geschichte, die eine Abstraktion aus mehreren Fallstudien ist, kann es geleistet werden – wie Binneberg mit M. Weber verdeutlicht – einzelne empirische Fälle als „unvollkommene Verwirklichung der idealtypischen Geschichte [. . .] zu rekonstruieren, d.h. zu erklären bzw. verständlich zu machen" (a.a.O. 1985, S. 784)[1]. Gleichzeitig bietet die analogische Methode in Verbindung mit der Lebensweltanalyse die Rekonstruktionsmöglichkeit subjektiver, die ‚Unverwechselbarkeit' eines Individuums oder Handlungssystems ausmachender Bedingungen und Wissensbestände, die wiederum lebensweltlich verankert sind. „Das lebensweltliche Wissen besitzt [. . .] einen ausgeprägten historischen und gesellschaftlichen Charakter und ist an bestimmte soziale Gruppen und Praxiszusammenhänge gebunden. Mit dem Lebensweltbegriff wird eine Wissensform thematisiert, die im Unterschied zur Wissenschaft nicht Wissen und Handeln trennt, sondern Wissen im Handeln ist. Der Komplexität menschlichen Handelns entspricht die Komplexität des lebensweltlichen Wissens" (Böhme/Engelhardt 1979, S. 21). Die angesprochene Unverwechselbarkeit und Komplexität des lebensweltlichen Wissens, die die Erfahrungsgeschichte eines Individuums (oder eines Handlungssystems) ausmacht, beschreibt Wambach mit dem Begriff der ‚Betroffenensynthese' (1992, S. 1290 f.). In der Lebensweltanalyse gehe es darum, ‚Betroffene' als Theoretiker und Experten der eigenen Existenz zu würdigen: „Der Grad theoretischer Reflexion, der jeder Betroffenensynthese innewohnt, hängt allerdings davon ab, inwieweit der Betroffene aus seiner gewöhnlich unreflektierten Existentiallage herauszutreten vermag. Die Betroffenensynthese ist das Herzstück der (Lebenswelt-)Analyse zunächst ihre Hervorbringung bzw. Hervorlockung, dann ihre Dechiffrierung, die mit detaillierter hermeneutischer Interpreta-

1 An anderer Stelle haben wir eine Konzeption entwickelt, die das typologische Verstehen systematisch in die Professionskompetenz einbezieht (vgl. Haupert/Kraimer 1991 b) und welche insbesondere im Kontext der neueren Professionalisierungsdiskussion erörtert wird (vgl. Gildemeister 1992, Niemeyer 1993; vgl. auch II.3.2 in dieser Arbeit).

tionsarbeit verbunden ist. Die hermeneutische Restitution zielt auf die immanente Logik einer Lebensgeschichte, die methodische Rekonstruktion darauf, die ‚transzendenten' Ressourcen und Potentiale der Veränderung zu erkennen. Eine solche Analyse der Wirklichkeitserfahrung kann den Möglichkeitssinn für das Veränderbare schärfen" (Wambach 1992, S. 1291). Mit der ‚Betroffenensynthese' – ich ziehe demgegenüber den Ausdruck der Lebensweltsynthese vor – liegen zum Abschluß des Untersuchungsprozesses jeweils auch Anknüpfungspunkte dafür vor, den Interventionsprozeß durch Soziale Arbeit anzuleiten.[1] Insbesondere sollte es für die pädagogisch aufgeklärte, mäeutisch angelegte Intervention darum gehen, die sich im ‚Fall' abzeichnenden Veränderungspotentiale konstruktiv, sozusagen als Aktivierung der ‚Selbstheilungskräfte' – oder mit anderen Worten – als „Aufforderung zur freien Selbsttätigkeit" zu nutzen.[2]

5.3 Möglichkeiten des kasuistischen Vorgehens

Neben der Analyse der Wirklichkeitserfahrung[3], die sowohl Gegenstand des Forschungsprozesses als auch Gegenstand des anamnestischen Vorgehens ist, geht es in der pädagogisch inspirierten Sozialen Arbeit also zusätzlich vor allem darum, die *Selbsttätigkeit* zu unterstützen, bzw. erst einmal einen Zugang zu dieser zu erlangen. Gamm (1967) hat besonders eindrücklich in seinen Ausführungen zur Kasuistik als methodisch-analytischem Verfahren – allerdings mit Blick auf den pädagogischen Bezug – darauf verwiesen, daß es dazu eines besonderen Zugangs bedürfe. Dieser Zugang sei nur möglich, wenn die Situation als ‚Fall' (casus) betrachtet und eine Kasuistik als Fallehre erarbeitet und wissenschaftlich überprüft werde. Nach Gamm bietet die Kasuistik für die Pädagogik (und es läßt sich hinzufügen: auch für die Soziale Arbeit) folgende Möglichkeiten:

1 Vgl. in diesem Zusammenhang Osterland 1973, auch einzelne Fallstudien bei Gripp 1979, Guggenheimer/Ottomeyer 1980 oder lebensweltorientierte Ansätze in der praktischen Sozialen Arbeit z.B. bei Gref 1992.

2 Vgl. auch Kap. III.6.7. in dieser Arbeit.

3 Vgl. auch Hespos 1975.

1. „eine Primärfunktion in der Analyse von Erziehungswirklichkeit“ und sozialer Wirklichkeit,
2. „sie wirkt theoriebildend, indem sie das pädagogische Planspiel erlaubt“ ebenso ist ein ‚soziales Planspiel‘ möglich,
3. „der pädagogische Bezug wird durch die Kasuistik einer strengen Situationskontrolle unterworfen“ auch der ‚Interventionsbezug‘ ist so erprobbar,
4. „Kasuistik trägt zu einer Entideologisierung des Erziehungsverhältnisses“ und des ‚Treatments‘ in der Sozialen Arbeit bei,
5. „sie macht Erziehung überhaupt zu einem aktuellen Geschehen“ und bereichert die Soziale Arbeit durch ihre Gegenwartsnähe (alle Zit. bei Gamm 1967, S. 324).

In seiner Analyse der Verhältnisbestimmung der beiden Wissens- und Diskursformen ‚Pädagogik‘ und ‚Erziehungswissenschaft‘, in welcher Herrmann die Pädagogik als pragmatische Wissenschaft verortet und deren nicht-technischen Charakter betont, entwickelt der Autor ein neuerliches Plädoyer für die Kasuistik. Deren Aufgabe bestehe darin, *„Übersetzungsregeln* für pädagogisches und erziehungswissenschaftliches Wissen zu entwickeln, um diese beiden verschiedenen Wissensformen in ihren jeweiligen Schwächen und Stärken voneinander lernen und profitieren zu lassen. Es wäre jedenfalls ein Holzweg, im Bereich der *Pädagogik* die Genauigkeit und Gültigkeit empirisch-analytischen Wissens anstreben zu wollen – denn dies würde den Charakter der pragmatischen Wissenschaften gründlich verkennen –, oder der erfahrungswissenschaftlichen Erziehungswissenschaft unmittelbare ‚Praxisrelevanz‘ ansinnen zu wollen, denn dies würde ihren Wissenschaftscharakter verkennen und ihre spezifische Stärke mindern. Das Ergebnis wäre nur ratlosere Praxis oder schlechtere Wissenschaft“ (Herrmann 1991 a, S. 195, Hervorh. im Original).

In der Kasuistik – und dies ist für deren lebensweltliche Ausprägung insbesondere mit Blick auf eine gelungene Professionalisierung zentral – liege ein Weg der Vermittlung der beiden Wissenssysteme (die es genau zu unterscheiden gelte) von ‚Pädagogik‘ (als handlungsanleitende Erziehungs- oder Unterrichtslehre) und ‚Erziehungswissenschaft‘ (als empirisch-pädagogische Forschung). Wie dieses unterschiedliche Wissen wiederum auf einer neuen Ebene in der Berufspraxis zusammengeführt werden kann, deutet sich in einer Konzeption von Professionalität an, in der beide Wissens- und Könnensbereiche zusammenfallen: *Wissenschaftliches Wissen als erklärungskräftiges Wissen ohne handlungsleitenden Charakter* zu verstehen, dieses also als abstrakt gültig in dessen Tatsachenaussagen und Lebensferne zu erkennen und zu durchdringen und *pädagogisches Wissen als Wissen mit handlungsleitendem Charakter* und mit Erklärungsunsicherheiten zu erkennen und in dessen Lebensnähe zu durchdringen. Dieses ist konstitutiv für die berufliche Kompetenz und Kunstlehre.[1]

In der Kasuistik zeige sich zudem – so Herrmann – die Spezifik pädagogischen Argumentierens (deren Charakteristikum die Disziplinierung durch Argumente sei – nicht die Suche nach der ‚besten' Theorie), und zwar in theoretischer und in praktischer Absicht. Daraus erwachse ein weiterer Vorteil: „sowohl Studierende als auch Wissenschaftler, Schulverwaltungsleute und Bildungspolitiker, Theoretiker und Praktiker sprächen auf die Dauer eine gemeinsame Sprache über gemeinsame Sachverhalte und Probleme. Der Zugewinn an ‚pädagogischer Bildung' müßte beträchtlich sein!" (Herrmann a.a.O., S. 196).

Diese pädagogische Bildung stünde meines Erachtens dann endlich auch Versuchen entgegen, auf seiten der (Erziehungs-) Wissenschaft ständig mehr ‚Praxisnähe' einzufordern und würde den Weg ebnen für die Besinnung auf den ‚pädagogischen Grundgedankengang' eines W. Flitner, der sich auf die Erschließung und Ordnung, auf das *Arrangement von Sozialwerdung* im kulturellen Kontext mit dem Ziel der mündigen Personalität richtet.[2]

Für den Verlauf eines Lernprozesses nach der Fallstudienmethode – in die der ‚Grundgedankengang' einzufließen hätte – finden sich insbesondere bei Kaiser (1983) ausgearbeitete Programme, die sich meines Erachtens in die akademische Ausbildung in der Sozialen Arbeit integrieren lassen

1 Vgl. Schaubild 1 in Abschnitt Kap. II.3.2. dieser Arbeit.
2 Vgl. Flitner 1980, Herrmann 1991 a.

und in welche die skizzierten Elemente einer lebensweltlichen Kasuistik entsprechend eingehen können.

Schaubild 6: Verlaufsstruktur des Lernprozesses nach der Fallstudienmethode

1. *Konfrontation* mit dem Fall	Ziel: Erfassen der Problem- und Entscheidungssituation
2. *Information* über das bereitgestellte Fallmaterial und durch selbständiges Erschließen von Informationsquellen	Ziel: Lernen, sich die für die Entscheidungsfindung erforderlichen Informationen zu beschaffen und zu bewerten
3. *Exploration:* Diskussion alternativer Lösungsmöglichkeiten	Ziel: Denken in Alternativen
4. *Resolution:* Treffen der Entscheidung in Gruppen	Ziel: Gegenüberstellungen und Bewerten der Lösungsvarianten
5. *Disputation:* Die einzelnen Gruppen verteidigen ihre Entscheidung	Ziel: Verteidigen einer Entscheidung mit Argumenten
6. *Kollation:* Vergleich der Gruppenlösungen mit der in der Wirklichkeit getroffenen Entscheidung	Ziel: Abwägen der Interessenzusammenhänge, in denen die Einzellösungen stehen.

(Kaiser 1983, S. 26, Hervorh. im Original).[1]

Im Kontext der Erörterung des Flitnerschen ‚pädagogischen Grundgedankenganges' arbeitet wiederum Herrmann (1991 b) dessen Kernfunktion heraus: „Die Funktion der Systematischen und Allgemeinen Pädagogik ist es, durch ihre Theorie- und Begriffsarbeit die Problembearbeitungen im Erziehungsfeld vor Illusionen zu bewahren, die Pädagogisierung gesellschaftlicher Probleme nicht ausufern zu lassen und die Praxisanleitung zu disziplinieren – mit Bernfeld zu reden: der Pädagogik in Wissenschaft und Praxis *Tatbestandsgesinnung und Realitätsbewußtsein* zu vermitteln" (Herrmann 1991 b, S. 41, Hervorh. im Original). Mit dem ‚Grundgedan-

1 Vgl. auch Biller 1988, S. 56.

Schaubild 7: Die Schritte der Fallstudienarbeit nach Biller (1988, S. 71)21

1. Wahrnehmung von Wirklichkeit	„Vor-Fall“ (Hastenteufel)
2. Falldefinition oder Fallbestimmung	„Falldefinition“ (Waples); „Auswahl des ‚Falls‘ und Zugang zum Feld“ (Lehmann/Vogel); „Problemnennung“ (Sperle)
3. Materialbeschaffung	„Sammeln und Aufzeichnen von Informationen“ (Stenhouse); „Datengewinnung“ (R. Lehmann/ Vogel); Fallbeobachtung“ (Binneberg)
4. Fallpräsentation	„Aufbereitung der Information über den ‚Fall‘“ (Stenhouse); „Beschreibung“ (Sperle) „Fallbeschreibung“ (Hastenteufel) „Fallstudie“ (Hastenteufel) „Falldarstellung“ (Binneberg)
5. Fallerschließung	„Fallmethode“ (Hastenteufel) „Fallanalyse“ (Waples, Binneberg) „Auswertung“ (R. Lehmann/Vogel) „Fallinterpretation“ (Waples) „Schreiben des Fallberichts“ (Stenhouse)
6. Fallösung (evtl.)	„Sammlung von Lösungen“ (Waples, Sperle) „Beschreibung des Fortschritts“ (Sperle) „Schlußfolgerungen“; (Waples, Sperle)
7. Evaluation	„Verbreitung der Ergebnisse bzw. Publikation“ (Stenhouse) „Publikation“ (R. Lehmann/Vogel)[1]

1 Die von Biller genannten Autoren, die nicht im Literaturverzeichnis dieser Arbeit vermerkt sind: Hastenteufel, P.: Fallstudien aus dem Erziehungsalltag. Bad Heilbrunn 1980; Lehmann, R./Vogel, D.: ‚Einzelfallstudie‘, in: Haft, H./Kordes, H. (Hrsg.): Methoden der Erziehungs- und Bildungsforschung. Stuttgart 1984, S. 349-355; Sperle, D.h.: The case method technique in professional training. A survey of the use of casestudies as a me-

kengang‘ ließen sich – so Herrmann – u.a. *lebensweltliche* bzw. lebensgeschichtliche Problemlagen sowohl mit Blick auf erziehungswissenschaftliche als auch auf pädagogisch-praktische Bedeutungen hin identifizieren (a.a.O., 1991 a).

Für die Entwicklung einer lebensweltlich inspirierten Kasuistik in der Sozialen Arbeit ist weiterhin die *Idee der Interdisziplinarität* zentral, die zur „materiellen Ausfüllung der Betrachtungsweisen des Grundgedankenganges“ (a.a.O., 1991 b, S. 41) beiträgt. Auch möchte ich auf einige Ausformungen der Kasuistik verweisen, die Biller überblicksartig zusammengestellt hat (vgl. Schaubild 7).

Ein Beispiel, in welchem sich die lebensweltliche Orientierung als kasuistisches Vorgehen dokumentiert, soll im Rahmen der Diskussion *lebensweltlicher Mangelzustände,* die sich als ‚Sozialauffälligkeit‘ lebenspraktisch äußern, im folgenden Hauptabschnitt vorgestellt werden. Das sozial- bzw. devianzpädagogische Arbeitsfeld der Kinder- und Jugendhilfe wird dazu exemplarisch herangezogen.

Da ‚abweichendes Verhalten‘ bei Kindern und Jugendlichen als eines der Kerngebiete der Sozialen Arbeit betrachtet werden kann, wird zunächst auf das Begriffsfeld ‚abweichendes Verhalten‘ eingegangen. Theoretische Modelle und Konzeptionen werden knapp erörtert[1] und in eine Konzeption lebensweltorientierter und pädagogisch inspirierter Sozialer Arbeit mit Kindern und Jugendlichen überführt.

---

thod of instruction in selected fields and a study of its applicationin a teachers college. New York, Columbia University 1933 (rep. 1972); Stenhouse, L.: „Pädagogische Fallstudien: Methodische Traditionen und Untersuchungsalltag“, in: Fischer, D. (Hrsg.): Fallstudien in der Pädagogik. Aufgaben, Methoden, Wirkungen. Konstanz 1982, S. 24-61; Waples, D.: Problems in classroom method: a manual of case analysis for High School supervisors and teachers in service. New York: Macmillan 1927; Waples, D./Tyler, R.W.: Research methods and teachers, problems. New York: Macmillan 1930.

1 Vgl. zusammenfassend auch Lamnek 1979.

6. Abweichendes Verhalten als lebensweltlicher Mangelzustand

6.1 Begriffsfeld

Abweichendes Verhalten ist zunächst ein abstrakter Sammelbegriff, mit dem sich vielfältige, äußerst unterschiedliche menschliche (soziale) Verhaltensweisen in Verbindung bringen lassen. Die dafür geprägten Begriffe können einen beschreibenden, zuschreibenden oder bewertenden Charakter haben; die Bedeutungsgehalte sind dabei kontextabhängig und unterliegen einem historischen Wandel: Aggression, Alkoholismus, Asozialität, Betrug, Bestechung, Drogenabhängigkeit, Extravaganz, Hehlerei, Korruption, Leistungsschwäche, Lernstörung, Prostitution, Selbstmord sind Beispiele. Dem damit bezeichneten Verhalten ist gemein, daß es mehr oder weniger stark von einer fiktiven Normalität oder Gesundheit von Individuen und Gruppen in einer Gesellschaft abweicht. Der Bedeutungs- bzw. Assoziationshof der Begriffskombination Abweichendes Verhalten ist dermaßen umfassend und unpräzise, daß oft nur noch Scheinverständigungen über das jeweils damit Bezeichnete oder Gemeinte möglich sind.

Die Begriffsverwendung selbst – im Alltagssprachgebrauch wie im spezifisch wissenschaftlichen Gebrauch – birgt somit zahlreiche Gefahren. Zu beobachten ist beispielsweise, daß der Ausdruck Abweichendes Verhalten von seiner Einbindung in einen definierten Bereich abgelöst und zur Bezeichnung von Erscheinungen oder Problemen verwendet wird, die ursprünglich nicht gemeint waren. Dies bietet eine Grundlage für die Eskalation von Fehlinterpretationen und Mißverständnissen. In ihrer Weitschweifigkeit immunisiert die Begriffsverwendung gegen kritisches, präzisierendes Nachfragen, indem von nicht trennscharf definierten Problembereichen ausgehend Argumentationsketten entwickelt werden. Dies ist besonders dann problematisch, wenn unter dem Anstrich der Wissenschaftlichkeit subjektive Zuschreibungen vorgenommen werden, welche für die Adressaten dieser fälschlichen Etikettierung in negativer Weise praktisch folgenreich werden.

Abweichendes Verhalten ist weiterhin ein Terminus mit verschiedenen bedeutungsgleichen bzw. sinnverwandten Wörtern (Synonymen). Der aus dem Angelsächsischen stammende Begriff der ‚Devianz‘ wird in der wissenschaftlichen Diskussion weitgehend als Synonym für das Globaletikett ‚Abweichendes Verhalten‘ verwendet und verweist stets auf wie auch immer geartete Verstöße gegen soziale Erwartungen, soziale Normen. ‚Delinquenz‘ wird hingegen als Begriff bevorzugt, wenn es um Verhaltensweisen einzelner geht, die hinter erwartetem Verhalten zurückbleiben (Verhaltensdefizite) und sich im Vorfeld, Umfeld oder schon im Bereich der Kriminalität selber bewegen. Abweichendes Verhalten und Delinquenz werden durch Sanktionierung unterschieden: Während abweichendes Verhalten toleriert werden kann, ist Delinquenz stets mit Sanktionen (gesellschaftliche Reaktionen als Bestandteil sozialer Kontrolle) verknüpft.

Bei der Kriminalität als Form des abweichenden Verhaltens geht es bekanntlich um strafrechtlich mißbilligte Handlungen. Bezieht sich das Synonym Delinquenz – im englischen wie im französischen Sprachraum verbreitet – eher auf Bereiche der Jugendkriminalität, beschreibt ‚Dissozialität‘ ‚Fehlverhaltensweisen‘ bzw. ‚krankhafte Entwicklungen‘, bei denen jemand nicht oder nur teilweise in der Lage ist, gesellschaftlichen normativen und/oder moralischen Erwartungen und Anforderungen zu entsprechen, bzw. benennt Prozesse, in welchen es zu Störungen ganzheitlicher Abläufe (Denken, Fühlen, Handeln) in Form von Zerfallserscheinungen oder zu Störungen des Zusammenspiels geistiger wie körperlicher Kräfte kommt. Der Begriff der ‚Asozialität‘ wird ebenfalls oft als Synonym für Formen abweichenden Verhaltens gebraucht, wenn eine Unfähigkeit von Personen zum Leben in einer Gemeinschaft festgestellt oder zugeschrieben wird. Abweichendes Verhalten ist schließlich ein Phänomen, welches zu Systematisierungsversuchen durch Forscher der unterschiedlichsten Disziplinen mit entsprechend differierenden Ergebnissen geführt hat.

6.2 Modelle und Konzeptionen

Sozialwissenschaftlich lassen sich verschiedenartige konzeptuelle Auffassungen von abweichendem Verhalten analytisch gegeneinander abgrenzen; Unterschiede liegen vor allem in Reichweite und Aussagekraft der einzelnen Modelle. Ansatzpunkte bilden dabei vorrangig entweder einzelne Individuen (Microebene), soziale Gruppen (Mesoebene) oder soziale Systeme (Macroebene).

Das statistische Modell: „Die simpelste Auffassung von abweichendem Verhalten ist ihrem Wesen nach statistisch: Sie definiert alles als abweichend, was sich zu weit vom Durchschnitt entfernt. Wenn ein Statistiker die Ergebnisse eines agrarwissenschaftlichen Experiments analysiert, dann beschreibt er den Kornhalm, der außergewöhnlich lang, und den Kornhalm, der außergewöhnlich kurz ist, als Abweichung vom Mittelwert oder Durchschnitt. Entsprechend kann man alles, was sich vom Gewöhnlichen unterscheidet, als Abweichung bezeichnen. Unter diesem Aspekt ist es abweichend, linkshändig oder rothaarig zu sein, weil die meisten Menschen rechtshändig oder braunhaarig sind“ (Becker 1973, S. 4). Die Erklärungskraft dieses Modells beschränkt sich auf vergleichsweise einfache Sachverhalte und ist in der Testtheorie als Wahrscheinlichkeitsverteilung einer definierten Form für stetige Variablen (beobachtbaren oder beschreibbaren Merkmalen) bekannt, die durch zwei Parameter eindeutig beschrieben ist und die typische Form einer Glockenkurve aufweist.

Das pathologische Modell: „Eine weniger simple und viel weiter verbreitete Auffassung definiert abweichendes Verhalten als etwas seinem Wesen nach Pathologisches, welches das Vorhandensein einer ‚Krankheit‘ anzeigt. Diese Auffassung beruht offensichtlich auf einer medizinischen Analogie. Wenn der Organismus effizient arbeitet und kein Unbehagen verspürt, gilt er als ‚gesund‘. Wenn er nicht effizient arbeitet, ist er von einer Krankheit befallen. Das Organ oder die Funktion wird als krank bezeichnet. Natürlich herrscht nicht gerade Einigkeit darüber, was den gesunden Zustand eines Organismus ausmacht. Doch die Einigkeit ist noch weit geringer, wenn es darum geht, den Begriff der Pathologie in analoger Weise zu verwenden, um Verhaltensweisen zu beschreiben, die als abweichend angesehen werden“ (a.a.O., 1973, S. 5). Diese Konzeption, die über pathologisierende bzw. psychopathologisierende und individualisierende Definitonen des abweichenden Verhaltens als ‚medizinisches Krankheitsmodell‘ diskutiert und dem medizinisch-naturwissenschaftlichen Paradigma zugerechnet wird, sucht abweichendes Verhalten analog zu abweichenden Körperprozessen zu deuten. Mögliche Aussagen beziehen sich etwa auf genetische oder physische Defektkonstellationen als Hinweise auf intraindividuelle Krankheitsprozesse. Abweichendes Verhalten wird demnach als Symptom verstanden, welches nicht selber die Krankheit ist, sondern lediglich auf zugrundeliegende Ursachen verweist. Die verursachenden Faktoren können zwar unterschiedlicher Natur sein (z.B. genetischer, toxischer, virologischer), reduzieren aber die ‚Störung‘ unikausal auf krankhafte Organprozesse. Die Übertragung dieser Sichtweise abweichendes Verhalten als letztlich individueller Fehlform bzw. Fehlanpassung auf Gebiete von psychischen Störungen und Verhaltensstörungen (ohne schlüssige Nachweise einer körperlichen Ätiologie) führte in der Psychiatrie sowie in den Humanwissenschaften insgesamt zu heftigen Kontroversen. Betrachtet man die zum Teil erschreckende Medizinalisierung und Medikalisierung von Verhaltensstörungen bei schulischen Problemen[1] sowie die weitverbreitete Inanspruchnahme psychiatrischer Krankheitslehren für Lebensprobleme und Anpassungsschwierigkeiten bei Kindern und Jugendlichen, so ist dies Anlaß, sich mit den Implikationen des sogenannten medizinischen Krankheitsmodells auseinanderzusetzen. Das relativ geschlossene Theoriegebäude des medizinischen Modells[2] geht auf Kraeplin zurück und wurde von diesem in Anlehnung an Pathologievorstellungen der inneren Medizin geformt[3].

---

1 Vgl. Keupp 1979, Voss 1982.

2 Der Begriff stellt lediglich eine vereinfachende Sammelbezeichnung dar. Es existiert weder ‚das‘ medizinische noch ‚das‘ sozialwissenschaftliche Modell.

3 Für das ‚medizinisch-naturwissenschaftliche Paradigma‘ hat v. Kardorff folgende Merkmale in bezug auf dessen harten Kern herausgestellt:
„(a) Psychische Krankheit ist von psychischer Gesundheit *qualitativ* verschieden, es besteht eine Diskontinuität zwischen Normalität und Abnormität.

Die Übertragung des traditionellen medizinischen Modells auf das Gebiet der Verhaltensstörungen und der psychischen Störungen führte speziell in der Psychiatrie und deren Umfeld zu einer intensiven Paradigmen-Diskussion. Freud gelang bekanntlich der Nachweis psychischer Faktoren als Einflußgrößen bei sogenannten neurotischen und psychotischen Störungen; er stellte die Suche nach somatischen Substraten in Frage und leitete eine erste Krise des medizinischen Krankheitsmodells ein; obgleich Freud noch stark von den Denkschemata des medizinisch-naturwissenschaftlichen Modells geprägt war, zeigte er die Grenzen des bis zu diesem Zeitpunkt in der Fachwelt allgemein akzeptierten Paradigmas auf. Eine weitere zentrale Phase einer ‚Paradigmakrise' wurde später eingeleitet durch die provokanten Schriften von Szasz, der insbesondere auf die Folgen der Anwendung des medizinischen Krankheitsmodells im Rahmen der psycho-sozialen Versorgung aufmerksam machte. Nach Szasz bildet der Begriff der ‚Geisteskrankheit' einen Mythos, da der Krankheitsbegriff nur auf körperliche Krankheiten angewendet werden könne. Szasz wendet sich dagegen, von der – dem medizinischen Modell impliziten – Annahme auszugehen, „daß man schließlich einen neurologischen Schaden finden werde, vielleicht einen ganz subtilen, der alle Denk- und Verhaltensstörungen erklären würde. Die Anwendung

---

(b) Die Phänomene abnormer Erlebnis- und Verhaltensreaktionen lassen sich in *voneinander abgrenzbaren Krankheitseinheiten* mit einem prognostizierbaren *typischen Verlauf* klassifizieren.
(c) Jedes psychopathologische Krankheitsbild manifestiert sich in einer Reihe von substantiellen (und akzidentiellen) *Symptomen,* denen *ursächlich* eine *individuelle* organisch fundierte Disposition zugrundeliegt.
(d) Wenn auch als Auslöser psychischer Krankheiten externe Faktoren (soziale, familiäre, lebensgeschichtliche) in Frage kommen, so sind die *Ursachen* körperlicher Natur.
(e) Psychische Krankheit ‚befällt' ein Individuum, ohne daß es sich willentlich dagegen wehren oder für sein Verhalten zur Verantwortung gezogen werden könnte. Der Verlauf der Krankheit ist durch einen *objektivierbaren und naturwissenschaftlich* erklärbaren Prozeß gekennzeichnet.
(f) Psychische Krankheit kann nur durch medizinisch ausgebildete Experten diagnostiziert, mit Hilfe medizinisch-psychologischer Verfahren und nach den Regeln ärztlicher Kunst behandelt werden" (v. Kardorff 1978, S. 599, Hervorh. im Original).

dieses Vorstellungskomplexes führe zu einem Mythos, der den Blick auf die soziale Entstehung abweichenden Verhaltens verstelle; vielmehr handle es sich ganz einfach um Lebensprobleme (Szasz 1978, S. 23). Der Psychiatrie trat eine aus den eigenen Reihen sich formierende Antipsychiatrie entgegen (z.B. Basaglia, Cooper, Laing, Szasz), die nachdrücklich auf die negativen Institutionalisierungs- und Sozialisierungseffekte psychiatrischer Anstalten hinwies. Ziele der antipsychiatrischen Bewegung lagen nicht in einer Humanisierung der Großanstalten, sondern in deren Abschaffung.

Als Fazit läßt sich festhalten, daß ein ausschließlich medizinisches Modell bei der Thematisierung abweichender Verhaltensweisen wissenschaftlich kaum aufrechtzuerhalten ist. Zwar hat sich selbst innerhalb der Psychiatrie eine Erweiterung des Modells um soziale Faktoren durchsetzen können, doch bildet dessen ‚harter Kern' weiterhin die Grundlage des naturwissenschaftlich orientierten Paradigmas auf unterschiedlichen Ebenen. Die individualistische Ausrichtung, die mit Begriffen wie Persönlichkeits-, Eigenschafts-, Symptom- und Organzentrierung gekennzeichnet werden kann, vernachlässigt systematisch situationsspezifische Verhaltensausprägungen von Individuen. In aller Kürze seien hier einige Hauptkritikpunkte noch einmal stichwortartig zusammengefaßt:

- die Ursachen für Krankheiten würden einseitig dem Individuum zugeschrieben;
- die Krankheitsdefinitionen des Psychiaters oder Neurologen hätten negative Folgen für den sozialen Status des Klienten;
- Individuumszentrierung, kurative Konzeption und vorrangige Medizinerverantwortlichkeit führten in der Gesundheitsversorgung zur sozialen Kontrolle von Individuen und lenken von der Untersuchung psycho-sozialer Faktoren ab;
- psychiatrische Diagnosen seien widersprüchlich und unklar.

Massive Kritik gegen die ausschließliche Zugriffsweise durch das medizinische Krankheitsmodell in dem Sektor der Verhaltensstörungen erwuchs vor allem aus den Sozialwissenschaften, aus deren Sichtweise heraus hier einige zentrale Konzepte behandelt werden.

Alternativ zu dem medizinischen Modell des abweichenden Verhaltens focussierte sich eine sozialwissenschaftlich inspirierte, veränderte Sichtweise abweichenden Verhalten zunehmend darauf, eine dem Gegenstand angemessene Theorie zu entwickeln. Sozialen, psychischen und gesellschaftlichen (Verursachungs-) Momenten wird dabei Rechnung getragen. Die dabei zugrundeliegenden Ansätze zeichnen sich zwar durch zahlreiche Divergenzen und Kontroversen aus, lassen aber ebenso Gemeinsamkeiten erkennen, die z.B. in der vermehrten Konzentration auf das *Problemverhalten* selbst, auf den sozialen *Kontext,* auf die sozialen *Interaktionen* sowie auf Aktionen und Reaktionen von *‚Beobachtern in Machtpositionen‘* liegen. Es rücken Faktoren in den Vordergrund, die schlaglichtartig gekennzeichnet werden können mit Begriffen wie ‚soziales Lernen‘, ‚Rollenverhalten‘, ‚Kontrollverhalten‘, ‚Stigmatisierung‘, ‚Regel‘, ‚Alltagshandeln‘, ‚soziale Interaktion‘, ‚soziale Norm‘. Bedauerlicherweise gerät der dabei immer deutlicher werdende Zusammenhang individueller ‚Fehlverhaltensweisen‘ mit sozialen Kontexten, mit Reaktionsweisen der Mitmenschen und mit Reaktionsweisen auf institutioneller Ebene mancherorts bereits dann wieder aus dem Blickfeld, wenn eine inkonsequente und vereinfachende Ableitung von ‚Therapieformeln‘ aus einzelnen Theoriesträngen vorgenommen wird, die dann relativ unreflektiert in die ‚therapeutische‘ Praxis übertragen werden. In einer naiven ‚Anwendung‘ solcher Versatzstücke aus komplexeren Theoriegebäuden (beispielsweise dem Rogerschen) liegen Gefahren für die Klientel, die wiederum auf Individualisierung von Problemlagen hinauslaufen. Dabei wird die alltägliche Lebenspraxis des jeweiligen Adressaten vernachlässigt oder systematisch ausgeblendet, womit neue Abhängigkeiten produziert werden. Bei der Betreuung sozialpädagogischer Klientel hat das medizinische Krankheitsmodell nach wie vor einen erheblichen Stellenwert, wenn man beispielsweise an die schon benannte Medikalisierung etwa bei schulischen Problemen oder bei ‚Verhaltensauffälligkeiten‘ in Heimen denkt. Dieser Umstand resultiert nicht zuletzt aus der ‚gewachsenen‘ Einheit zwischen Institutionen der psycho-sozialen Versorgung und eingeschliffener Handlungspraxis sowie aus deren festen Verankerung im „administrativ-therapeutischen Blick“ (v. Kardorff 1978), der seinen Niederschlag findet in juristischen, kranken- und versicherungsrechtlichen Definitionen.

Mit Bezug auf *Verhaltensnormen* lassen sich weitere – vorwiegend soziologische – Modelle nennen, von denen eines als *funktionalistisches Konzept* bezeichnet werden kann. Dabei wird der Frage nachgegangen, ob in einer Gesellschaft Prozesse ablaufen, die deren Stabilität gefährden und somit ihre Überlebenschancen zu verringern drohen. Derartige Prozesse werden als Abweichungen oder als Symptome für soziale Desorganisation bezeichnet. Dabei wird unterschieden zwischen „Eigenschaften der Gesellschaft, die ihre Stabilität fördern (und also ‚funktional‘ sind) und solchen, die sich störend auf die Stabilität auswirken und also ‚dysfunktional‘ sind“ (Becker 1973, S. 6). Fragen, welche Verhaltensweisen demnach als abweichende gelten, müssen als politische Fragen behandelt werden: „Die funktionalistische Auffassung von abweichendem Verhalten begrenzt unser Verständnis, weil sie den politischen Aspekt des Phänomens ignoriert“ (Becker a.a.O., S. 7). Eine in diesem Kontext auftretende normative Auffassung unterstellt, daß allgemein anerkannte und kodifizierte Regelkataloge zur Verhaltenseinordnung in Gesellschaften jeweils vorliegen und als Ordnungskräfte wirken. Diese Auffassung vernachlässigt jedoch Interpretations- und Aushandlungsprozesse, die bei der Bestimmung von abweichendem Verhalten in modernen Industriegesellschaften greifen und der Definitionsmacht von Interessengruppen folgen können. Letzteres wird durch eine relativistisch-normative Position betont, die auf die Konflikthaftigkeit und Mehrdeutigkeit bei der Setzung und Sanktionierung sozialer Normen verweist. Dieser Ansatz ist als ‚labeling approach‘ (auch Reaktions-, Etikettierungs- oder Definitionsansatz genannt) bekannt geworden, worauf im folgenden Abschnitt näher einzugehen sein wird.

6.3 Theorien abweichenden Verhaltens

Theorien abweichenden Verhaltens wurden in zahllosen, vieldimensionalen Formen durch unterschiedlichste Einzelwissenschaften wie Biologie, Medizin, Psychiatrie, Kriminologie, Soziologie, Psychologie und Pädagogik entwickelt. Der Stand der Forschung läßt eine abschließende Theoriebildung bei weitem nicht zu.

Groben Unterteilungen zufolge lassen sich Theorien abweichenden Verhaltens in individualistische und kollektivistische, in ätiologische (nach Ursachen abweichenden Verhaltens forschende) und in nicht-ätiologische (nach der Entstehung und Anwendung von Normen fragende) Ansätze unterscheiden.

Neben der klassischen Schule der Kriminologie, die ein Produkt der Aufklärung ist, sind bei den ‚großen Schulen' insbesondere die Freudsche Psychoanalyse und die Anomietheorie Durkheims (der den Begriff Anomie zur Erklärung von Desintegrationserscheinungen in der Folge von Arbeitsteilung einführte und auf die ‚Normalität der Kriminalität' hingewiesen hat) und deren Entwicklung durch Merton (1979) zu nennen. Dieser hat eine Typologie der Arten individueller Anpassung der Mitglieder einer Gesellschaft mit Blick auf die Diskrepanz von kulturellen Zielen und Mitteln herausgearbeitet (Konformität, Innovation, Ritualismus, Apathie/Rückzug, Rebellion).

Psychologische Ansätze korrespondieren z.B. mit Lern-, Kontroll- und Halttheorien, wobei eher nach Bedingungen gesucht wird, die ein Individuum veranlassen, sich abweichend zu verhalten, soziologische Ansätze fragen eher nach Bedingungen, die im sozialen Umfeld liegen und zur Abweichung führen (z.B. Kulturkonflikttheorie, Subkulturtheorie, Theorie der differentiellen Zugangschancen).

Eine ergänzende Fragestellung wird durch Theoretiker des Labeling-Ansatzes[1], der aus der Theorie des Symbolischen Interaktionismus[2] resultiert, gestellt. Ein Hauptinteresse liegt in der Frage nach der Zuschreibung abweichenden Verhaltens (Stigmatisierung) durch ‚signifikante andere' (Bezugs-, Amts- oder sonstige Personen), besonders aber durch Vertreter sozialer Kontrollinstanzen.

Innerhalb der sozialwissenschaftlichen Devianzforschung sind die ‚abweichenden' Annahmen dieses Paradigmas, die

1 Vgl. z.B. Becker 1973.
2 Vgl. zusammenfassend Brumlik 1983, auch Helle 1977.

im Widerspruch zum traditionellen positivistischen Paradigma stehen, besonders kraß hervorgetreten. Anhänger der ‚neuen Perspektiven' setzen sich mit ätiologischen Ansätzen – mit denen diese Sichtweise nicht ohne weiteres kompatibel ist – kritisch auseinander, wobei nicht wie bei diesen *Devianz als gegebener Sachverhalt* verstanden wird, sondern von dem sogenannten Kontrollparadigma ausgehend (das weitgehend veränderte Voraussetzungen impliziert) *Devianz als subjektiv fragwürdig* gekennzeichnet wird.[1] Der labeling approach rückte etwa seit 1970 mehr und mehr in das Interesse der Sozialwissenschaften, konnte einen Großteil der Forschungskapazitäten an sich binden und wurde zum Teil als neues ‚überlegenes' Paradigma in der Devianzforschung angesehen, das Defizite der alten Positionen nachweisen konnte.[2] Neben dem großen Anteil amerikanischer Publikationen (z.B. Becker, Cicourel, Garfinkel, Lemert) gilt dies besonders für soziologische Kriminalitätstheorien und für psychisch abweichendes Verhalten.[3]

Für die Erziehungswissenschaft wurde der Ansatz u.a. von Mollenhauer (1972) rezipiert. Zur Thematisierung abweichenden Verhaltens bei Kindern und Jugendlichen fand dieser große Beachtung und diente als Grundlage zahlreicher empirischer Untersuchungen (z.B. Arbeitsgruppe Schulforschung 1980, Best 1979, Brusten 1979, Brusten/Hurrelmann 1973, Tornow 1978). Der labeling approach ist als dringend notwendige Perspektivenerweiterung zu werten, sollte aber nicht als alleiniger Zugriff auf das Phänomen Abweichung verstanden werden, der bisherige Ansätze überflüssig macht. Ich teile die Auffassung von Rüther (die auch bereits von empirischen Untersuchungen bestätigt wurde), „daß die Entstehung und Verteilung der Kriminalität (bzw. allgemein des abweichenden Verhaltens) in einer Gesellschaft sowohl als Folge der zugrundeliegenden Verhaltensprozesse als auch als Folge der Definitions- und Kontrollpraxis der reagierenden Umwelt anzusehen sind. Diese sind wiederum beide von sozialstrukturellen Faktoren abhängig" (1975, S. 147).

Anzustreben ist im Kontext einer lebensweltlichen Gesamtsicht eine Theorie abweichenden Verhaltens, die Aspekte

1 Vgl. Rubington/Weinberg 1968.
2 Vgl. Keupp 1976, S. 14.
3 Vgl. zusammenfassend Keupp 1972 a.

beider Theorietraditionen (ätiologischer und nicht ätiologischer) bei der Thematisierung von Abweichungsphänomenen berücksichtigt. Die Absolutsetzung einer der Richtungen muß notwendigerweise bei den Identifizierungsversuchen zu Verzerrungen führen. Eine schulkritische Arbeit, in welcher reichhaltiges, auch die lebensweltliche Sichtweise integrierendes Material berücksichtigt wird, hat Holtappels (1987) in diesem Problemzusammenhang vorgelegt.[1]

Ebenfalls hinzuweisen ist auf sogenannte Mehrfaktoren-Ansätze, die in der Soziologie und der Psychologie sowie in der Praxis der Kriminologie Verbreitung gefunden haben und bei denen eine Fülle unterschiedlicher Faktoren in die Erklärung abweichendes Verhalten einbezogen werden.[2] Genannt seien vor allem devianzpädagogische Ansätze, die sich im Umfeld ‚abweichender' Erziehungs- und Bildungsprozesse um die Autonomie der Lebenspraxis von Kindern und Jugendlichen im Zuge eines nicht stigmatisierenden Umgangs bemühen.[3]

6.4 Das Karrierekonzept

Üblicherweise zur Kennzeichnung erfolgreicher Berufslaufbahnen gebräuchlich, wird der Ausdruck ‚Karriere' „neuerdings jedoch in erweitertem Sinn zur Bezeichnung der sozialen Wechselfälle im Lebenslauf eines jeden Menschen verwendet" (Goffman 1977, S. 127)[4]. Lemert (1974) beschreibt einen dynamischen ‚Aufschaukelungsprozeß' (labeling process) von der primären Abweichung – deren Ursachen vielfältig sein können und die auf Grund ihrer Geringfügigkeit oftmals sozial noch tolerierbar erscheint – zur sekundären

1 Vgl. auch Holtappels 1983, 1984, 1987 sowie Helsper et al. 1991, auf deren Ergebnisse in Abschnitt Kap. III.8.6. dieser Arbeit näher eingegangen wird; zur Diskussion eines ganzheitlichen, lebensweltlichen Ansatzes in der Jugendhilfe/Jugendpsychiatrie vgl. die Beiträge in Gintzel/Schone 1990).

2 Vgl. als Gesamtüberblick Lamnek 1979.

3 Vgl. auch Kap. III.6.7. in dieser Arbeit. Für einen Geschlechtervergleich im Kontext abweichenden Verhaltens vgl. Krämer (1992).

4 Vgl. hier auch Goffman 1961.

Devianz, die als eskalierender Zuschreibungsprozeß zu verstehen ist; dieser kann individuell zu einer neuen, abweichenden Selbstdefinition führen. Becker erweitert das Modell Lemerts in bezug auf Normsetzungs- und Normanwendungsprozesse. Die grundlegende Annahme dabei ist, daß viele Menschen irgendwann in ihrem Leben Regelverletzungen begehen, die jedoch großteils nicht in eine Abweicherkarriere münden. Becker (1973, S. 22 ff.) verwendet hier analog den Begriff der ‚Laufbahn', den er als Beschreibungsmodell sowohl für Wege in die eskalierende Abweichung (Devianz) als auch für den Weg ‚zurück' aus derselben nutzt. Es geht dabei nicht so sehr um die „Bewältigung der klassischen ätiologischen Frage, sondern um die Explikation des Prozesses, durch den Personen das werden, als was sie bezeichnet werden" (Keupp 1976, S. 32).

Interaktionistische Verlaufs- und Karrieremodelle (Becker, Goffman, Lemert), die in der Theorietradition des Symbolischen Interaktionismus stehen, legen den Schwerpunkt ihrer Betrachtung – so läßt sich zusammenfassend sagen – auf Umweltreaktionen, die a) ein abweichendes Verhalten und b) bestimmte Rollenzuschreibungen erzeugen, die c) zur Eskalierung abweichender Verhaltensweisen führen. Entscheidend in diesem Prozeß ist die veränderte *Behandlung* von Personen sowie daraus möglicherweise resultierende veränderte Selbstinterpretationen des ‚Abweichlers', die sich in einem Identitätswandel durch die Übernahme einer zugeschriebenen Rolle äußern. Im Verlauf abweichender Karrieren werden Handlungsmöglichkeiten zunehmend beschnitten, so daß es immer schwerer fällt, Normalität zu wahren.[1]

Weiterhin ist die Unterscheidung von normverletzendem und abweichendem Verhalten sowie die Beobachtung, daß individuell unterschiedlich etikettiert wird, für das Karrierekonzept zentral[2]. Dieses Faktum – selbst bei einander sehr

1 Vgl. auch Bonstedt 1972, Ahrens 1975.

2 „Bis zu welchem Grade eine Handlung als abweichend behandelt wird, hängt auch davon ab, wer sie begeht und wer das Gefühl hat, von ihr geschädigt worden zu sein. Regeln scheinen auf einige Menschen unnachgiebiger angewandt zu werden als auf andere. Studien über jugendliche Delinquenz zeigen dies ganz deutlich" (Becker 1973, S. 11). Zur Schichtspezifität bzw. zur selektiven Vergabe von Etiketten vgl. Goffman 1967, 1977, Cicou-

ähnlichen Verhaltensweisen wird nicht gleichmäßig ‚Devianz' festgestellt – hat für den Labeling-Ansatz insgesamt eine entscheidende Bedeutung. Ausgehend von der Erkenntnis, daß jedes soziale Handeln mit subjektiven Bedeutungen verbunden ist (M. Weber 1960), beschreiben Vertreter des Labeling-Ansatzes die *Konstituierung* abweichender Verhaltensweisen als Verläufe bedeutungsvoller Schritte auf unterschiedlichen Stufen, so daß beim ‚Herabsteigen' aus dem mitunter tatsächlichen oder vermeintlichen Normverletzer ein dauerhafter Abweichler wird. Definiert sich die Person auf dem ‚Tiefpunkt' einer solchen Karriere selber als abweichend und handelt entsprechend, eskaliert das gesamte Geschehen. Gerät das Attribut ‚deviant' zum Hauptmerkmal einer Person, so diese Theorie, wird deren Verhalten insgesamt so umgedeutet, als ob ‚immer schon' abweichendes Verhalten vorgelegen habe: Der Person wird eine *neue Identität* zugeschrieben. Diese ‚Prozedur' wird von Garfinkel (1968) als *statusdegradierende Zeremonie* beschrieben. In der Forschung bildet das Karrierekonzept – insbesondere auch in neueren Untersuchungen der Lebenslaufforschung – ein wichtiges analytisches Instrument.[1]

6.5 Gemeinsame Grundannahmen der Labeling-Ansätze und deren Rezeption

So unterschiedlich die Strömungen des labeling approach auch sind, läßt sich doch bei nahezu allen Ausprägungen deren Verwandtschaft zum Symbolischen Interaktionismus oder zur Phänomenologie erkennen. Abweichung wird als *Bedeutung* eines Geschehens aufgefaßt. Damit ist auf die symbolische Ausdeutung der Welt verwiesen, die durch Sprache und andere Symbole vorstrukturiert ist und die in

---

rel 1968, S. 203 ff., Bohnsack 1973. Auf die große Bedeutung der Meadschen Theorie für das Konzept sei hier verwiesen. Die Verfestigung abweichender Karrieren (z.B. durch negative Lehrererwartungen) hängt meines Erachtens eng zusammen mit dem Konzept der ‚negativen self-fulfilling prophetie' (vgl. Schusser 1972).

1 Vgl. z.B. Drewek/Harney 1986, Girtler 1987, Keupp 1987, Ludwig 1992.

Interaktionen konkrete Formen annimmt. Als abweichend wird ein Verhalten bezeichnet, das normativen Erwartungen von Personen oder normativen institutionellen Erwartungen nicht entspricht. Die Unterscheidung von Normsetzung und Normanwendung (labeling) sowie die Bedeutung der gesellschaftlichen ‚Vergabe' von Stigmen gehören zu den konstitutiven Elementen der Labeling-Theorie.[1] In der Sozial- und Schulpädagogik hat dieser Ansatz eine breite Rezeption gefunden.[2] So wurde die Theorie (z.B. für die Analyse abweichenden Schülerverhaltens) bei zahlreichen empirischen Untersuchungen und Berichten zugrunde gelegt, die dessen theoretische Leistungsfähigkeit und pädagogische Relevanz belegen. Eine frühe Studie, die auf einen systematischen Zusammenhang von Schule und Abweichungsphänomenen hinweist, stammt von Cicourel/Kitsue: Nach Auffassung der Autoren kann das Schulsystem „als eine Organisation begriffen werden, die im Verlauf ihrer Tätigkeiten eine Vielzahl jugendlicher Karrieren hervorbringt – die des Delinquenten eingeschlossen" (1975, S. 195).

Für den Zusammenhang von Schulleistung, Angst und Versagen bei Schülern sowie von schulischen Normen und abweichendem Schülerverhalten präsentiert Ulich (1991, S. 391 f.) Forschungsergebnisse, die auf der theoretischen Basis des Labeling-Ansatzes die Festschreibung des abweichenden Verhaltens als *sekundäre Devianz* seitens des Lehrers bestätigen. Auch weist Ulich auf die Gefahr sogenannter *Beratungsetikettierungen* hin, die bei der Delegation von Problemen an ‚externe Experten' drohen.[3] In diesem Zusammenhang ist die Studie von Bittner (1981) relevant, die u.a. die institutionelle bzw. professionelle Einengung und Umdefinition in Beratungsstellen z.T. als ‚verrücktmachende' Strategien herausarbeitet.[4] Neben der aufschlußreichen Analyse mißglückter Erstgespräche, die mit der *Logik des Scheiterns* korrespondiert und die auf die *Entmündigung der Klientel* verweist[5], ist die methodische Anlage der Untersuchung

1 Vgl. auch Keckeisen 1974.

2 Vgl. z.B. Holtappels 1987, auch Schäfer/Schröder 1978, Helsper et al. 1991; zur neueren soziologischen Diskussion vgl. Peters 1989.

3 Vgl. auch Thiersch 1990 b.

4 Vgl. in diesem Zusammenhang Gaertner 1978, auch Wolff 1986.

5 Vgl. auch Sahle 1985.

chung von 15 Erstgesprächen als *Triangulation* interessant. Damit kennzeichnet die Autorin ein forschungspragmatisches Vorgehen, bei welchem der Untersuchungsgegenstand aus verschiedenen Perspektiven erfaßt und im Rahmen der Auswertung zusammenschauend interpretiert wird. Hierbei läuft Psychotherapie Gefahr, kontraproduktiv zu wirken. Geradezu erschreckende Auswirkungen kann etwa die ‚Gesprächstherapie' in Wechselwirkung mit Alltagstheorien von Beratern in der Beratungspraxis haben.[1]

Sozialisationstheoretische Ansätze – die nachfolgend grob skizziert werden – sehen die menschliche Entwicklung ebenfalls vor allem durch Prozesse der sozialen Interaktion und des sozialen Lernens gesteuert. Bezugspunkt der Analyse ist dabei vorrangig der Lebensverlauf bzw. die *Biographie* des Individuums als Lern- und Erfahrungsgeschichte, aus deren Sinnzusammenhang konfliktträchtige Lebenszusammenhänge und -probleme rekonstruierbar sind, die verzerrtes und mißglücktes Sozialverhalten mitdeterminieren.[2]

6.6 Rollenkonzept und Interaktionstheorie: Abweichung als Störung der Identitätsbalance

Eine sozialisationstheoretische[3] Betrachtung abweichenden Verhaltens bzw. von ‚Verhaltensstörungen' zielt darauf ab, die in individualistischen Krankheitskonzepten weitgehend vernachlässigten *sozialen* Lern- und Erfahrungsprozesse sowie die damit verbundene Anpassung an das gesellschaftliche Normengefüge systematisch zu analysieren.[4]

Dies geschieht etwa bei Dreitzel (1980) mit Hilfe der sozialpsychologischen Interaktionstheorie (die in Anlehnung an

---

1 Vgl. für Argumente gegen Therapien bzw. therapieorientierte Verfahren in der Sozialen Arbeit Meinhold/Guski 1987 sowie Meinhold 1982; vgl. auch Gerstenmaier/Nestmann (1984). Eine Forschungsarbeit, die sich auf die Analyse von Erstgesprächen in der Sozialen Arbeit bezieht, hat Kähler (1991 b) vorgelegt.

2 Vgl. auch Pongratz 1988.

3 Zur Sozialisationsforschung vgl. allgemein Hurrelmann/Ulich 1991.

4 Vgl auch Herriger 1987, S. 71 ff.

Mead ‚Rollenspiel' und ‚Rollenhandeln' als ‚Interaktionsmodell' auffaßt) und deren Verbindung mit rollentheoretischen Analysen der Verhaltensstörungen. In Abgrenzung zu dem ‚konventionellen' wird das sogenannte ‚revidierte' Rollenkonzept besonders von Dreitzel, Habermas und Krappmann vertreten. Als gemeinsame Annahmen dieses Konzepts lassen sich Bezüge zum Symbolischen Interaktionismus Meads nennen, die mit der soziologisch orientierten Psychoanalyse Eriksons verknüpft werden. Prozesse der Herausbildung individueller Persönlichkeitsstrukturen werden dabei als resultierend aus sozial bedingten Prozessen zu erklären versucht. Die Kategorie des ‚role-making', die darauf hinweist, daß Rollennormen stets interpretativen Charakter haben, sowie das Konzept der Ich-Identität nehmen innerhalb dieser Erklärungsversuche eine zentrale Stellung ein.[1] Im Anschluß an Goffman, der zwischen ‚persönlicher' und ‚sozialer' Identität differenziert, sowie in Verbindung mit dem Meadschen Interaktionsmodell entwickeln Dreitzel, Habermas und Krappmann ihr Modell der balancierenden Ich-Identität, dessen Leistung in der Aufrechterhaltung beider Teilidentitäten im Interaktionsprozeß liegt. Zur ‚geglückten' Identitätsdarstellung gehören neben der balancierenden Ich-Identität Fähigkeiten wie Rollendistanz, Empathie und Ambiguitätstoleranz. Diese im sozialisatorischen Interaktionsverlauf erlernten Fähigkeiten ermöglichen dem Individuum ein ‚normales' Rollenhandeln. Auftretende Störungen im Rollenverhalten werden folglich als mangelnde Internalisierung eines spezifischen Handlungspotentials in der Genese psychischer Strukturen interpretiert. Innerhalb des von Dreitzel (1980) zugrundegelegten Sozialisationskonzepts werden Bedingungen angegeben, die eine Analyse von Verhaltensstörungen ermöglichen sollen: „Im Interaktionsprozeß lassen sich nun die Störungen des Verhaltens lokalisieren, die zugleich immer Störungen der Interaktion selbst sind" (a.a.O., S. 32). In Abgrenzung zu *„primären Verhaltensstörungen"* (die in den Zuständigkeitsbereich der Psychiatrie fallen) entwickelt Dreitzel ein soziogenetisches und ein rollenanalytisches Schema der Verhaltensstörungen. Die aus sozialen Phänomenen wie Anomie und Entfremdung, Normendruck und -schwäche resultierenden Störungen sozialen Handelns wer-

1 Vgl. Krappmann 1969.

den in der Hauptsache als *Kontakt-, Distanzierungs- und Orientierungsstörungen* beschrieben (a.a.O., S. 272). Auch im Rahmen der objektiven Hermeneutik[1] finden sich Hinweise auf sozialisatorische Problemstellen, die zu Sozialisationsdefiziten wie z.B. der mangelnden Herausbildung von Grundqualifikationen sozialer Handlungskompetenz führen und die die Entwicklung des Heranwachsenden zu einem autonomen, mit sich selbst identischen Subjekt verhindern.[2]

6.7 Das lebensweltliche Konzept: abweichendes Verhalten als Beispiel

Die Devianzpädagogik integriert die Erkenntnisse der Sozialisationstheorie, während sie gleichzeitig Überlegungen zur Überwindung erkennbarer Lebensprobleme anstellt. Aus dieser Sicht[3] ist das abweichende Verhalten bzw. das Sozialauffällige, also das, was bei der (phänomenologischen) Betrachtung der Sozialität markant ist, Resultuat eines lebensweltlichen *Mangelzustands*. Dieser Zustand, der situativ bedingt sichtbar wird, entsteht in seiner jeweiligen lebensgeschichtlichen Verankerung in aller Regel aus einem Mangel an Geborgenheit und Verwahrung (daher der Ausdruck ‚wahrlos' oder ‚verwahrlost sein'), der oftmals mit einem Mangel an materieller Sicherheit sowie einem Mangel an Erziehung einhergeht. Daraus resultiert ein Mangel an Sinnbildung, an Ausrichtung, an Orientierung, eine fehlende Vermittlung einer Perspektive für das Leben, eine Fehlleitung von Fähigkeiten, kurz: ein Mangel an Kultur: *dies ist das sozial Auffällige.* Es ließe sich vereinfacht sagen, daß ‚schlechte' Resultate aus ‚schlechten' Voraussetzungen folgen.

Die lebensweltorientierte und pädagogisch inspirierte Soziale Arbeit ist daran interessiert, Mangelzustände aufzuheben, bessere Voraussetzungen zu schaffen. Mit ‚Resozialisierung'

---

1 Vgl. z.B. Oevermann 1976, 1979, Oevermann et al. 1976, 1979.
2 Vgl. hier auch Gstettner 1980.
3 Die Devianzpädagogik die die (stigmatisierende) ‚Kriminalpädagogik' abgelöst hat, ist als Teilgebiet der Sozialpädagogik zu verstehen, das sich auf die Kompensation aller ‚Abweichungsformen' in pädagogischen Handlungsfeldern spezialisiert hat (vgl. Plewig 1982).

wird das Vorhaben bezeichnet, Soziales herzustellen bzw. wiederherzustellen. Der pädagogische Ansatz, welcher der älteste unter den sogenannten Resozialisierungsansätzen ist[1], enthält im Kern schon die Idee, die ihn – wie auch den heutigen lebensweltorientierten Ansatz – kennzeichnet: Es geht um die soziale Konstitution, die Sozialwerdung des Menschen. Diese verweist auf ein soziales Verhältnis, welches zur Auffälligkeit beiträgt, an dem verschiedene Personen beteiligt sind, die einen Mangel erzeugen. Die pädagogische Resozialisierung zielt folglich auf die *Vermittlung einer Perspektive* für die an dem Mangelzustand beteiligten Menschen. Es gilt dabei, menschliche Zusammenhänge zu verstehen, um zu verständlichen Maßnahmen – etwa in Form einer (mäeutischen) Intervention – zu gelangen.

Die soziale, lebensweltlich *orientierte* und lebensweltlich *engagierte* Arbeit mit sozialauffälligen Kindern und Jugendlichen stellt folgende Anforderungen:

1. Verantwortungsbewußtes, ethisches Handeln. Die Ethik lehrt Normen und Handlungsmaximen, die das verantwortungsbewußte Handeln leiten.[2]
2. Theoriegeleitetes Handeln. Der Begriff Theorie wird hier im ursprünglichen Sinn verstanden: als ‚Dabeisein', ‚Sehen was ist'.
3. Methodengeleitetes Handeln. Gemeint sind Methoden, die die Lebenswelt ‚erfassen' und Methoden, die die Lebenswelt ‚erreichen'.

Zu 1. Als ethische, handlungsleitende Prinzipien in der Sozialen Arbeit sind dabei vor allem die Achtung vor der Würde des einzelnen Menschen sowie die Achtung des Rechts einer jeden Person auf Selbstbestimmung in den Grenzen gemeinschaftlicher Umgangsformen zu nennen. Als allgemeine Leitformen lassen sich dabei Hilfen zur Selbsthilfe/Selbstbestimmung, die Aufforderung zur Selbsttätigkeit und der nicht stigmatisierende Umgang bezeichnen.

---

1 Vgl. Hartmann 1986.

2 Vgl. in diesem Zusammenhang Schlüter 1988, den Internationalen ‚Code of Ethics' 1977 sowie die Menschenrechte; zur Ethikdebatte in der Sozialpädagogik Rauschenbach/Thiersch 1987.

Zu 2. Das theoriegeleitete Handeln, das im Studium erworben wird, bezieht sich auf das Theorie*verstehen.* Theorien sind bekanntlich systematisierte Aussagen über Zusammenhänge, sie abstrahieren vom Konkreten. Wird Theorie allerdings als unmittelbar ‚anwendbar', als direkt in die Praxis ‚umsetzbar' verstanden und somit mißverstanden, erweist diese sich als ‚Enttäuschungstheorie'. Wird Theorie dagegen als abstrahiertes Wissen verstanden, welches den Einzelfall – die gerade zu bearbeitende Praxis – zwar nicht in ihrer Eigenheit vollständig zu fassen vermag, wohl aber Orientierungshilfen zu deren Erfassung enthält, so dient sie dem wissenschaftlich gebildeten Praktiker zum ‚Durchblick' und wird zu einer „Theorie für die Praxis".

Ein für das lebensweltliche Konzept maßgeblicher Forschungstyp ist – wie benannt – die Sozialisationstheorie.[1] In dieser geht es um die soziale und kulturelle Prägung des menschlichen Lebens. In der Primärsozialisation, der Sozialisation des Aufwachsens, werden jungen Menschen Anpassungsleistungen und Entwicklungsaufgaben abverlangt. In der Wissenschaft der Sozialen Arbeit geht es, wie bereits mehrfach betont, unter Berücksichtigung von allgemeinen Erkenntnissen der Sozialisations- und Erziehungsforschung oftmals darum, solche Konstellationen zu identifizieren, die die Individuierungsgeschichte des einzelnen als Aneignungsgeschichte von Identität, Sozialität und Kultur behindern oder ganz verstellen. So bilden beispielsweise die Ergebnisse der Sozialisationsforschung auch die Basis für Konzeptionen der Jugendhilfe. Eine solche Konzeption wird im 8. Jugendbericht unter dem Titel ‚der lebensweltorientierten Jugendhilfe' dargelegt.[2] Thiersch bilanziert diese im Zusammenhang mit dem neuen Kinder- und Jugendhilfegesetz (KJHG) aus heutiger Sicht. Lebensweltorientierte Jugendhilfe meint dabei:

– „daß die von der Jugendhilfe zu gewährenden Unterstützungen und Anregungen in bezug auf Bildungs, Erziehungs- und Orientierungsaufgaben, in bezug aber ebenso auf die Gestaltung von Situationen, Gelegenheiten und

1 Vgl. Oevermann 1976, 1979, Oevermann et al. 1976, 1979, Hurrelmann/Ulich 1991, hier z.B. auch Böhnisch 1991.

2 Vgl. Thiersch 1992 b.

Räumen als Hilfe zur Selbsthilfe so strukturiert sein müssen,

– daß sie ihren Ausgang nehmen in den gegebenen Struktur, Verständnis und Handlungsmustern und

– daß sie die individuellen, sozialen und politischen Ressourcen so stabilisieren, stärken und wecken, daß Menschen sich in ihren arrangieren, ja vielleicht Möglichkeiten finden, Geborgenheit, Kreativität, Sinn und Selbstbestimmung zu erfahren.

Lebensweltorientierte Jugendhilfe, so verstanden, weist in die Tradition der Jugendhilfe und der Sozialen Arbeit zurück. ‚Anfangen wo der Klient steht', Situationsbezug der Arbeit, Gemeinwesenorientierung sind Konzepte, die als Lebensweltorientierung in diesem weiten Sinn verstanden werden können. [. . .] Lebensweltorientierte Jugendhilfe knüpft an diese Tradition an und an ihren noch immer nicht abgegoltenen Selbstanspruch; sie wollte Menschen in den gegebenen Lebensverhältnissen zur Bewältigung der Lebensverhältnisse helfen, wollte – in Analogie zu Nohl [. . .] formuliert – Menschen primär in den Schwierigkeiten helfen, die sie mit sich selbst und für sich selbst haben, nicht aber in denen, die andere mit ihnen haben. Lebensweltorientierte Jugendhilfe hat sich als Signal und Titel in den letzten Jahren durchgesetzt, um Ansätze der Kritik und Gegen-Tendenzen zu Entwicklungen zu bezeichnen, die sich im Zeichen spezialisierter Administration und Sozialtherapie durchgesetzt haben; lebensweltorientierte Jugendhilfe meint ihnen gegenüber die ganzheitliche Wahrnehmung von Lebensmöglichkeiten und Schwierigkeiten, wie sie im Alltag erfahren werden" (Thiersch 1992 b, S. 23 f.).

Hinweise darauf, wie lebensweltorientierte Arbeit *inhaltlich* aussehen kann, finden sich allerdings kaum – weder bei Thiersch noch in den Texten, die die Sachverständigen als Material im 8. Jugendbericht des Jahres 1990 zusammengetragen haben. Diese Aussagen haben eher einen programmatischen oder sozialpolitischen Charakter. Die Rede in diesen Texten ist von einer Pluralisierung und Individualisierung der Jugendphase (z.B. in Band 2) und steht im Zusammenhang mit der Zeitdiagnose von Beck, die im Kern bekanntlich besagt, die individuelle Gestaltung des Lebenslaufs erweise sich angesichts gesellschaftlicher Auflösungsprozesse (von Traditionen, sozialen Einbindungen, Wert und Normensystemen) als zunehmend brüchig und riskant.

Ohne auf die *programmatischen* Entwürfe einer lebensweltorientierten Jugendhilfe weiter einzugehen (dies müßte an anderer Stelle auch unter der Fragestellung geschehen, wie eine drohende Marginalisierung, also eine Festschreibung von Auffälligkeit und Randständigkeit in der Sozialen Arbeit, weitgehend vermieden werden kann), wird es im folgenden um die *inhaltliche* Ausgestaltung der lebensweltlichen Konzeption in der Arbeit mit ‚Sozialauffälligen' gehen.

Es wurde bereits deutlich gemacht, daß meines Erachtens das sozial Auffällige ein Mangelzustand ist; die sozialpädagogische Intervention zielt darauf ab, Mangelzustände zu beheben. Eine zentrale Voraussetzung dafür liegt – so ein Hauptergebnis der Erziehungs- und Sozialisationsforschung – in der Bildsamkeit des Menschen. Soll erfolgreich interveniert werden, muß ein Zugang zu dieser Bildsamkeit geschaffen werden. Ein Verständnis für Menschen ist dann möglich, wenn man deren Bildungsgeschichte kennenlernt. Dies geschieht in der lebensweltlich orientierten Sozialen Arbeit methodisch. Das methodische Handeln beinhaltet in der Praxis lebensweltlicher Sozialer Arbeit die phänomenologische und die hermeneutische Orientierung.[1]

Zu 3. Der Bericht des Sonderschullehrers Jegge, den Mollenhauer (1983, S. 100 ff.) aufnimmt, spiegelt den lebensweltlichen Ansatz in wesentlichen Dimensionen wider:

- er geht aus von Geschichten aus der Lebenswelt und folgt so dem Verfahren von *Erzählen als Methode;*
- es geht darin um *kompetenzanknüpfendes Lernen;*
- es geht um das *Prinzip der Selbsttätigkeit* das zur *Selbstbestimmung* führen kann und somit das Ziel einer mäeutischen Intervention bildet.

Mollenhauer führt in diesem Zusammenhang folgende Beispiele an:

1. „So kam er zuguterletzt in die Sonderklasse, ein mißtrauischer, ängstlicher Bub, der mit ‚Autoritäten' (vor allem

1 Vgl. Kap. III.1. in dieser Arbeit.

mit dem Vater) denkbar schlechte Erfahrungen gemacht hatte. Nun werden auch seine ‚Rudereien' und seine Aggressionen mir gegenüber verständlich: An mir verarbeitete er seine gemachten schlechten Erfahrungen. *In dem Maße, wie es mir gelang, nicht so zu reagieren, wie er es gewöhnt war, in dem Maße, wie es mir gelang, ihm zu zeigen, daß ich ihn trotz allem akzeptierte,* kam es bei ihm langsam zu einem Abbau seiner Ängste. Und erst als dieser Angstabbau vollzogen war, waren bei Albert die Voraussetzungen für das Lesenlernen geschaffen. *Dann allerdings ging's rasch voran.* Er hat in kurzer Zeit ‚aufgeholt'."

2. *„Heini . . . konnte* zum Beispiel *nicht wünschen.* Kam er zu Besuch und fragte ich ihn beispielsweise: ‚Was möchtest du trinken, Tee oder Sirup?' antwortete er regelmäßig: ‚Ich weiß nicht' oder ‚Es ist mir gleichgültig'. Das sagte er nicht etwa, weil ihm der Unterschied zwischen Tee und Sirup unbekannt gewesen wäre. *Er konnte seine eigenen Bedürfnisse, Wünsche usw. weder erkennen noch artikulieren. Vom Anfang* unserer Bekanntschaft *an versuchte ich* in solchen Situationen, *ihm bei der Artikulation seines Wunsches zu helfen.* So sagte ich etwa: *‚Schau, stell dir einfach* eine Tasse Tee *vor,* Lindenblütengeschmack, warm, süß usw., und nun ein Glas Sirup, Himbeergeschmack, kalt, mit Eis drin. Was möchtest du lieber trinken?' Dann blickte er mich meist ganz hilflos an und fragte: ‚Wovon haben Sie mehr vorrätig?' Dies tat er nicht etwa, weil er Angst hatte, er würde mangelhaft bewirtet. Er versuchte herauszufinden, was ich wünschte, daß er es wünschte." (1. und 2.: Jegge 1977, zit. nach Mollenhauer 1983, S. 100 f., meine Hervorh.).

Mollenhauer interpretiert Jegge wie folgt:

„Jegge *erzählt Geschichten.* Er gibt keine wissenschaftliche Beschreibung von Bildsamkeit, sondern erzählt Situationen, in denen Bildsamkeit erkennbar wird [. . .]. Die Geschichten, die Jegge erzählt (ebenso wie Makarenko, Neill, Pestalozzi), sind nicht nur Geschichten *über Kinder,* sondern zugleich Geschichten *über den Erzieher/Lehrer.* Eigentlich sind es Beziehungsgeschichten, und zwar selbstreflexive [. . .]. Jegge meint, daß es für die Hervorbringung von Bildsamkeit wesentlich sei, das Kind ‚trotz allem' zu akzeptieren (‚In dem Maße, wie es mir gelang, ihm zu zeigen, daß ich ihn trotz allem akzeptierte, kam es bei ihm langsam zu einem Abbau der Ängste'). [. . .] Die Geschichten Jegges wie die des Pestalozzi zeigen, daß ‚akzeptieren' und ‚Gemütsstimmung' alles andere sind als nur ein emotional warmes Klima des Gewährenlassens: dem Kind werden Schwierigkeiten bereitet durch Anforderungen. Albert wird provoziert; Heini wird immer wieder (mit) seiner Weigerung, seine Wünsche auszudrücken, konfrontiert." (Mollenhauer 1983, S. 102 f.). Bildsamkeit ist somit eine Disposition, eine Handlungsbereitschaft, die sich in Auseinandersetzung mit Erwartungen artikuliert. ‚Akzeptieren' heißt dabei, die Würde des Kindes dadurch zu achten, daß ihm Aufgaben zugemutet werden, daß im Zuge einer schrittweisen Planung Hilfen zur Persönlichkeitsstärkung und -entwicklung gegeben werden.[1]

Mollenhauer betont den Zukunftsbezug von Erwartungen und Aufgaben. Die Sozialisationsforschung zeige, die Fähigkeit, spätere Ereignisse sich vorstellen zu können und das jetzige Handeln daran zu orientieren, sei eine wichtige Bedingung für Lernfähigkeit: „Interessant ist [. . .], wie Jegge als Praktiker mit diesem Phänomen umgeht. Er sucht denjenigen Punkt auf, von dem her dem Kind ein positiver Zukunftsbezug möglich werden könnte" (a.a.O. 1983, S. 103). Jegge tut dies auf einfache Weise: ‚Stell dir einfach eine Tasse Tee vor, Lindenblütengeschmack, warm, süß, usw.'. „Ein solches Vorstellen einer künftig möglichen Wirklichkeit nennt Sartre ‚Entwurf': nicht die Zufriedenheit mit dem, der ich gegenwärtig bin, sondern die Herausforderung durch den Entwurf dessen, der ich sein könnte, bringt eine Bildungsbewegung hervor, ist die Bedingung dafür, daß Bildsamkeit als *Möglichkeit zur Wirklichkeit* wird" (1983, S. 103, meine Hervorh.).

Die Beispiele Jegges und die Interpretationen Mollenhauers enthalten wesentliche Leitgedanken des lebensweltlich orientierten Konzepts in der sozialen und pädagogischen Arbeit mit Kindern und Jugendlichen. Die Methode, die der Sonderschullehrer Jegge gebraucht, erreicht offensichtlich die Lebenswelt des Kindes. Er versteht es, dort anzuknüpfen, „wo das Kind steht". Dies setzt genaues Hinschauen (erlern-

1 Vgl. dazu die hervorragende Dokumentation von Fallgeschichten in Redl/Wineman 1984, Bettelheim 1985.

bar durch phänomenologisches Sehen) und präzises Erkennen und Beschreiben (erlernbar durch hermeneutisches Verstehen) voraus. Jegge dokumentiert den Entwicklungsstand des Kindes, die (mäeutische) Intervention und die Erfolge dieser Intervention als Veränderung einer Lebenspraxis.

Indem der Entwicklungsstand (nicht lesen oder nicht wünschen zu können) berichtet wird, ist eine *beschreibende Bestandsaufnahme des ‚Vorfindbaren'* geleistet. Erkennbar werden Teile der kindlichen Lebenswelt, die defizitär sind. Indem die Intervention, die Maßnahme und deren Wirkungen, („dann allerdings ging's rasch voran") dokumentiert wird, ist eine Erfolgskontrolle möglich. Entscheidende Faktoren des lebensweltlichen Konzepts sind also *Akzeptanz, Aufforderung zur Selbsttätigkeit, Ausformung der Bildsamkeit, Vermittlung einer Perspektive* und *Veränderung einer Lebenspraxis.*

Lebenswelt als Konzept in der Arbeit mit sozialauffälligen Kindern und Jugendlichen umfaßt somit:

1. Das ‚Hineinversetzen' in deren Lebenswelt. Die erforderliche Kompetenz dazu ist: Geduldiges Beobachten, (phänomenologisch) ‚schauen, was ist' (dies kann als Phase der Informationsgewinnung, der Anamneseerhebung bezeichnet werden).

2. Das ‚Hinausversetzen' aus deren Lebenswelt. Dies bedeutet: Klares Erfassen der jeweiligen Problematik, hermeneutisch ‚beschreiben, was ist' (Phase der Informationsverarbeitung).

3. Das ‚Verändern der Lebenswelt'. Dies meint: Reflektiert handeln, fördern, was sinnvoll, erfahren, was möglich ist (Phase der ‚mäeutischen' Intervention).

Der *nicht stigmatisierende Umgang* schließlich ist ein weiteres zentrales Element des lebensweltlichen Konzepts. In der Erziehungspraxis wie in der Praxis Sozialer Arbeit gilt es, die Gefahren stigmatisierender Definitionen zu erkennen[1], institutionelle Handlungsspielräume zu nutzen und auszubauen, um abweichende Karrieren möglichst schon im Vorfeld zu verhindern. Dabei ist im Umgang mit Abweichung

---

1 Vgl. die Beiträge in Brusten/Hohmeier 1975 und Brusten 1985.

die Goffmansche Forderung[1] nach einer *Begriffssprache von Relationen* ebenso zu berücksichtigen, wie die *,Weltsicht' der Betroffenen.*

Verdichtet man die Kernaussage der interaktionistischen Theorie abweichenden Verhaltens auf *die These von der sozialen Konstruktion der Devianz* die sich im Anschluß an sprachliche Konventionen bei Alltags- und Expertenaussagen (z.B. „x ist verhaltensgestört") für den Betroffenen in Form von Veränderungen im Befinden, in der Lebenssituation und im Sozialstatus bis hin zu einer neuen, abweichenden Identität herstellen *kann* und schließlich zu einer sozialpädagogisch relevanten Karriere wird, dann resultiert daraus die Forderung, bei auftretenden Lebensproblemen nicht vorschnell in den ‚Kanon der Definierer' einzustimmen. Erst wenn pädagogisch Handelnde und die mit Devianz konfrontierten ‚Agenten sozialer Kontrolle' erkennen lernen, daß abweichende Rollen von Kindern und Jugendlichen in der überwiegenden Mehrzahl der Fälle nicht freiwillig oder auf Grund von Boshaftigkeit oder Krankheit übernommen werden, sondern daß in diesen Fällen die *Zuschreibung abweichender Rollen* in zwischenmenschlichen Interaktionen einen wesentlichen Faktor bildet, der mit der unterschiedlichen Verteilung von ‚Definitionsmacht' zusammenhängt, könnte ihnen die Veränderungsfähigkeit, aber auch die sozialstrukturelle Begrenzung ihrer Tätigkeit deutlicher wer-

---

1 Goffman verweist darauf, daß es „einer Begriffssprache von Relationen, nicht von Eigenschaften bedarf" (1967, S. 11), da gleiche Eigenschaften den einen stigmatisieren, den anderen in seiner Normalität bestätigen können. Sind in sozialen Interaktionen einmal *negative Bewertungen* in bezug auf Einstellungen und Verhaltensweisen vorgenommen worden, werden Aussagen über die betroffene Person (die auf bereits ‚definierte' Ausdrücke zurückgehen) mit großer Wahrscheinlichkeit auf die *Gesamtperson* übertragen. Das *Stigmakonzept* wird von Goffman ausführlich beschrieben; ursprünglich bezog sich der Begriff ‚Stigma' auf körperliche Zeichen, die den Träger als moralisch ‚schlecht' oder ‚ungewöhnlich' auswiesen. Die Bedeutung des Begriffs hat sich heute auf negativ bewertete Eigenschaften oder Merkmale (tatsächliche oder zugeschriebene) verschoben, die für den Betroffenen eine *gleichberechtigte Teilnahme an sozialen Interaktionen nicht mehr völlig zulassen* und ihn von ganzheitlicher sozialer Akzeptierung ausschließen.

den und eine *nicht stigmatisierende* Erziehungsarbeit näher rücken.[1]

Die Konstituierung abweichender Karrieren bei Kindern und Jugendlichen kann oftmals als Folge von (nicht als solchen erkannten, ineffektiven) *Problemlöseversuchen* interpretiert werden; eine *Eskalation von Mißverständnissen* in der sozialisatorischen Interaktion, die Orientierung an pragmatischen Devianztheorien, mangelnde pädagogische Handlungskompetenz mit der Bereitschaft zur vorschnellen Problemdelegation an ‚Spezialisten' können die Abfolge einzelner Karrierestufen determinieren und verfestigen. Um kompetentes soziales und pädagogisches Handeln zu ermöglichen, sollte im Umgang mit ‚Problemfällen' zunächst von problematischen *Situationen* gesprochen werden und nicht etwa von ‚gestörten Kindern' oder ‚Verhaltensauffälligen'. Dabei muß davon ausgegangen werden, daß das in diesen Situationen gezeigte Verhalten überwiegend *subjektiv problemlösenden Charakter* hat.[2] Die jeweils zur Problemlösung eingesetzten Verhaltensweisen wären dabei innerhalb eines lebensweltlichen Ansatzes vor allem auf vier Ebenen zu analysieren:

1. Ebene der spezifischen situativen Handlungsbedingungen.
2. Ebene der (interaktiv bestimmten) vorhandenen Weltsicht des Betreffenden, seiner individuellen Lebenszielsetzung und Handlungsalternativen (Situationsdefinition).
3. Ebene der Bewertung des Problemlöseverhaltens durch den/die Interaktionspartner bzw. die ‚Kontrollinstanz'.
4. Ebene der gesamtgesellschaftlichen Bedingungen.

Das ‚Gegen-den-Strich-lesen' eingeschliffener und für gültig gehaltener Bewertungsmuster und die damit verbundene Infragestellung gesellschaftspolitischer, struktureller, kultureller, sozialer und institutioneller Bedingungen, Normsetzungen, Normalitätsentwürfen und Normalitätskontrollen zählt

---

1 Vgl. Trabandt/Trabandt 1975, Driebold 1990.

2 Vgl. z.B. Brusten/Hurrelmann 1973, Holtappels 1987, Hurrelmann 1979, Keupp 1976, Tornow 1978.

zu den Aufgaben einer Sozialen Arbeit, die an nicht stigmatisierenden Umgangsformen interessiert ist und sich der Produktion und Reproduktion von Devianz widersetzt. Neben einem nicht stigmatisierenden Umgang mit Lebensproblemen geht das *kompetenzanknüpfende Lernen* als pädagogisches Prinzip, welches eine lange Tradition hat, in den lebensweltlichen Ansatz ein.

In der Sozialen Arbeit wird dieses Prinzip zunehmend wiederentdeckt und – allerdings noch unzureichend – in ein sogenanntes Empowerment[1] eingebunden. Empowerment ist der (modisch gefärbte) Ausdruck für ein sinnvolles Programm, in welchem es um die Stärkung von Menschen durch die Nutzung vielfältiger Ressourcen geht. In der Zusammenschau mit Netzwerkansätzen dürfte diese Orientierung Sozialer Arbeit sehr zukunftsträchtig sein. Anknüpfungspunkte für die Stärkung von Personen in deren Lebensbewältigung ergeben sich u.a. durch die Nutzbarmachung qualitativer Biographieforschung. Auf diesen thematischen Zusammenhang wird im nächsten Hauptabschnitt unter Einbezug neuerer Studien eingegangen.

Zentrale Elemente des lebensweltlichen Konzepts sind zusammengefaßt:

1. Orientierung an ethischen Prinzipien
2. Theoriegeleitetes Handeln
3. Methodengeleitetes Handeln
4. Lebensweltorientierung
   – Erzählen als Methode
   – kompetenzanknüpfendes Lernen
   – Aufforderung zur Selbsttätigkeit
5. Nicht stigmatisierender Umgang
6. Beachtung der jeweiligen ‚Situationsdefinition‘ im gesellschaftlichen Kontext
7. Mäeutische Intervention/Vermittlung einer Perspektive.

Insbesondere die mäeutische Intervention kann in ihrem Bemühen, hebend und stabilisierend zu wirken, durch eine biographische Orientierung angeleitet werden: so können – wie nachfolgend entwickelt wird – ‚Suchbewegungen‘ des ein-

1 Vgl. dazu die Beiträge in Blätter der wohlfahrtspflege mit dem Themenschwerpunkt ‚Empowerment‘, 140. Jg. 1993, H. 2.

zelnen etwa innerhalb ‚biographischer Wandlungsprozesse' eine konstruktive Unterstützung im Rahmen der hierbei assistierenden Sozialen Arbeit finden.

7. Die Biographieforschung als Weg zur Rückgewinnung des Pädagogischen in der Sozialen Arbeit

Mit dem eingangs skizzierten ‚Verlust des Sozialen' geht ein *Verlust des Pädagogischen* einher.[1] Damit verbunden ist ein Orientierungsverlust im Zuge sich wandelnder sozialer Zusammenhänge, womit für die erziehungswissenschaftliche Forschung, die je auf veränderte menschliche Praxis einzustellen ist, eine Situation der Herausforderung entsteht: Diese liegt meines Erachtens vor allem darin, aus der sich ändernden Lebenspraxis Erfahrungsbestände für die Theorie zu gewinnen, woraus wiederum Deutungs- und Handlungsalternativen für die Praxis Sozialer Arbeit resultieren können.

Eine meines Erachtens gelungene Charakterisierung „des Pädagogischen" hat Herrmann (1991 a) vorgelegt.[2] Unter ‚Pädagogik' versteht dieser eine handlungsanleitende Erziehungs- und Unterrichtslehre, die der Besinnung von Erwachsenen auf deren Umgang mit den Jüngeren entstamme. Als überlieferungsfähige Form sei sie ‚reflektierte Praxis' und enthalte u.a. Wertungen und Werturteile, Normen, Leitbilder und Lebensentwürfe, Prinzipien des zwischenmenschlichen Umganges. Den Kern einer solchen Pädagogik bilde die *Ethik*. „Die bekanntesten dieser Pädagogiken sind diejenigen von Friedrich Schleiermacher, Wilhelm Flitner

1 Für die Auseinandersetzung mit dem ‚Pädagogischen' bzw. dem ‚Erzieherischen' vgl. u.a. A. Flitner 1982, Benner 1983, Nieke 1984, Klafki 1989, Herrmann 1991 a, Prange 1991, Rauschenbach 1992 b.

2 Vgl. hier z.B. auch Musloff 1992.

und Martinus Langeveld. Sie verstehen sich als ‚Theorien' möglicher, sofern ethisch erlaubter Praxis. Demzufolge ist ihr Ziel zwar durchaus die Verbesserung erziehlichen Handelns und bildenden Umgangs – als ‚Theorien' *aus* der Praxis *für* die Praxis [. . .]. Aber der Weg zu dieser Verbesserung wird nicht gesehen als empirische Analyse und Variation sowie Einübung isolierter Handlungsabläufe, sondern mit Hilfe einer ‚pädagogischen Bildung'. Diese ‚pädagogische Bildung' wurde am Ursprungsort des modernen pädagogischen Denkens – im 18. Jahrhundert – verstanden als Einübung in spezifisch pädagogische Seh- und Verständnisweisen (so Rousseau im Vorwort zum ‚Emile') oder als ‚Erziehung der Erzieher' (so bei Salzmann). Für Langeveld bedeutet es, sich ‚pädagogische Bildung' angeeignet zu haben, *selbst anders geworden zu sein*" (Herrmann 1991 a, S. 188, Hervorh. im Original).

Unter Bezug auf W. Flitner fügt Herrmann an, daß *pädagogische Bildung* nicht in einer Mitteilung einzelner erziehungswissenschaftlicher Ergebnisse bestehe, sondern in der Erkenntnis des Zusammenhanges. Darin liegt meines Erachtens gleichzeitig die Verbindung zur Praxis, die sich auch habituell vollzieht. „‚Pädagogische Bildung', die sich auf solche ‚Pädagogiken' stützt, meint also pädagogischen Takt, pädagogische Urteilskraft, pädagogisches Verstehen von Bedeutungen und Zusammenhängen, biographisch-lebensgeschichtliche Ereignisse und Erlebnisse. Pädagogische Bildung wird nicht erworben durch die Rezeption der Ergebnisse isolierter Einzelforschung, sondern durch deren Verknüpfung zum Zwecke ihrer Interpretation in den jeweiligen Lebenszusammenhängen und ihren antizipierten Zukunftsmöglichkeiten. [. . .]. Die charakteristische Mitteilungs- und Darstellungsform des Pädagogischen sind daher – wie sich wieder an ihrem Ursprungsort aufschlußreich studieren läßt – der Lebenslauf und seine biographische Rekonstruktion (und sei es nur in Rousseaus fiktiver Version des ‚Emile') und das Erzählen von Szenen und ihrer pädagogischen Interpretation (so bei Salzmann), weil *die Sache selbst* nur in der sprachlich-gedanklichen Präsentierung als *bedeutungsvoller Ordnung von Beziehungen, Handlungen und Ereignissen* anwesend ist" (a.a.O., 1991 a, S. 189, Hervorh. im Original).

Die soziale und kulturelle Prägung des menschlichen Lebensverlaufs, deren biographische Orientierung subjektiv gültiger Lebenskonstruktion und die Ausformung individueller Lebensstile ist gemeint, wenn der Auffassung von einer weitgehend sozialen Konstitution des Subjekts gefolgt und dabei ein holistisches Menschenbild zugrunde gelegt wird. Haft und Kordes (1984) diagnostizieren in diesem Problemzusammenhang, die empirisch-pädagogische Forschung befinde sich in einer ‚Sackgasse', weil es die Pädagogik nicht verstanden habe, eine auf ihre hermeneutische Tradition aufbauende, *eigene Methodik* zu entwickeln. Ohne auf die Bestandsaufnahme von Haft/Kordes und deren Neustrukturierungsvorschläge, in denen die objektive Hermeneutik einen besonderen Stellenwert einnimmt, näher eingehen zu können, soll hier die Notwendigkeit der *Aktualisierung des pädagogischen Erfahrungsbegriffs* betont werden, der in diesem Kontext eine entscheidende Rolle spielt: „Denn zunächst muß pädagogische Wissenschaft begreifen, daß sie nur soviel Erfahrungen machen kann, als es die Subjekte, die Situation, die Institution und die gesellschaftliche Praxis zulassen. Damit ist der Grad pädagogischer Erfahrung, wie bei jeder anderen auch, teilweise abhängig vom zugelassenen Ausmaß, in welchem die Repressivität und Selektivität subjektiver Erfahrungen in sozialen und pädagogischen Organisationen zurückgenommen wird. Pädagogische Empirie, die beides erfahren will, sowohl die zugelassene wie die verdrängte und unterschlagene Erfahrung der Subjekte, läßt sich daher ‚nicht auf eine saubere, klare Grammatik' [. . .] reduzieren. Denn im Gegensatz zu der überwiegenden Erfahrungsdimension der übrigen Wissenschaften knüpft sie sowohl radikaler an die Subjektivität der Lernenden und Lehrenden als auch an der heimlichen, vielfach verleugneten Subjektivität der eigenen vor- und innerwissenschaftlichen Erfahrungen an" (Haft/Kordes 1984, S. 18).

Diese Anknüpfung wird meines Erachtens in der Verbindung des soziologischen Narrativismus der ‚Kasseler Schule' um F. Schütze und des lebensweltlichen Forschungsansatzes mit der pädagogischen Biographieforschung möglich.[1] Versteht man die phänomenologisch-hermeneutische Orientierung als einigendes Band dieser unterschiedlichen Traditionen, ergibt sich – je nach Untersuchungsfall – die Möglichkeit einer arteigenen, sinnvollen Verknüpfung.

1 Vgl. dazu vor allem Marotzki 1991 a, b.

Diese vollzieht sich in der Ausgestaltung des jeweiligen Forschungsdesigns, mit der sich dann eine *eigene Methodik* in der Rückgewinnung des Pädagogischen finden läßt.[1]

7.1 Neuere Arbeiten im Kontext der Biographieforschung

Überschaut man neuere Arbeiten der Lebensverlaufs-/Lebenslaufforschung[2] und der Biographieforschung[3], wobei erstere Forschungsrichtungen vorrangig objektive, strukturelle, letztere allererst subjektive Ereignisgeschichten verfolgen, zeigt sich eine Tendenz, die Makro- und Mesoebene gesellschaftlicher und institutioneller Einflüsse auf menschliches Leben im Zuge des sozialen Wandels wie die Mikroebene individuellen Handelns zusammenschauend empirisch sachhaltig zu untersuchen. Für die pädagogisch-empirische Forschung ergibt sich aus dieser Entwicklung die Möglichkeit, Wege aus der ‚Sackgasse' zu beschreiten.[4]

Zwar resultieren aus den genannten Orientierungen notwendigerweise unterschiedliche Theorieansätze, doch folgen diese gemeinsam einer vermehrten Berücksichtigung des ‚subjektiven Akteurs' im zeitlichen Zusammenhang wie in dessen Wechselbeziehung zu einem ‚kollektiven Akteur'. Dabei erfolgt eine Abgrenzung sowohl gegenüber objektivistischen Betrachtungsweisen, wonach Menschen als Determinierte objektiver Gesellschaftszustände gelten (Menschen als ‚Reaktionsdeppen'), als auch gegenüber subjektivistischen Positionen die, einem naiven Konstruktivismus folgend, Menschen als freie Ausgestalter ihrer selbst verstehen

---

1 Vgl. zur Diskussion des ‚Design'-Begriffs Haft/Kordes 1984; zum Design der entwicklungslogischen Erziehungsforschung vgl. Aufenanger 1992.

2 Vgl. vor allem Mayer 1990 sowie Kohli 1978 b.

3 Vgl. z.B. Baacke/Schulze 1979, Brose/Hildenbrand 1988, Fuchs 1984, Kohli 1981, Kohli/Robert 1984, Vollbrecht 1986, Voges 1987, Baacke et al. 1990, Lenz 1991.

4 Als frühe, richtungsweisende Arbeiten vgl. Loch 1979 a, b, die Beiträge in Baacke/Schulze 1973 sowie in Heinze et al. 1980; vgl. auch A. Lehmann 1977.

(Menschen als ‚Konstruktionsdeppen') und schließlich gegenüber einem weiteren Theoriebildungstyp, der sich ausschließlich zeit(geist)diagnostischen, groben, trendartigen und empiriefernen Aussagen verdankt.

In der Primärsozialisation werden jungen Menschen Anpassungsleistungen im Wechselspiel mit Entwicklungsaufgaben abverlangt, welche im Kontext sozialisatorischer, kultureller wie je aktueller Situationen in Lebenszusammenhängen stehen, die kontingent sind. Den zufälligen Bedingungen stehen Einflüsse gegenüber oder gehen mit jenen einher, die als ‚geplante' oder zumindest als ‚planbare' gelten können. Der Einzelne läßt sich dabei betrachten als tendenziell autonomes, handlungsfähiges, mit sich selbst identisches Subjekt (dies meint die Perspektive des ‚als ob'), welches auf dem Weg zu diesem Erziehungsziel zahlreichen Einflüssen (so den kontingenten und den nichtkontingenten) unterworfen ist und nicht notwendig allein durch das Objektive determiniert ist. Als Aufforderung zur freien Selbsttätigkeit[1] ist in der Erziehungswissenschaft der gemeinte Lebenszusammenhang, der die Ausbildung von Subjektivität in der Auseinandersetzung mit Intersubjektivität als möglicher Höherentwicklung des Menschen umfaßt, seit langem bekannt, wobei sich, folgt man hier Spranger, eine Veränderungschance für jede neue Generation ergibt. Loch, der im Anschluß an Dilthey die meines Erachtens weitreichendsten Überlegungen einer Pädagogik der Lebensalter vorgelegt hat[2], zeigt etwa in der Erforschung proletarischer Lebensläufe eine „strukturelle Disposition zur Selbstbefreiung" auf (Loch 1979 a, S. 63).

Fragt die erziehungs- und sozialwissenschaftliche Forschung einer Allgemeinen Pädagogik danach – um es wiederum vergröbernd zu skizzieren – wie der Mensch durch Erziehung und Bildung zur Person wird, um dabei nach Bedingungen zu suchen, die diesem Prozeß förderlich sind, geht es in der Sozialpädagogik im gleichen Kontext darum, diejenigen Bedingungen zu ermitteln, die die Individualisierungsgeschichte des Einzelnen als Aneignungsgeschichte von Sozialität und Identität behindern oder gar verstellen. Empirisch

1 Vgl. Kap. I.3. in dieser Arbeit.
2 Vgl. Loch 1979 a, 1988, auch Bock 1988.

läßt sich diese komplexe Fragestellung an jeweils ausgewählten Vorhaben zunächst immer nur ausschnitthaft beantworten. Ein solches Projekt liegt mit der Untersuchung von Helsper, Müller, Nölke und Combe (1991) in deren Rekonstruktion gescheiterter Bildungs- und Ausbildungsverläufe jugendlicher Außenseiter vor, welche insgesamt vom Gedankengut Oevermanns durchdrungen ist. Der von den Autoren gewählte Untersuchungs- und Theoriebildungstyp ist ein hermeneutisch-rekonstruktiver (also vorrangig an subjektiven Lebens- und Ereignisgeschichten orientiert) mit welchem ein theoretischer Neuansatz im Bereich der Jugend- bzw. Jugendarbeitslosigkeitsforschung sich verbindet, wie Combe vermerkt, der einleitend über die Einbettung der Untersuchung in ein größeres Projekt berichtet[1] sowie den theoretischen und methodologischen Rahmen der Studie skizziert (Combe in Helsper et al. 1991, S. 9). Durchaus im Einklang mit der sogenannten Individualisierungsthese wird davon ausgegangen, „daß zeitgenössische, geltende Normalitätsentwürfe der Lebensführung Handlungsräume und Handlungsaufforderungen enthalten, die dem einzelnen ein hohes Maß an Planung, Aktivität und nicht mehr ohne weiteres konventionell abgestützte Entscheidungen im Rahmen seines Lebenslaufs abverlangen. Gegenwärtiges Handeln muß immer deutlicher im Licht vergegenwärtigter eigener Vergangenheit und unter der Prämisse von Vorgriffen auf die Zukunft bedacht werden. Diese Notwendigkeit einer existentiellen Selbstreflexion – bei der stets subjektive Präferenzen, Möglichkeiten und überindividuell-institutionelle Bedingtheiten zu vergegenwärtigen und in einen Zusammenhang zu bringen sind – gehört auch zu den entscheidenden gesellschaftsstrukturellen Anforderungen, die an das jugendliche Aufwachsen gestellt sind. Dies schlägt sich in epochalen Veränderungen – in Lebensbereichen wie Familie, Schule, Arbeit und Freizeit – nieder, nicht ohne dort erhebliche Spannungen zwischen einer instrumentell-vereinseitigenden Nutzenorientierung einerseits und kommunikativen Sinnmustern wie personale Selbstentfaltung, Verständigung und Anerkennung andererseits zu führen" (a.a.O., S. 9 f.). Als

1 Es handelt sich um das Projekt ‚Berufliche Bildung und Berufsberatung', das unter der Leitung von Clemenz und Combe über drei Jahre im Fachbereich Gesellschaftswissenschaften der Universität Frankfurt a.M. mit EG-Mitteln durchgeführt wurde.

unabweisbar wird dieser Prozeß einer kalkulatorischen Rationalisierung, der alle Lebensbereiche durchdringe, im Anschluß an Weber unter anderem als Zwang zur *methodischen Lebensführung* interpretiert. Dieses Erfordernis wirke sich im schulischen Bereich auf die Biographieplanung des einzelnen aus und werde dort sichtbar. Mit einem kurzfristigen ‚Verwertungspositivismus', den die Didaktik oftmals praktiziere, gingen Chancen, die im lebendigen, sachhaltigen Lernen lägen, verloren. Combe beklagt zudem – mit Blick auf die Untersuchungsergebnisse – einen Mangel an Schulung verstehender Kompetenzen in der Lehrerausbildung, deren Fehlen für ‚schwierige' Schüler u.a. ungünstige administrative Folgen zeitige.

Strukturelle Veränderungen in verschiedenen Lebensbereichen, die nach Combe auf „in sich konfliktreiche Formen einer Ablösung konventioneller Identitätsformationen" (a.a.O., S. 11) verweisen, werden in der Studie daraufhin untersucht, inwieweit marginalisierte Jugendliche belastet und betroffen sind. Von der Entscheidung für eine sozialwissenschaftlich-hermeneutische Rekonstruktion von Einzelfällen in der Tradition qualitativ-empirischer Forschung erhofft sich Combe die Möglichkeit einer Verknüpfung objektiver und subjektiver, komplexer Prozesse, die Nutzbarmachung für eine begleitende Praxisreflexion sowie eine Relevanz des Ansatzes für Sozial- und Erziehungswissenschaftler. Letzteres trifft zweifelsohne gerade für die Schulpädagogik zu, wenngleich grundsätzlich neue Erkenntnisse nicht vorgelegt werden, wohl aber Mängel, die die Struktur öffentlicher Erziehung seit längerem kennzeichnen, erneut empirisch nachgewiesen werden.

Jeder fundierten empirischen Studie, sei sie quantitativer oder qualitativer Couleur, geht normalerweise die theoretische Reflexion des bereits angesammelten Wissens über den zu untersuchenden Gegenstand voraus.[1] So diskutiert Helsper (in ders. et al. 1991, S. 14 ff.) theoretische Grundlagen zur Erklärung des „Strukturwandels der Jugendphase" als veränderte Bedingungen jugendlichen Aufwachsens. Einschneidende Veränderungen, die die Jugendphase und deren

1 Abweichend zu dieser Auffassung vgl. Kleining 1982, S. 231 f.; vgl. auch Kap. III.8.2. in dieser Arbeit.

historische Einordnung betreffen, welche aber in der Jugendforschung äußerst unterschiedlich bewertet werden, liegen nach Helsper vor allem in der Vorverlagerung sexueller Beziehungen, damit einhergehender Nivellierungen geschlechtsspezifischer Differenzen, der immer früheren Distanz zu elterlichen Erziehungsvorstellungen und damit verbundener Verselbständigungshaltungen sowie insgesamt in der zeitlichen Verlängerung der Jugendphase. Die Auswirkungen dieses Geschehens werden in ihren teils widersprüchlichen sozialwissenschaftlichen Deutungsversuchen, die auch mit der Globalität der getroffenen Aussagen zusammenhängen, (‚Postadoleszenstheorem', ‚Individualisierungsthese', ‚Entstandardisierung und Entstrukturierung', ‚kognitive Verunsicherung', ‚hochindividualisierte Form des Moratoriums' etc.), insbesondere mit Bezug auf ökonomisch wie kulturell randständige Lebenslagen Jugendlicher untersucht.

Ebenfalls auf das Verhältnis von Individualisierung und Marginalisierung Jugendlicher geht Nölke (in Helsper et al. 1991, S. 36 ff.) ein. Die empirisch belegte *soziale Vererbung* von Benachteiligung, die sich in der Population von Sonder- und Hauptschulen deutlich zeigt und bei ausländischen Jugendlichen durch zusätzliche, widersprüchliche kulturelle Herausforderungen noch einmal verschärft wird, bildet denn auch bekanntlich für die Schul-, Sozial- und ‚Ausländerpädagogik' bzw. die interkulturelle Bildung und Erziehung (letzterer Terminus scheint der treffendere zu sein) eine der zentralen Herausforderungen, wenn eine Festschreibung von Randständigkeit verhindert werden soll: „Für die Reproduktion sozialer Ungleichheit sind dabei nicht nur die zu Beginn des Schuleintritts bestehenden soziokulturellen Voraussetzungen für Partizipationschancen von Bedeutung, sondern auch die Beständigkeit und Wirksamkeit des familienspezifischen Milieus in der Auseinandersetzung mit den schulischen Anforderungen während des Schulbesuchs, die zu einem entsprechenden Auseinanderfallen zwischen Schul- und Familienkultur führen können, die der Betroffene nur unter erheblichen Bearbeitungsanstrengungen zu bewältigen vermag" (a.a.O., S. 38). Neben der Bedeutung der beschriebenen Milieudifferenz zwischen Familie und Schule thematisiert Nölke biographisch wichtige ‚Selektionsschleusen', die insbesondere in den Phasen des Übergangs, des Ein-

und Austritts in den schulischen, berufsbildenden und beruflichen Sektor liegen.

Als ‚zweite Schwelle' wird neben der gewählten Schulform der Eintritt in die Berufsausbildung benannt, die für den Marginalisierungsprozeß Jugendlicher im Fall des Scheiterns eine tendenzielle Entwertung der schulischen Bildungsabschlüsse bewirke: „Im Zuge des verschärften Konkurrierens im Wettbewerb um angestrebte Ausbildungs- und Arbeitsplätze läßt sich ein Verdrängungseffekt erkennen, der insbesondere Haupt- und Sonderschüler marginalisiert" (a.a.O., S. 39). Dieser Prozeß setze sich mit der Zuweisung niedriger, ökonomisch unsicherer Positionen, welche oftmals mit sozialer Randständigkeit gekoppelt seien, beim Übergang in das Beschäftigungssystem fort, wobei weibliche Jugendliche zusätzlich deutlich benachteiligt würden. Bewältigungsformen struktureller Benachteiligung werden unter Beanspruchung der Thesen eines umfassenden Individualisierungsprozesses sowie der Anomietheorie[1] diskutiert. „Die Auflösungstendenzen übergreifender Deutungs- und Erfahrungszusammenhänge führen gerade bei Jugendlichen zu einer widersprüchlichen Chancenstruktur, deren Charakter vor allem darin besteht, daß ihnen die erweiterten Handlungsspielräume und Optionsmöglichkeiten einerseits vor Augen geführt werden, andererseits sich aber infolge der nicht vorhandenen Partizipationschancen die Teilhabemöglichkeiten an der Ausgestaltung derselben nicht eröffnet" (a.a.O., S. 42). Damit ist – so der zentrale Gedankengang bei Nölke – ein Desintegrationszustand bezeichnet, der, wie die Durkheimsche Theorie eindrücklich zeige, aus der Diskrepanz zwischen wachsenden individuellen Bedürfnissen und nicht vorhandenen Möglichkeiten der Mittel zur Erreichung der Ziele resultiere. Die von Merton vorgenommene Ausdifferenzierung der Anomietheorie wird sodann mit Bezug auf dessen Anpassungstypen (Innovation, Rebellion, Ritualismus, sozialer Rückzug als Apathie/Desinteresse) referiert, mit aktuellen devianztheoretischen Arbeiten soziologischer Provenienz verbunden sowie in der Clowardschen Variante ausgeführt. Diese bezeichnet ein dynamisches Phasenmodell, „nachdem es auf einer ersten Stufe zum Zusammenbruch des normativen Orientierungssystems, zur Anomie im

1 Vgl. auch Kap. III.6. in dieser Arbeit.

Sinne Durkheims komme, der zweiten Phase der Dissoziation zwischen kultureller und sozialer Struktur im Sinne Mertons folge, in der die legitimen Mittel zur Zielerreichung ungleich verteilt sind. Erst die Möglichkeit der Verfügung über illegitime Mittel, die insbesondere in subkulturellen Milieus erworben und erweitert werden, eröffneten die zur Erreichung der angestrebten Ziele notwendigen abweichenden Zugangschancen und zeigten die schicht- und milieuspezifischen Differenzen von Devianzformen in ihrer Auftretenshäufigkeit auf" (Nölke in Helsper et al., a.a.O., S. 45). Sodann findet die Erörterung dieses Modells eine nochmalige Erweiterung um deviante Subkulturtheorien (in Subkulturen herrschen demnach unterschiedliche Normen-, Wert- und Symbolsysteme, die mit gängigen Vorstellungen nicht oder nur gering kompatibel sind), wobei wiederum aktuelle Bezüge hergestellt werden. Schließlich faßt der Autor die Kritik an den genannten Theorien zusammen, die im Kern darin liegt, daß eine Vereinseitigung sozialstruktureller Merkmale Platz greife, die den interdependenten Prozeßverlauf abweichenden Verhaltens nicht in den Blick bekomme; dazu tritt eine statische Sichtweise von Norm- und Wertvorstellungen sowie über deren Durchsetzung (Diese Problematik ist in der Devianztheorie als Kontroverse zwischen Vertretern ätiologischer und nicht-ätiologischer Theorien altbekannt und spiegelt die beschriebene Menschenbildproblematik (‚Reaktionsdepp' vs. ‚Konstruktionsdepp') wider.[1]

Die für die Erklärung von Marginalisierungsprozessen Jugendlicher maßgebliche Interaktionstheorie abweichenden Verhaltens (Labeling-Perspektive) kommt überdies in ihren verschiedenen Varianten zur Sprache. Devianz wird in diesen Ansätzen (wie in Kap. III.6. dieser Arbeit gezeigt) als subjektiv fragwürdig, nicht aber als gegebener Sachverhalt angesehen.

Nölke verweist zu Recht auf empirische Arbeiten, die aus der Labeling-Perspektive heraus besonders im Kontext der Schule durchgeführt wurden und den erheblichen Einfluß von Lehrern auf das Zustandekommen der Marginalisierung von Schülern nachweisen. „Insbesondere das Versagen gegenüber schulischen Leistungsnormen legt es nahe, vom

1 Vgl. zur Menschenbildthematik allgemein Meinberg 1988.

Lehrer nicht nur als ‚schlechter Schüler' eingestuft zu werden, sondern zugleich gemäß einer ‚pragmatischen Alltagstheorie' etwa als faul, dumm oder tendenziell kriminell definiert zu werden [...]. Ein Teil der so etikettierten Schüler übernimmt die deviante Rollenzuschreibung und entwickelt das entsprechende Selbstbild einer abweichenden Identität. Da zahlreiche Lehrer das abweichende Schülerverhalten in der Zugehörigkeit des Schülers zur Unterschicht sehen und die Ursachen bei diesem oder seiner Familie suchen, geraten die schulischen Lernbedingungen und das eigene Handeln weniger in den Blickpunkt" (Nölke in Helsper et al., a.a.O., S. 50). Diese schulischen Ausgrenzungsprozesse tragen vielfach dazu bei, eine abweichende Karriere Jugendlicher zu prozedieren.[1]

Die Stufen einer solchen Negativlaufbahn sind von Quensel (1970) in einem seither viel zitierten Phasenmodell (da anschaulich und empirisch prüfbar) beschrieben worden[2] und finden auch in der Studie von Helsper et al. (1991) Berücksichtigung. Aus pädagogischer Sicht – die in der Arbeit von Helsper et al. weniger explizit berücksichtigt ist – stimmt angesichts der seit den in den siebziger Jahren groß angelegten empirischen Studien zur Stigmatisierung durch Lehrer, Erzieher und Berater bedenklich, daß diesem Geschehen – wie die materiale Analyse der biographischen Interviews bei Helsper et al. wiederum zeigt – nicht adäquat begegnet wird. Wohl sind Reaktionen erfolgt, die beispielsweise in der Heimerziehung zu geänderten Organisationsformen (kleinere Einheiten, ambulante, familienorientierte Angebote) geführt haben ohne allerdings Wirkungen zu zeitigen, die die öffentliche Erziehung in einer klaren, sachlichen und professionell souveränen Weise strukturieren. Der Trend zur vereinseitigenden Psychologisierung strukturell bedingter Konflikte ist nur ein Beispiel für dieses Dilemma der unzureichenden pädagogischen Professionalität, die sich auch in den neuen Formen sozialer Kontrolle nachweisen läßt. Diese werden von Nölke (in Helsper et al. a.a.O., S. 52 ff.) behandelt

1 Vgl. auch die Ergebnisse von Fend/Schneider 1984 sowie die Ausführungen in Kap. III.6.4. dieser Arbeit.

2 Zur Erweiterung dieses Modells um pädagogisch und therapeutisch ‚wünschenswerte' Maßnahmen vgl. Herriger 1987, S. 171 f., wobei dieses Modell aus der heutigen lebensweltlichen Perspektive wiederum einiger Modifikationen bedarf.

und gehen mit ‚entstrukturierenden Bedingungen' der Individualisierung einher. Damit verbunden sind – so der Autor – neue Formen der Hilfeleistung und neue Formen subtiler sozialer Kontrolle: „Die naturwüchsige personengebundene Hilfsbereitschaft verlagert sich im Prozeß der Modernisierung zunehmend auf die Programme formal organisierter Hilfssysteme und wird der Zuständigkeit der dort tätigen Helfer im Sinne einer wohlfahrtsstaatlichen Programmstruktur überantwortet" (a.a.O., S. 53). Die daraus resultierenden Handlungstypen sind u.a. die eingreifende Verwaltung sowie bestimmte sozialarbeiterische Interventionsformen im Bereich der Jugendhilfe, die der komplexen Lebenssituation und der je besonderen Einzelfallsituation zu wenig Rechnung tragen.

Die von Nölke zutreffend formulierte und unter dem zentralen (Erziehungs-)Ziel „der Ermöglichung einer autonomen Bewältigung der zukünftigen Lebenspraxis" erörterte Frage, „wie die Maßnahmen unter den jeweiligen institutionellen Bedingungen mit den biographischen und lebensweltlichen Besonderheiten des Jugendlichen in Einklang zu bringen sind" (a.a.O., S. 57 f.), ist meines Erachtens auch aus sozialpädagogischer Sicht die entscheidende. Unterschieden wird zwischen eingreifendem Handeln als ‚administrativ-rechtspflegerischem' oder ‚staatsanwaltschaftlichem' und ‚therapeutischen' Handeln wobei diese Handlungstypen als gegensätzliche Logiken beschrieben werden. „Zahlreiche Maßnahmen, die im Kontext der Jugendhilfe von seiten der Sozialarbeiter angeboten und durchgeführt werden, sind diesen zwei entgegengesetzten Spären gleichzeitig verpflichtet und erzeugen ein strukturelles Dilemma, das zahlreichen Konflikten zugrundeliegt. Die Entscheidungsautonomie bezüglich Diagnose und Maßnahme wird zudem durch das prekäre Gleichgewicht zwischen den Rechtsansprüchen, Bedürfnissen und Interessen des Jugendlichen einerseits und den Erfordernissen bürokratischer Arbeitsabläufe, Sparsamkeitspostulaten und Kontrollimperativen der Sozialadministration begrenzt. Der Rückgriff auf Routinepraktiken, die den Einzelfall subsumtiv einer Kategorie und Maßnahme zuordnen, verkürzt nicht nur die genaue Rekonstruktion der zumeist komplexen Problemlage, sondern trägt nicht selten zu einer weiteren Destabilisierung der Situation des Jugendlichen bei" (a.a.O., S. 58).

Meinem Eindruck nach ist damit – legt man die für eine gelungene pädagogische Professionalität von Oevermann benannten Handlungselemente der Norm- und Wissensvermittlung einerseits und dem das fallspezifisch mehr oder minder zu akzentuierenden Element des ‚prophylaktisch-therapeutischen' Handelns andererseits zugrunde (letzteres ist nicht mit Therapie zu verwechseln) – ein weiterer Hinweis auf die zwingend erforderliche Ausweitung pädagogischer Handlungskompetenzen benannt, mit der Fehlentwicklungen, wie die der Ausbreitung ‚flüchtiger Therapien'[1] und damit einhergehender subtiler Entmündigungsprozesse zumindest eingrenzbar würden. Zudem beweist sich mit dieser Studie – deren Erörterung hier deshalb ein breiterer Raum gegeben wurde – die Leistungsfähigkeit der biographischen Forschung.

Für die Schulsozialarbeit[2] liegt übrigens ein ungelöstes Kernproblem darin, daß den Lehrern tendenziell eine Kompetenzenteignung droht, wenn die Arbeit in verschiedene Verantwortungs- und Kompetenzbereiche zerfällt. Gleichwohl ist eine Kompetenzsteigerung des Lehrerhandelns – die u.a. durch Schulsozialarbeit provoziert werden kann – dringend erforderlich, wie nicht zuletzt die Studie von Helsper et al. (1991) zeigt. Gerade die meines Erachtens fatale Entwicklung, Lehrerhandeln allein auf die Wissensvermittlung bzw. auf Animateurwesen zu reduzieren, ist ein weiteres Beispiel.[3]

Insbesondere in der *Erwachsenenbildung* hat die Biographieforschung mittlerweile einen erheblichen Einfluß gewonnen.[4] Diese erweist sich dort als „neuer Hoffnungsträger" für deren wissenschaftliche Fundierung. Nach Nittel liegen zentrale Interdependenzen in dem Prinzipien der *Teilnehmerorientierung* und des *lebenslangen Lernens,* welches auch international (life-long learning, éducation permanente) für pädagogisch inspirierte Bildungsprogramme steht. Der Autor weist auf bestehende Lücken, etwa auf zu leistende ‚Realana-

1 Vgl. Castel 1988.
2 Vgl. z.B. Frommann et al. 1987, auch Mörschner 1988.
3 Zur Reduktion pädagogischen Handelns auf ‚Unterrichten', ‚Informieren', ‚Beraten', ‚Arrangieren' und ‚Animieren' vgl. Gieseke 1987.
4 Vgl. zusammenfassend Nittel 1991.

lysen' mit Blick auf „die biographische Situierung von Lerninteressen, -gewohnheiten und -barrieren unterschiedlicher Adressatengruppen" hin (a.a.O., S. 12).

Ausgangspunkt für biographische Zugänge in der Erwachsenenpädagogik – so ein Ergebnis zum Stand der Diskussion bei Nittel – sind etwa die „biographische Situiertheit jedes Bildungsprozesses" und die Ausprägung von Weiterbildungsmotivation in Phasen von Statusübergängen (a.a.O., S. 14). Auch auf diese Studie soll wegen deren hohen Informationsgehalts ausführlicher eingegangen werden.

Der Aufbau und die Auswahl der Inhalte und Quellen ergeben sich in Nittels Report aus dem Interesse an einer lebenslauforientierten Erwachsenenbildung, die vorrangig von interpretativ-hermeneutischen Studien getragen wird. Biographische Redeformen, die in unterschiedlicher Weise etwa als Erzählungen im Alltag lebendig sind, den *sozialen Kitt* bilden und Verweisungszusammenhänge auf gemeinsam geteilte Erfahrungen beinhalten, lassen sich mit Schütz als „Konstruktionen erster Ordnung" bezeichnen; die sozialwissenschaftliche bzw. biographische Forschung erstellt darüber wiederum Konstruktionen „zweiter Ordnung": Theorien. Diese erschließen – sofern qualitative Verfahren adäquat eingesetzt werden – auch unscheinbare sprachliche Selbstäußerungen und lassen Tiefendimensionen erkennen.

Der biographischen Thematisierung im Alltag, die die Forschung vor das Problem des Verstehens von fremden Lebensäußerungen (Dilthey) stellt, kommen u.a. folgende Funktionen zu, die Nittel (1991) wie folgt zusammenfaßt:

– *„Vermittlung neuer Wissensgehalte.* Über die Darstellung lebensgeschichtlicher Erfahrungen, beispielsweise in Form autobiographischer Erzählungen, werden Einblicke und Detailinformationen über soziale Welten und Milieus vermittelt, zu denen der Zuhörer häufig vorher keinerlei Zugang hatte.

– *Handlungsorientierung.* Der einseitige oder wechselseitige Austausch biographischer Erfahrungen eröffnet die Möglichkeit, Merkmale, Eigenschaften, Interessen und Bedürfnisse kennenzulernen, die den Zuhörer in die Lage versetzen, seine Handlungen besser auf die Befindlichkeiten und Mentalitäten des anderen abzustimmen, Prognosen über zukünftiges Verhalten zu stellen usw.

- *Legitimation schuldbeladener Handlungen.* Biographische Selbstthematisierung kann im Dialog mit anderen Menschen zur Rechtfertigung potentiell diskreditierbarer Handlungsweisen bzw. zur persönlichen Rehabilitierung moralisch fragwürdigen Verhaltens dienen; diese Variante ist gleichsam eine säkularisierte Form der Beichte.
- *Begründung von Ansprüchen.* Diese Form der biographischen Kommunikation dient als Mittel zur expliziten oder impliziten Offenlegung von Erwartungen und Ansprüchen an andere, etwa im Rahmen von sich anbahnenden sozialen Kontakten mit längerfristiger Perspektive.
- *Selbstvergewisserung zum Zwecke der Handlungsplanung.* Biographische Selbstthematisierung kann die Form einer lebensgeschichtlichen Reflexion mit kritischer Prägung annehmen, die entweder mit oder aber ohne Beteiligung anderer stattfindet. Durch eine Lebenskrise werden bisher als tragfähig erwiesene Normalitätsunterstellungen in Frage gestellt, es entsteht die Notwendigkeit der Entdeckung neuer Sinnquellen, der Bilanzierung des bisherigen Lebensweges und der Wiederherstellung des Gefühls innerer Kontinuität“ (a.a.O., S. 21, Hervorh. im Original).

Der Wandel der Erwachsenenrolle in modernen Gesellschaften und dessen Bedeutung für die Erwachsenenpädagogik wird ebenfalls von Nittel behandelt. Dieser Wandel, der auch für die Pädagogik und die Soziale Arbeit zentral ist, wird im Rahmen der Beckschen Individualisierungsthese als ‚widersprüchliche Einheit‘ zwischen Autonomie und neuen Zwängen beschrieben, Zeitgeistformeln wie die der ‚überkomplexen Systemeigenschaften‘, dem ‚Doppelgesicht‘ bzw. ‚Januskopf‘ des Modernisierungsprozesses, die Biographiesierungsthese, die These vom „Ende des Individuums“, die „Daseinsform der gewonnenen Jahre“, oder die Lebenslaufkonstitution von der Zwangs- zur Wahlbiographie, werden diskutiert und in ihren Konsequenzen für die Erwachsenenbildung bedacht. Auch die Hinweise des Autors auf die Forschungslandschaft im Kontext von Arbeitsleben und Berufsbiographien sowie die Veränderungstendenzen in Frauenbiographien enthalten wertvolle Hinweise für die Soziale Arbeit. Stichworte, welche die Themen charakterisieren, sind hier beispielsweise „Arbeit als biographische Sinnquelle", „dispositive Arbeitsrolle", „Weiterbildung auf Vorrat". Nicht zuletzt die Tatsache des überproportional hohen Frauenanteils (Volkshochschulbesucherinnen) führt zur Thematisierung weiblicher Biographien in der Erwachsenenpädagogik. Nittel geht aus von der „Globaleinschätzung, daß sich Frauen in ihrer biographischen Lebensführung zunehmend von der Maxime des ‚Daseins für andere' lösen und stattdessen neuen biographischen Orientierungsmustern folgen bzw. ‚ein Stück eigenes Leben' einklagen" (a.a.O., S. 57); er skizziert Indikatoren für die in der Literatur diagnostizierte ‚Abkehr von der weiblichen Normalbiographie'. Stichworte sind dabei u.a. der ‚doppelte Lebensentwurf' von Frauen, gesellschaftlich erzeugte ‚Individualisierungszumutungen', sowie die „abgeleitete Biographie" (Ostner 1987). Zudem geht Nittel auf einzelne Arbeiten bzw. Forschungsprojekte ein, skizziert Studien über ausländische Frauen und nennt Studien, die das für Frauen entstehende Konfliktpotential zwischen Familien- und Berufsleben zum Inhalt haben. Gerade der Hinweis auf die Arbeit von Brose/Wohlrab-Sahr (1986), in welcher zwei weibliche Lebensgeschichten mit Hilfe narrativer Interviews erhoben werden, könnte methodische Innovationen in der Projektforschung beschleunigen, wenn es darum geht, empirisch gehaltvolle, qualitative Aussagen zur Grundstruktur veränderter weiblicher Lebensformen zu gewinnen.

Der Oral History ist bei Nittel mit Schwerpunkt auf „Lebensgeschichte im zeitgeschichtlichen Kontext" ein weiterer Hauptabschnitt gewidmet (1991, S. 66 ff.). Geschichte und Selbstverständnis dieser Forschungstradition, in der erzählte Lebensgeschichte zentral ist, wird grob nachgezeichnet, Literatur zur umstrittenen Kategorie ‚Oral History', zur ausländischen Entwicklung sowie zum momentanen Stand in Deutschland benannt und diskutiert.

Auch für die Psychologie, in der die biographische Methode eine Randstellung innehat[1], ergeben sich etwa in der Psychologie der Lebensspanne, in welcher es um die Erforschung von allgemeinen psychologischen Gesetzmäßigkeiten über die gesamte Lebensspanne geht, fruchtbare Ansätze

1 Vgl. hier auch die grundlegende Arbeit von Thomae 1952.

für die biographische Forschung.[1] Die Life-event-Forschung, im deutschen Sprachraum mit ‚kritischen Lebensereignissen' in verschiedenen psychologischen Feldern (Psychiatrie, Streßforschung, Entwicklungspsychologie) verbunden, bildet weitere Bezugspunkte. Probleme, die einer erwachsenenpädagogischen Nutzung solcher Forschungen entgegenstehen liegen nach Nittel darin, „daß die Forscher nach wie vor einerseits an einer hypothesenüberprüfenden Methodologie festhalten; andererseits intendieren sie eine Rückbindung objektiver Ereignisse an die subjektive Perspektive der Betroffenen, die Überwindung von mechanischen Ursache-Wirkungs-Relationen und die Berücksichtigung der Vernetzung von Personen in ihrem historischen Kontext – was aber mit einer primär verteilungstheoretischen Methodologie kaum zu realisieren ist" (a.a.O., S. 87). Damit sind die Grenzen der genannten Forschungstradition treffend beschrieben.

Auch gibt Nittel unter Rekurs auf Dilthey eine kurze „Geschichte erziehungswissenschaftlicher Biographieforschung". Für die Zeit nach der ‚realistischen Wende' hebt er besonders die Arbeit von Henningsen (1981) hervor, für welchen Autobiographien „Geschichten von Lernprozessen, gesehen durch Interpretationsmuster" (a.a.O., S. 89) darstellten. Den Aufschwung der pädagogischen Biographieforschung beschreibt der Autor ausgehend von einer Diskussion der Werke von Baacke/Schulze (1979) und Loch (1979 a). Der Verfasser stellt – leider zu recht – das Auseinanderklaffen von selbstgesteckten Zielen und Aufgaben der erziehungswissenschaftlichen Forschung und der tatsächlichen Forschungssituation fest. Der „Überblick über die Schwerpunkte der pädagogischen Biographieforschung", der im Anschluß gegeben wird, weist auf Themenschwerpunkte wie Kindheit und Jugend, Medienwirkungsforschung, Lehrerlebenslaufforschung und andere hin. Weiterhin werden einzelne Studien vorgestellt, „die Fragen der schulischen Sozialisation beschreiben, Probleme des Zweiten Bildungswegs thematisieren und explizit auf erwachsenenpädagogische Aspekte eingehen" (Nittel 1991, S. 93). Der Schule als ‚biographischer Schaltstelle' kommt dabei wegen deren Be-

1 Vgl. auch Hahn 1979.

deutung für die Weiterbildungsbereitschaft besondere Aufmerksamkeit zu. Für die Erwachsenenpädagogik werden die Arbeiten von Kade (1985 b) referiert, die der Autor mit dem Verlaufskurvenmodell ergänzt.[1] Kades Fallstudienansatz und dessen Orientierung an der strukturellen Hermeneutik Oevermanns liefert für die Erwachsenenbildung zentrale Bedeutungstypen (Identitätsentwicklung über Bildung; Identitätserwerb über soziale Zugehörigkeit; Identitätserhaltung über Tätigkeit). Zudem wendet sich Nittel vorrangig an Vertreter der erziehungswissenschaftlichen Forschung bzw. Erwachsenenbildungsforschung, indem er analytische Kategorien zur Erfassung biographisch relevanter Bildungs- und Lernprozesse herausarbeitet (a.a.O., S. 100-109). Er orientiert sich dabei in seinen „grundlagentheoretischen Anmerkungen" an dem für die phänomenologische Tradition zentralen Werk von Schütz/Luckmann (1979). Bildungstheoretische Implikationen des narrativen Interviews werden eingehender diskutiert. Nittel gelingt es, die Komplexität dieses Ansatzes aufzuzeigen, falsche Ansinnen, die durch unreflektiertes Tun entstehen, zurückzuweisen und wichtige Anregungen zu geben, die bei der Konzeptualisierung empirischer Untersuchungen hilfreich sein können. Die Bedeutung der Biographik für die Pädagogik ist insbesondere von Baacke/Schulze (1985), Herrmann (1987), Oelkers (1987) und Prange (1987); deutlich herausgearbeitet worden.[2]

Zum Abschluß dieses Kapitels wird auf Potentiale eingegangen, die das narrative Interview für die erziehungswissenschaftliche Forschung wie für die Soziale Arbeit im Kontext biographischer Forschung birgt.

Marotzki, der sich wie Herrmann (1987) in seiner Ausgestaltung des biographischen Ansatzes auf Dilthey bezieht, hebt in diesem Kontext die Bedeutung der *Zusammenhangsbildung* über Akte der Bedeutungszuschreibung hervor. Den Prozeß der sich situativ jeweils neu vollziehenden Zusammenhangsbildung bezeichnet er als *Biographisierung,* der ein kommunizierbares Selbst- und Weltverhältnis ergebe (und worin Loch einen anthropologischen Zwang sieht). Um der

1 Vgl. Schütze 1982; für die Interviewauswertung vgl. Kade 1986.
2 Vgl. auch Vollbrecht 1986, Hartge 1989.

Logik der Sinnkrise, deren Symptomatik die fehlgeschlagene Biographisierung sei, näher zu kommen, verweist Marotzki (1991 b, S. 413 f.) ebenfalls auf das narrative Interview. Er zeigt zunächst auf, daß lebensgeschichtliche Stegreiferzählungen Zusammenhangsbildungen widerspiegeln und eine Sinnkonstitution ermöglichen. Zudem – und darin liegt die Relevanz für die Soziale Arbeit – geht dieser Autor der Frage nach, wie Zusammenhangsbildung hergestellt werden kann, wenn ‚normale Bedingungen' der Biographisierung ausfallen.

Marotzki stellt dazu die Analyse eines narrativen Interviews mit einem männlichen Patienten vor, welches an drei Terminen geführt wurde und eine Dauer von sechs Stunden (= 87 Seiten Transkriptmaterial) hatte. Der Autor analysiert dieses umfangreiche Material mit Hilfe der objektiven Hermeneutik und zeigt dabei u.a. die Fruchtbarkeit der Auslegung des Interviewanfangs auf, in der sich, wie Oevermann (z.B. 1988) nachgewiesen hat, bedeutsame Merkmale der Fallstruktur in verdichteter Form finden. In der Eingangssequenz – so Marotzki – „legt der Informant den ersten Leitfaden in das Material seiner eigenen Vergangenheit" (a.a.O., 1991 b, S. 417). Es gehe für den Interviewten darum, eine dominante Linie zu finden, um sein Leben „auf die Reihe" zu bekommen. „Biographietheoretisch gesehen, wäre dieser erste Sinnentwurf seines Lebens auch als erste eigentheoretische Anstrengung des Informanten anzusprechen, wie Fritz Schütze es nennen würde, die einen ersten Entwurf eines Lebenszusammenhanges generiert [. . .]. Dieser Begriff benennt das Bemühen des Informanten, in der Interviewsituation eine Ordnung in das zu Erzählende hinsichtlich von Raum, Zeit, Verknüpfung der Aufeinanderfolge von Ereignissen, Motivlagen, Bedingungen, Ursachen und Folgen etc. zu bringen, so daß das Erzählte kommunikativ präsentierbar wird. Der Informant generiert gleichsam zu Beginn des Interviews eine Theorie über sein gelebtes Leben, gibt implizit eine Antwort auf die Frage, wie wohl alles so gekommen sei. Tatsächlich hält sich diese Linie durch. Sie taucht, was hier im einzelnen nicht gezeigt werden soll, immer wieder wie ein roter Faden auf und stiftet Zusammenhänge, macht Ereignisabfolgen insofern zu sinnvollen. Doch ist es dem Informanten nicht möglich, das ist das eigentlich Interessante am vorliegenden Material, ausschließlich mit Hilfe dieses Musters das Kontingente seiner eigenen Vergangenheit sinnhaft zu organisieren“ (a.a.O., S. 418).

Mit ‚Masterplan‘ bezeichnet Marotzki ein zweites Sinnmuster, welches das erste überlagert, wobei beide den Biographisierungsprozeß konstituieren. Der Masterplan hat dabei vor allem die Funktion, gescheiterte Zusammenhangsbildungen zu ‚retten‘, wenn der Informant ‚ins Trudeln‘ gerät. „Unter dem Begriff ‚ins Trudeln geraten‘ verstehe ich, daß der Biographisierungsprozeß auf Erfahrungs- und Erlebnisgehalte stößt, die noch nicht hinreichend durchgearbeitet sind, die möglicherweise auch traumatischen Charakter haben, so daß die Thematisierung dieser Gehalte in der Interviewsituation selbst einen Aufarbeitungsprozeß in Gang setzt, der ins Stocken gerät und – teilweise emotional besetzt – dann ganz abgebrochen wird“ (a.a.O., S. 421). Ohne die Ausarbeitung des Masterplan in dem von Marotzki analysierten Fall im einzelnen nachzeichnen zu wollen, gehe ich auf dessen Ergebnisse kurz ein. Für die Analyse *abweichender,* in diesem Fall schizophrener *Karrieren* ist die Erkenntnis zentral, daß durch den sogenannten Masterplan, der durchgehend eine negative und eine positive Variante enthält, das Individuum in einen Zustand der Passivität, des ‚Getriebenwerdens‘ versetzt ist.[1] „Für den Informanten wird es gerade zum Problem, die einzelnen Ereignisse und Episoden, Erfahrungen und Kränkungen seines Lebens ‚auf die Reihe zu bringen‘ [. . .]. In diesem Zusammenhang ist eine Kontextinformation wichtig. Zum Zeitpunkt des Interviews spielte der Informant bereits seit einigen Wochen mit dem Gedanken, sich bei einer Rehabilitationseinrichtung, einem Berufstrainingszentrum, zu bewerben. Diese Bewerbung scheiterte immer wieder daran, daß es ihm nicht gelang, einen formalen Lebenslauf, der lediglich eine Chronologie der wichtigsten Daten enthalten sollte, zu erstellen. Das Problem des Informanten besteht also gerade darin, daß einzelne Teile des Lebenszusammenhanges nicht mehr sinnvoll zu einem Ganzen organisiert werden können. Eben deshalb taucht der *Masterplan* auf“ (Marotzki, a.a.O., S. 433 f., Hervorh. im Original). Bereits mit dieser Gedankenführung ist auf die Bedeutung des qualitativen, erzählanalytischen Vorgehens für

1 Vgl. dazu auch Riemann 1987, Hildenbrand 1991, Bahrs et al. 1993.

eine *soziale* Diagnose[1] hinlänglich verwiesen.[2] Auch Hildenbrand (1991) trägt im Zuge seiner fallrekonstruktiven Forschung in psychiatrischen Handlungsfeldern eine ähnlich gelagerte Kritik an der Therapie Schizophrener vor.[3] Die zentrale Aufgabe der ‚Nachsozialisation' in welcher die Entwicklung eines autonomen Selbst, eine Ermöglichung der biographischen Selbststeuerung im Zentrum stehen müsse, werde von den zuständigen Berufsgruppen (u.a. Sozialarbeit und Krankenpflege) nicht geleistet. Hildenbrand (1991) arbeitet heraus, daß Einrichtungen, in denen vorwiegend Laien arbeiten, keine schlechteren Erfolgsziffern aufweisen, als solche, die über gut geschultes Personal verfügen. Aus diesem Ergebnis – welches in der Psychotherapieforschung bekannt ist[4] – leitet Hildenbrand Optionen ab, die sich für das in psychiatrischen Übergangseinrichtungen tätige Personal ergeben: Schaffung einer adäquaten Professionellen-Klient-Beziehung in institutionellen Arrangements vs. Verzicht auf jede Form von Professionalität. Im ersteren Fall einer gelungenen professionellen Ausgestaltung zur Bearbeitung des Kernproblems der Bewältigung von Nähe und Distanz bleibe die Frage nach der Aneignung eines entsprechenden professionellen Habitus offen, der gänzliche Verzicht auf Professionalität bewirke die Vereinseitigung einer der beiden Komponenten diffuser bzw. spezifischer Sozialbeziehung zwischen den beteiligten Personen. Gerade Hildenbrands methodisches Vorgehen zeigt die Stärke des qualitativen Ansatzes auf, die darin liegt, *aus dem Material* (und nicht aus schon vorliegenden, unterschiedlichen theoretischen Sicht-

1 Die soziale Diagnostik ist meines Erachtens ein derzeit noch unterentwickeltes Thema innerhalb der Sozialen Arbeit. Auch in neueren Arbeiten zur Diagnostik (Martin 1989, S. 90 ff., Kleber 1992, Mollenhauer/Uhlendorff 1992) werden die Potentiale qualitativer Methoden kaum zureichend genutzt. Dies gilt in ähnlicher Weise für das sog. ‚Assessment', der sozialen Einschätzung von Menschen innerhalb des ‚case management' (Wendt 1991, S. 27 ff.).

2 Zur Diskussion der Unwirksamkeit therapeutischer und rehabilitativer Maßnahmen, die es nicht vermocht haben, alternative Orientierungsformen und Erfahrungsverarbeitungen zu organisieren vgl. Marotzki 1991 b, S. 430 ff.

3 Vgl. in diesem Kontext auch Blankenburg 1971, 1979.

4 Vgl. Müller-Kohlenberg 1988.

weisen) theoretische Überlegungen *zu erzeugen,* die anschließend mit vorfindbaren theoretischen Modellen konfrontiert werden.[1]

7.2 Biographische Wandlungsprozesse

Nittel (1991) weist im Zusammenhang seiner Erörterungen zu den Prozeßstrukturen des Lebenslaufs – dem Konzept Schützes folgend, wonach Prozeßstrukturen als Repräsentanten grundsätzlicher Haltungen gegenüber lebensgeschichtlichen Erfahrungen gefaßt werden – zu Recht darauf hin, daß die Möglichkeiten der Biographieforschung bisher zu wenig genutzt würden. Auch für die Soziale Arbeit insgesamt liegen kaum empirische Studien aus dieser Forschungstradition vor, wenngleich viele Verknüpfungsmöglichkeiten vorzufinden sind: „Den wohl augenfälligsten Anknüpfungspunkt zwischen der interpretativen Biographieforschung mit den Mitteln des narrativen Interviews und pädagogischen Erkenntniszielen bietet die Prozeßstruktur der biographischen Wandlung. Biographische Wandlungsprozesse lassen sich in der Weise charakterisieren, daß einer Person plötzlich *neue* Kompetenzen, Fähigkeiten und *Handlungsmöglichkeiten* zur Verfügung stehen, wobei der Betroffene durch diese Entwicklung überrascht, eventuell sogar überwältigt wird. Wandlungsprozesse der Selbstidentität gehen häufiger auf *Suchprozesse* des Betroffenen selbst und weniger auf äußere Impulse, wie sie etwa in Anregungsmilieus vermittelt werden, zurück. Lern- und Bildungsprozesse verdichten sich in einem Maße, daß eine Transformation des Gelernten in andere Lebensbereiche mit hoher Wahrscheinlichkeit stattfindet. Paradigmatisch lassen sich biographische Wandlungsprozesse in Biographien von Künstlern aufzeigen, aber auch in anderen Lebensgeschichten kann es zu beträchtlichen Kreativitätszuwächsen und zu einer dramatischen Veränderung des Selbst- und Weltverständnisses kommen." (Nittel 1991, S. 107, meine Hervorh.).

---

1 Vgl. Hildenbrand 1991, S. 175. Für die drei Bereiche (sozialer Kontext, professionelle Begleitung und spezifische Supervision), die für die therapeutische Organisation in dem untersuchten Feld bedeutsam sind, vgl. Kap. II.3.2. in dieser Arbeit.

Biographische Wandlungsprozesse, die die Entfaltung von Lern-, Sozialisations- und Bildungsprozessen abbilden, sind neben den weiteren elementaren Prozeßstrukturen des Lebensablaufs (institutionelle Ablauf- und Erwartungsmuster, biographische Handlungsschemata und Verlaufskurven[1]) für die pädagogische und sozialpädagogische Theoriebildung von großer Bedeutung und weisen zahlreiche Parallelen zu der von Loch (1979 a, 1988) konzipierten biographischen Forschung auf.

Für die pädagogische bzw. die *mäeutische Intervention*[2] durch Soziale Arbeit ergibt sich aus der Erkenntnis, daß biographische Wandlungsprozesse der Selbstidentität mit Suchprozessen von Personen einhergehen, der Hinweis auf die Notwendigkeit der Schaffung alternativer Handlungsfelder (in denen es ‚etwas zu finden' gibt[3]). Auch in unserer Begleituntersuchung der ehrenamtlichen Jugendgerichtshilfe[4] zeigten sich biographische Wandlungsprozesse auf seiten der betreuten Jugendlichen, die u.a. mit der von den ehrenamtlichen Helfern wahrgenommenen Unterstützung bei biographischen Suchprozessen einhergingen.[5]

Auf die Bedeutung von Erzählungen in der biographischen Forschung im Kontext der medizin-soziologischen Forschung weisen Bahrs et al. (1993) hin. Auch aus der von diesen Autoren geleisteten Fallrekonstruktion, in welcher auf das Phänomen der *Logik der falschen Information* aufmerksam gemacht wird, ergeben sich zahlreiche Anknüpfungsmöglichkeiten für die Anlage von Untersuchungen, die sich auf fallspezifische Bedeutungszusammenhänge etwa in der Sozialen Arbeit richten. Die Logik der Fehlinformation erschließt sich in der Rekonstruktion des fallspezifischen Bedeutungszusammenhangs, in dem systematische Fehlinformationen, die z.T. aus Selbsttäuschungen der Befragten resultieren, aufgedeckt werden können.

---

1 Vgl. Schütze 1981.

2 Zur Intervention vgl. auch v. Kardorff 1988.

3 In diesem Zusammenhang etwa zur Praxis von Selbsthilfeförderung vgl. Braun/Röhrig 1987.

4 Vgl. Kraimer/Müller-Kohlenberg 1990.

5 Zu einer – wenn auch ausschnitthaften – Typisierung ehrenamtlichen Engagements vgl. Jakob 1992; in diesem Kontext auch Olk 1989.

7.3 Biographische Verlaufskurven

Insbesondere die *Prozeßstruktur der Verlaufskurve* dürfte für die erziehungswissenschaftliche Forschung wie für die Sozialarbeitsforschung zunehmend bedeutsam werden, wenn Untersuchungen im Kontext ‚kleiner Lebenswelten' als Folge des Auseinanderfallens größerer sozialer Einheiten bzw. traditioneller Erziehungszusammenhänge vermehrt vonnöten sind. In der Untersuchung zur ‚Lebenswelt Obdachlosigkeit'[1] zeigte sich die Relevanz dieser Kategorie in der Analyse lebensgeschichtlicher Erzählungen Obdachloser. Nittel hat das Verlaufskurvenkonzept treffend wie folgt charakterisiert: „In Verlaufskurven sind die Betroffenen dem Zwang ausgesetzt, nur noch konditionell auf widrige, zumeist äußere Ereigniskaskaden reagieren zu können. Die äußeren Bedingungen und Ereigniskaskaden unterliegen nicht dem Planungs-, Entscheidungs- und Kompetenzbereich des Betroffenen; er kann nicht mehr agieren, sondern ist genötigt, nur noch zu reagieren. Die Kompetenzen und strukturellen Möglichkeiten zum eigenen Handeln werden nach Eintritt in eine Verlaufskurve systematisch ausgehöhlt. Im Extremfall wird der Betroffene sich selbst fremd und kann seinen Alltag in der Regel nur noch in einer prekären, jederzeit sich krisenhaft zuspitzenden Balance halten. Einige der zentralen Ordnungsprinzipien bzw. Phasen innerhalb von Verlaufskurven sind: Aufschichtung des Verlaufskurvenpotentials, Transformation der Verlaufskurve in andere, bisher verschonte Lebensbereiche, Prozesse des zunehmenden Sich-selbst-gegenüber-Fremdwerdens, Orientierungszusammenbrüche und Höhepunktsereignisse, Balancierung des Alltags und theoretische Verarbeitung" (1991, S. 108).

Verlaufskurven, mit denen Einschränkungen des Handlungsspielraums von Personen einhergehen und die dem „Prinzip des Getriebenwerdens" durch sozialstrukturelle und schicksalhafte Bedingungen als Erleidensprozesse unterliegen, sind schließlich im Zusammenhang mit biographischen Handlungsschemata zu sehen: „Diese Prozeßstruktur beginnt zumeist mit Impulsen, die den Spontaneitäts- und Aktivitätssphären des Betroffenen selbst entstammen. Es handelt sich oft um intentional gesteuerte *‚biographische Pro-*

1 Vgl. Kap. III.3.2. in dieser Arbeit.

jekte' wie Lebenspläne, zum Teil um langfristige biographische Entwürfe, zum Teil aber auch um kurzfristig zu *realisierende Handlungsschemata.* ‚Ein Haus kaufen', ‚auswandern', ‚ein Kind adoptieren' lassen sich hier beispielhaft anführen. Der Erfahrungsablauf besteht in erfolgreichen oder erfolglosen Versuchen, das jeweilige Handlungsschema zu verwirklichen. Formal betrachtet weisen biographische Handlungsschemata einen Interaktionsbezug (das heißt, sie sind kommunikativ auf Interaktionspartner oder Interaktionskontrahenten bezogen), eine Ankündigungsstruktur, eine Durchführungsstruktur und eine Ergebnissicherungs- bzw. Bewertungsstruktur auf" (a.a.O., S. 107 f., meine Hervorh.).

Insbesondere Riemann (1987) hat die Fruchtbarkeit des Verlaufskurvenmodells in Anlehnung an Schütze (1981) am Untersuchungsfall psychiatrischer Patienten demonstriert. Er arbeitet u.a. drei wichtige Zusammenhänge heraus, in denen es zur Aufschichtung eines Verlaufskurvenpotentials bei dem untersuchten Personenkreis kommen kann. Diese beziehen sich auf die Familie bzw. deren Zerfall, auf Prozesse der Berufssphäre sowie die Auslösung individueller Verläufe durch kollektive Verlaufskurven (z.B. Folgen von Flüchtlings- oder Vertriebenengenerationen). Eindrucksvoll zeigt Riemann, wie der *Zerfall des Sozialen* den *individuellen Zerfall* determiniert. Auch die Hinweise, die sich für die (problematische) Rolle von Professionellen ergeben, wenn diese z.B. durch vorschnelle Etikettierungen (‚Diagnosen') bei den Angehörigen Hoffnungslosigkeit erzeugen und abweichende Karrieren prozessieren, sind für die Überlegungen zu einer veränderten Professionalität in der Sozialen Arbeit bedeutsam.[1]

1 Vgl. Riemann, a.a.O., S. 300 ff., S. 491; vgl. auch Kap. II.3.2. in dieser Arbeit.

8. Die qualitative Einzelfallstudie als Königsweg in der Sozialen Arbeit

Im folgenden soll gezeigt werden, daß Einzelfallstudien Forschungsansätze sind, die sich auf die gründliche Analyse eines Gegenstandsbereiches bzw. auf soziale Handlungszentren beziehen, welche als Einheiten angesehen werden. Eine Vorstrukturierung des Untersuchungsgegenstandes wird lediglich als vorläufige zugunsten der Offenheit für die Ganzheitlichkeit des Untersuchungsfalls vorgenommen; verschiedene Methoden der Sozialforschung kommen dabei zur Anwendung.

8.1 Historische Einordnung

Ursprünge einzelfallorientierten Denkens liegen bereits in den Anfängen der Philosophie, der Theologie und der Rechtskunde. Wohl eine der ältesten Wurzeln der wissenschaftlichen Einzelfallstudie ist die Kasuistik[1], die heute neben anderen Methoden dem modernen Gesamtkonzept der Einzelfallstudie inhärent ist. Mit Ausnahmen vor allem in den Rechtswissenschaften, einigen Feldern der Psychologie, der Ethnologie sowie in der professionellen Sozialarbeit war das Ansehen der Kasuistik in vielen Einzelwissenschaften lange Zeit eher gering und ist es noch. Auch der Sprachgebrauch ist nicht einheitlich, und zuweilen schwingen die Konnotationen von Wortverdreherei und Haarspalterei mit, die dem Begriffsverständnis nicht zuträglich sind. Zur Frage einer pädagogischen Kasuistik heißt es dazu etwa bei Gamm: „Wer es unternimmt, das Recht der Kasuistik zu verteidigen, kann sich leicht dem Verdacht aussetzen, die Diffizilität einer wissenschaftlichen Fragestellung nicht hinlänglich zu kennen; manchmal wird er auch, dem gern herangezogenen Burkhardtschen Wort gemäß, als terrible simplificateur abgestempelt. In der deutschen, philosophisch befrachteten Wissenschaftstheorie ist ein nicht bis an die Grenze des Metaphysischen reichender Entwurf oft einer unterschwelligen

1 Vgl. Kap. III.5. in dieser Arbeit.

Abwertung ausgesetzt“ (1967, S. 321). Ähnlich ist die Argumentation bereits bei Klein (1950) mit Blick auf die Geringschätzung der Kasuistik in der Theologie: „Mit Kasuistik schlechthin bezeichnet man die Moralkasuistik. Das Wort hat keinen guten Klang; einen noch schlechteren hat das Wort Kasuist. Sagt man von jemand: er ist ein Kasuist, so will man damit nicht zum Ausdruck bringen, er weiß den Weg des Moralischen, sondern man will sagen, er kennt die zweifelhaften Auswege. Von der Diskriminierung durch Pascals Invektiven hat die Moralkasuistik als Ganzes sich nicht wieder erholt“ (a.a.O., S. 229).[1] Im Bereich der Medizin, in welcher der Begriff ‚Casuistik‘ um die Mitte des 19. Jh. aufkam[2], spielte das induktive Vorgehen fortan den Gegenpart zu der vorherrschenden deduktiven Methode und löste Kontroversen aus, die auch aktuell viele Disziplinen durchziehen, insbesondere aber um die wissenschaftliche Güte von Einzelfallstudien geführt werden, deren allgemeine Aussagekraft umstritten ist.

Für die bis dato erreichte methodologische Ausgestaltung des Forschungskonzepts Einzelfallstudie, das mittlerweile weit verzweigt ist, spielten Schriften, die der menschlichen Entwicklung nachgehen[3], eine tragende Rolle. So werden in einem weiten Sinne die Entwicklungsromane Goethes gemeinhin als Vorläufer von Einzelfallstudien genannt; auch Schiller ist in diesem Zusammenhang zu nennen, insbesondere dessen „Verbrecher aus verlorener Ehre“.

Als geistiger Wegbereiter der qualitativen Einzelfallstudie ist vor allen anderen Dilthey zu nennen. Seine hermeneutische Methode des Verstehens, die ganzheitliche Orientierung (der methodologische Holismus), die Textauslegung als Kunstlehre unter Berücksichtigung der Wechselwirkungen im menschlichen Handeln sind Kernpunkte der Philosophie

---

1 Für Fallstudien in der Geschichtswissenschaft vgl. Haussmann 1991, für die Sozialpädagogik Aufenanger 1986, Colla 1973, Hespos 1975, B. Müller et al. 1986, für die Psychologie Jüttemann 1990. Für eine moralisch inspirierte Kasuistik in der Sozialpädagogik vgl. Thiersch 1990 b.

2 Vgl. Bleker 1976.

3 Für die kognitive Entwicklungstheorie ist hier an die strukturalistisch inspirierten und qualitativ-einzelfallbezogenen Arbeiten von Piaget zu denken.

Diltheys: „Das Individuum ist gleichzeitig ein Element in den Wechselwirkungen der Gesellschaft, ein Kreuzungspunkt der verschiedenen Systeme dieser Wechselwirkungen, in bewußter Willensrichtung und Handlung auf die Einwirkungen derselben reagierend, und es ist andererseits anschauende, forschende Intelligenz" (1968 c, S. 63). Der ganzheitliche Zusammenhang wird im hermeneutischen Zirkel durch Überschauen der einzelnen Verstehensinhalte und deren Verbindung hergestellt; den Ausgangsort der (philosophischen) Untersuchung bildet nach Dilthey der ganze Mensch als ein soziales und historisches Wesen in seiner Entwicklungsgeschichte, die „von der Totalität unseres Wesens" (Acham 1985, S. 16) her zu beurteilen sei.

Mit der „Kunstlehre der Auslegung von Schriftdenkmalen" entwickelte Dilthey (1957 a, S. 320) elementare Deutungssysteme, die seither auf verschiedenste Gegenstände übertragen wurden. Von großer Bedeutung für die Ausreifung der qualitativen Einzelfallstudie ist ebenso die Diltheysche Fassung der Wechselwirkung, die sich als Reziprozität der Erwartungen später etwa bei Litt, bei Schütz sowie im Symbolischen Interaktionismus von Cooley über Mead bis Goffman und Blumer findet.[1] So ist in der Methodologie Blumers, die für die qualitative Einzelfallstudie Maßgebliches enthält, der starke Einfluß des Diltheyschen Werks unverkennbar.[2] Die *Angemessenheit* der Methode an den Gegenstand der Untersuchung steht bei Dilthey im Vordergrund, wenn er sagt: „Nicht dadurch erweisen wir uns als echte Schüler der großen naturwissenschaftlichen Denker, daß wir die von ihnen erfundenen Methoden auf unser Gebiet übertragen, sondern dadurch, daß unser Erkennen sich der Natur unserer Objekte anschmiegt und wir uns so zu diesem ganz so verhalten, wie sie zu dem ihrigen" (Dilthey 1957 b, S. 143).

Generell läßt sich sagen, daß der methodologische Status des Ansatzes der Einzelfallstudie als einer ‚Schauweise' (Goode und Hatt 1956) „beim wissenschaftlichen Publikum" (v. Alemann und Ortlieb 1975, S. 158) nach wie vor als weitgehend ungeklärt gelten kann. Dieses Phänomen erklärt sich vermutlich aus einer seit längerem bestehenden Übergangssituation, welche derzeit noch stärker als Mitte der siebziger Jahre

1 Vgl. Acham 1985.
2 Vgl. Kap. III.8.2. in dieser Arbeit.

durch den Aufbruch qualitativer Forschung charakterisiert ist, deren empirische Bewährung und zunehmende Etablierung langfristig eine eindeutige, wissenschaftlich gesicherte Existenz für das Konzept der Einzelfallstudie erhoffen läßt.

Auf Grund eines anhaltenden, unproduktiven Konkurrenzdenkens zwischen den verschiedenen Wissenschaftstraditionen und nicht zuletzt wegen der Verwandtschaft bzw. der Verwechslung der Einzelfallstudie mit der Kasuistik wird sie wie diese mancherorts noch immer mit den Stigmata der Unwissenschaftlichkeit, der Simplifizierung, des Geschmäcklerischen versehen. Derartige Beimessungen reichen weit zurück, wie zum Beispiel für die Kasuistik die Aussage von Montesquieu belegt: „Die mehrfache Vermittlung von Regeln und Einzelfall, die die Kasuistik vollzieht, [läßt] die Beurteilung eines gegebenen Falls schließlich zu einer Frage des Geschmacks (goût) werden" (zit. nach Wolf 1976, S. 706).

Fälschliche Zuschreibungen gehen für die Einzelfallstudie zudem aus zahlreichen Mißverständnissen hervor. Neben der genannten, gängigen Gleichsetzung der Einzelfallstudie mit der Kasuistik ist dies die Gleichstellung des Gesamtkonzepts mit einzelnen Forschungstechniken – vor allem der der teilnehmenden Beobachtung und die einseitige Zuordnung der Einzelfallstudie zur sogenannten idiographischen Wissenschaftsmethodik. Einer dichotomischen Einteilung der Wissenschaft folgend bezeichnet die idiographische Richtung diejenige, die das Einzelne, das Einmalige einer komplexen Gegebenheit, die mit einem Einzelnamen bestimmt wird, aufzuzeigen sucht. Dies trifft indes nicht den Anspruch der Einzelfallstudie, die vielmehr bestrebt ist, „die für das zu untersuchende wissenschaftliche Problem bedeutsamen Kennzeichen als Einheit aufzufassen und zusammenzuhalten" (Goode und Hatt 1972, S. 302).

Damit ist ein Ansatz bezeichnet, in welchem die Untersuchungseinheit in ihrer gewachsenen Ganzheit, d.h. sowohl in ihrer interaktiven Verfaßtheit mit der Hervorbringung sozialer Schöpfungen (Emergenz), als auch in Form geordneter Verweisungszusammenhänge kulturell vorgängiger Strukturmuster wahrnehmbar wird[1].

1 Als historisch gewordene Unterscheidung von idiographischer und nomothetischer, d.h. Gesetze hervorbringender Methodik, geht diese auf Windelband (1919) zurück (vgl. dazu Hubig 1987).

Nimmt man an dieser Stelle eine grobe Bilanzierung des Forschungstyps Einzelfallstudie[1] in seiner sozialwissenschaftlichen Form vor, hatte dieser besonders im angelsächsischen Raum – wenngleich nicht immer als solcher eindeutig bestimmt – in den zwanziger, dreißiger und vierziger Jahren eine Blüteperiode, wurde dann allerdings durch den starken Trend zur repräsentativen Umfrageforschung und den damit einhergehenden dominanten Techniken der schriftlichen Befragung und des standardisierten Interviews innerhalb der Sozialforschung zurückgedrängt und überwuchert.

Wenngleich Goode und Hatt (1972) mit Blick auf den damaligen Forschungsstand (1956) eine hervorragende Charakterisierung der Möglichkeiten von Einzelfallstudien vornahmen und auf deren Fruchtbarkeit, die viel zu wenig ausgenutzt werde, nachdrücklich hingewiesen haben, setzte erst ab Mitte der siebziger Jahre eine erneute systematische Betrachtung, eine Rückbesinnung bzw. ein Neubeginn des Konzepts im Kontext der allmählich sich entfaltenden qualitativen Sozialforschung ein.[2]

Fallstudien gewannen innerhalb der Sozialisationsforschung einen zentralen Stellenwert.[3] Mit diesen Entwicklungen ging insgesamt eine neuerliche, verstärkte Anwendung und Nutzung der Einzelfallstudie in den Humanwissenschaften einher, was besonders für die sozialwissenschaftliche Biographie- und Lebenslaufforschung gilt. Ausgehend von Erzähldaten – ähnlich dem Vorgehen einer ‚Oral History' in der Geschichtswissenschaft und Biographieforschung – werden Alltagsgeschichte bzw. biographische Erzählungen zum vornehmsten Gegenstand der Forschung erhoben.[4] An dem Sachverhalt allerdings, den Oevermann für die Soziologie treffend markiert (und der auch in den Sozialwissenschaften allgemein zutreffen dürfte), der die Abwertung von Einzelfallstudien beinhaltet, hat sich bis heute insgesamt nur wenig geändert: „Jeder, der sich in der Soziologie – in der Regel in zäher Auseinandersetzung mit seinem verinnerlichten me-

---

1 Vgl. auch Westermeyer 1979.

2 Vgl. in diesem Zusammenhang z.B. v. Aleman/Ortlieb 1975, Schmied 1977, Gerdes 1979, Küchler 1983.

3 Vgl. z.B. Oevermann et al. 1979, auch Herrmann 1991 c, S. 239 ff., Köckeis-Stangl 1980.

4 Vgl. z.B. Fuchs 1984, Voges 1987, Marotzki 1991 a, b.

thodologischen Gewissen – auf Fallstudien eingelassen hat, kennt aus leidvoller Erfahrung die beim Diskussionspartner selten ausbleibende Frage danach, wie man denn glaube, von der zwar interessanten und durchaus anregenden Einzelfallbeschreibung zu verallgemeinernden Aussagen gelangen zu können. ‚How many cases in your cell?' gilt inzwischen auch außerhalb der sozialwissenschaftlichen Profession als kompetente Testfrage nach der Härte oder Weichheit einer Untersuchung in der sogen. ‚empirischen Sozialforschung'. [...] Ein Titel im übrigen, den sich Vertreter der quantitativen Forschung in der Soziologie als ein Markenzeichen für Solidität, in vielen Prüfungsordnungen sogar zum Standardfach erhoben, angeklebt haben und der dennoch für den auf komplexe Bedeutungsstrukturen ausgerichteten Blick des Hermeneuten die ganze Unsicherheit in dem beschwörenden Pleonasmus dieser Wortkombination freigibt. Denn wie wollte denn wohl Sozialforschung als Sozialforschung anders seriös betrieben werden denn als empirische? Diese Beschwörung erfährt ihre Verlängerung im Fetisch der Stichprobengröße als Gütesiegel" (Oevermann 1981 b, S. 1).

Eine Ablösung von dieser nach wie vor dominierenden, unbeweglichen nomothetischen Fixierung gelingt nur schleppend; neuere hermeneutisch inspirierte Arbeiten lassen jedoch mit Beginn der neunziger Jahre Anzeichen dafür erkennen. Verfahren mit konsequentem Einzelfallbezug erlangen auf Grund ihrer methodologischen Neuorientierung zunehmend an Bedeutung.

8.2 Theoretische Grundlagen

Einzelfallstudien zeichnen sich, wie einleitend benannt, vor allem dadurch aus, daß in ihnen die Ganzheit bzw. die Naturwüchsigkeit des zu untersuchenden Gegenstandes bzw. Falls oder Systems erhalten bleibt. Dieses die Einzelfallstudie durchwaltende Charakteristikum erfordert einen im Vergleich zur Kasuistik[1] – bei der es je nach Untersuchungslage um die Dokumentation, Beschreibung, Beurteilung, Bewertung oder Analyse einzelner Fälle gehen kann (wobei das

1 Vgl. Kap. III.5. in dieser Arbeit.

Verhältnis des Einzelnen zum Allgemeinen normalerweise den Bezugspunkt bildet) – nochmals erhöhten forscherischen Aufwand.

Einzelfallstudien, die dem genannten Anspruch genügen, bilden stets ein komplexes Forschungsdesign ab, sind mit großem interpretatorischen Einsatz in der Auswertungsphase verbunden und erfordern aus Sicht der Forschungsökonomie erhebliche Ressourcen. Das ganzheitliche Bezugssystem der Einzelfallstudie sucht die vorschnelle Konzentration auf solche isolierten Einzelmerkmale oder besonders hervorstechenden Eigenschaften des Gegenstandes zu verhindern, die etwa als ‚Lieblingskategorien' des Forschers in den Vordergrund treten und die Zuverlässigkeit der Ergebnisse somit erheblich einschränken. Die Bewertung der Einzelfallstudie in ihrem Stellenwert wird je nach Disziplin unterschiedlich eingeschätzt.[1]

Die Einzelfallstudie gilt innerhalb der qualitativen Sozialforschung im Unterschied zur quantitativen, am kritischen Rationalismus orientierten Methodologie als eigenständiger Ansatz. Eingebettet in ein Forschungsprogramm, in welchem es vom Anspruch her um eine weitgehend unverfälschte Einsicht in die soziale Wirklichkeit geht, erfaßt die qualitative Einzelfallstudie über Wege des verstehenden Zugangs – etwa in Form hermeneutischer Operationen des Messens – ihren Untersuchungsgegenstand.

Innerhalb des Interpretativen Paradigmas[2] wendet man sich um der Ganzheit des Erkennens willen gegen eine Variablenatomisierung, die dem rein statistischen Vorgehen innewohnt. In dem Interpretativen Paradigma[3], mit dem ein Forschungsprogramm bezeichnet ist, welches zur Kennzeichnung methodologischer Positionen als (grobe) Abgrenzung gegen ein Normatives Paradigma dient, finden sich recht heterogene Forschungstraditionen, von denen für die qualitative Einzelfallstudie die des Symbolischen Interaktionismus

---

1 Vgl. z.B. bei Kunz 1969, Petermann/Hehl 1979, Krumm 1981, R. Lehmann/Vogel 1984, Pappi 1987.

2 Für einen Vergleich von Interpretativem Paradigma und Hermeneutik aus erziehungswissenschaftlicher Sicht vgl. König 1991.

3 Vgl. Blumer 1973, Wilson 1973.

(Mead) und die der Phänomenologie (Husserl, Schütz) besonders bedeutsam geworden sind. Trotz der Heterogenität der verschiedenen Richtungen, die sich in der Folgezeit etwa als Ethnomethodologie oder als Wissens- und Sprachsoziologie herausgebildet haben, liegen Gemeinsamkeiten der Ansätze in der Entwicklung von Methoden vor, die dem sinnhaft strukturierten Gegenstand der Sozialforschung angemessen sind[1], wobei die Forschung beispielsweise auf die Analyse des Handelns in alltagsweltlichen Lebenszusammenhängen und Milieus, auf Situaionsdefinitionen der Handelnden, auf übergreifende Sinnstrukuren konzentriert ist. Die in alltäglichen Interaktionen wechselseitig unterstellten, sinnhaft strukturierten Bedeutungen wurden als handlungsrelevant erkannt und in ihrem (Entstehungs-) Kontext berücksichtigt, wobei die ‚Produktion sozialwissenschaftlicher Daten' selbst wiederum als Interaktionsprodukt aufgefaßt wird.[2] Im Anschluß an Mead sowie an weitere geistige Urheber des Symbolischen Interaktionismus hat Blumer für diesen Forschungsansatz eine Methodologie entwickelt, die im Kontext von Einzelfallstudien relevant ist. Ausgehend von der Frage, wie man der empirischen Welt nahekomme und in sie eindringen könne, um sie zu erforschen, zeigt Blumer zwei naturalistische Verfahren in ihrer Abfolge auf: Zunächst erfolgt explorativ das sensible und behutsame Erkunden des Feldes, sodann dessen forscherische Prüfung als ‚Inspektion'.

Die *Exploration* zeichnet sich durch eine hohe Anpassungsfähigkeit aus, die es erlaubt, verschiedene methodische Zugangsweisen, verschiedene theoretische Perspektiven oder verschiedene Datengewichtungen vorzunehmen. Das flexible Vorgehen ist dabei nicht als Orientierungslosigkeit zu deuten, sondern beschreibt eine in der Anfangsphase breite, sich im Fortgang des Forschungsprozesses aber verjüngende Perspektive, deren Zweck es ist, herauszufinden, „wie man sein Problem stellen muß, zu erfahren, was die angemessenen Daten sind, Vorstellungen über die bedeutsamen Verbindungslinien zu entwickeln, und die konzeptuellen Mittel

1 Vgl. Arbeitsgruppe Bielefelder Soziologen 1976, v. Cicourel 1974, Schütz 1971.

2 Vgl. dazu auch Soeffner 1979, S. 6.

unter Berücksichtigung dessen zu entwerfen, was man über den Lebensbereich erfährt“ (Blumer 1973, S. 123).

Die Exploration dient dazu, eine Vorstrukturierung des Untersuchungsfalls so vorzunehmen, daß begründete Hypothesen auf der Datengrundlage dieser Untersuchungsphase erzeugt werden.[1] Zur Identifizierung und Bestimmung des Untersuchungsfalls bzw. -gegenstandes gehören allerdings vorausgehende Überlegungen, die als Vorverständnis in die Exploration einfließen. Hier gilt die hermeneutische Grundregel, daß ohne Vorverständnis kein Verständnis möglich ist.

Entscheidend ist – wie Kleining (1982, S. 232) anmerkt – das Literaturstudium, wenn überhaupt, so anzulegen, daß extrem unterschiedliche Positionen verarbeitet werden, so daß die Neigung, *den Gegenstand selbst* zu untersuchen, auf Grund einer produktiven Verunsicherung noch verstärkt wird. Die explorative Methode ist nicht an eine spezifische Technik gebunden, sondern beinhaltet differierende Vorgehensweisen wie etwa die Beobachtung, Interviews, die biographische Methode, den Gebrauch von Aufzeichnungen und Dokumenten, Gruppendiskussionen sowie unter Umständen das Auszählen von Einzelelementen.[2] Ein subsumtionslogisches Vorgehen, d.h. die Zuordnung des erhobenen Materials zu fertigen Kategorien, kann auf diese Weise unterbunden werden (Hypothensenerzeugung statt -überprüfung). Blumer hebt einige Momente besonders hervor, die in der explorativen Phase Beachtung finden sollten: er betont zunächst den Wert von Informanten, „die scharfe Beobachter und gut informiert sind. [. . .] Eine kleine Anzahl solcher Individuen, die zu einer Diskussions- und Informantengruppe zusammengebracht werden, sind ein Vielfaches gegenüber einer repräsentativen Stichprobe wert. Solch eine Gruppe, die gemeinsam ihren Lebensbereich diskutiert und ihn intensiv prüft, wenn ihre Mitglieder sich widersprechen, wird mehr dazu beitragen, die den Lebensbereich verdeckenden Schleier zu lüften, als jedes andere Forschungsmittel, das ich kenne“ (a.a.O.). Blumer weist zudem auf die Notwendigkeit hin, daß der Forscher ständig bereit sein müsse, seine Anschauung über den zu untersuchenden Bereich zu über-

---

1 Vgl. Glaser/Strauss 1979.
2 Vgl. Blumer 1973, S. 123.

prüfen und gegebenenfalls abzuändern, und schlägt, dem Beispiel Darwins folgend vor, alle möglichen Fragen, auch scheinbar lächerliche, an den Untersuchungsgegenstand heranzutragen.[1]

Die dazu eingesetzten Vorgehensweisen sind ‚sensitizing concepts', d.h. „Begriffe, die (noch) nicht operational definiert sind, sondern lediglich die Aufmerksamkeit des Forschers auf ein bestimmtes Phänomen lenken, das im Bezugsrahmen des Forschers von Bedeutung ist [. . .]. Der Verzicht auf eine vorschnelle Operationalisierung soll den Forscher davor bewahren, a priori davon auszugehen, daß einem von ihm beobachteten Phänomen überhaupt eine Bedeutung für die Handelnden zukommt, und weiter, daß er seine Bedeutungszuschreibung auch für die Handelnden für selbstverständlich hält" (Arbeitsgruppe Bielefelder Soziologen 1976, S. 39 f.). Zudem sollten alle Beobachtungen festgehalten werden, die die Arbeitskonzeption in Frage stellen bzw. solche, deren Bedeutung zunächst nicht erkenntlich ist. Dies hilft dabei, fruchtbare Neuausrichtungen der Perspektive zu finden und unkontrollierte Vorurteile zu vermeiden.[2]

Insgesamt dient die Exploration dazu, die Sicht der Handelnden zu erfassen, um deren Wirklichkeitskonstitution herauszuarbeiten. Eine weitergehende Analyse muß darüber hinaus allerdings notwendigerweise im Fortgang nicht mehr den Bezugsrahmen der alltagsweltlich Handelnden, sondern den der Wissenschaft zugrunde legen. Dazu schlägt Blumer (1973) die Anwendung der Methode der Inspektion vor, die die zweite Phase des Untersuchungsprozesses bildet.

Mit *Inspektion* ist eine intensive, konzentrierte Prüfung des empirischen Gehalts aller beliebigen analytischen Elemente gemeint, „die zum Zwecke der Analyse benutzt werden, wie auch eine entsprechende Prüfung der empirischen Beschaffenheit der Beziehungen zwischen solchen Elementen" (Blumer 1973, S. 126). In der Einstellung der Inspektion löst sich der Forscher von der zuvor eingenommenen Binnenperspektive und überführt das gewonnene Material in einen stringenten, wissenschaftlichen Begründungszusammen-

---

1 Vgl. hier auch Oevermann et al. 1979, S. 354 ff.
2 Vgl. Blumer 1973, S. 122 ff., Arbeitsgruppe Bielefelder Soziologen 1976, S. 41.

hang. Die Gültigkeit der Analyse ist dabei von der Anerkennung durch die Beforschten unabhängig: „Im Unterschied zur Analyse von innen, für die diese Forderung gilt, erfolgt sie eben aus einer anderen Perspektive, verwendet sie andere Begrifflichkeiten und andere Regeln, durch die gerade Zusammenhänge aufgedeckt werden sollen, die den Handelnden selbst nicht bewußt sind" (Arbeitsgruppe Bielefelder Soziologen 1976, S. 41). Die Verhinderung subjektivistischer Positionen sowie unkontrollierter Vorurteile auf seiten des Forschers sind Hauptelemente der Inspektion. Einer eingehenden mehrperspektivischen und mehrgestaltigen Prüfung des Forschungsgegenstandes (‚Hineinversetzen') folgt dessen genaue Erforschung (‚Hinausversetzen') und schließlich die wissenschaftliche Bestimmung als Explikation des Falls bzw. als Rekonstruktion der Fallstruktur.

Dem Diktum Blumers entsprechend, daß der Beschaffenheit der empirischen Welt durch die Ausbildung einer entsprechenden Methodologie Rechnung zu tragen sei, sind innerhalb der qualitativen Sozialforschung Regeln für die Datengewinnung entwickelt worden. So beschreibt beispielsweise das Prinzip der Offenheit die Notwendigkeit, im Untersuchungsfeld die Wirklichkeitskonstruktionen der Handelnden zum Ausgangspunkt der Analyse zu nehmen.[1] Mit dieser Regel ist das Prinzip der subjektiven Interpretation, welches der Konstruktion sozialer Realität als sinnkonstruiertem Gebilde Rechnung trägt, eng verbunden. Es bezieht sich auf Common-sense-Konstrukte des Alltagslebens, die bei deren Erfassung Beachtung finden müssen.[2]

Ein weiterer Grundsatz resultiert aus dem Prozeßcharakter der Theoriebildung und dem Verzicht auf vorschnelle Hypothesenprüfung, die mit einer verzögerten theoretischen Strukturierung einhergeht.[3] Die Entwicklung von Hypothesen gehört – im Unterschied zum quantifizierenden Vorgehen – zum Forschungsprozeß im engeren Sinne. In unmittelbarem Zusammenhang mit dem Prozeßcharakter der Theorie steht das Prinzip der Kommunikation[4], welches in

1 Vgl. dazu bes. Glaser/Strauss 1979 sowie Hoffmann-Riem 1980 a, S. 343 ff., Hopf 1979, S. 30 f.
2 Vgl. v. Cicourel 1974, S. 93 ff.
3 Vgl. Hoffmann-Riem 1980 a, S. 345, auch Hopf 1979.
4 Vgl. auch Hammerich/Klein 1978.

Abgrenzung zu dem klassischen Objektivitätspostulat die wechselseitige Beeinflussung von Forscher und Forschungssubjekt während der Untersuchung zum Inhalt hat.

In seinem Umriß zu einer Methodologie qualitativer Sozialforschung stellt Kleining (1982) vier Regeln für qualitative Forschung vor, denen vier Konzepte korrespondieren; die hier bereits vorgestellten Prinzipien finden sich in den Thesen von Kleining zum Großteil wieder und werden durch die vierte Regel ergänzt, die sich auf die Datenanalyse bezieht.

Schaubild 8: Vier Regeln und vier korrespondierende ‚Konzepte' qualitativer Forschung nach Kleining (1982, S. 230 ff.)

	Regel	‚Konzept'
Regel 1	über das Subjekt, den Forscher: Das Vorverständnis über die zu untersuchende Gegebenheit soll als vorläufig angesehen und mit neuen, nicht kongruenten Informationen überwunden werden.	Offenheit
Regel 2	über das Objekt, den Gegenstand: Der Gegenstand ist vorläufig, er ist erst nach erfolgreichem Abschluß des Findungsprozesses ganz bekannt.	Zirkularität
Regel 3	über das Handeln: Der Gegenstand soll von ‚allen' Seiten angegangen werden. Regel der maximalen strukturellen Variation der Perspektiven.	Totalität
Regel 4	über das Bewerten: Analyse der Daten auf Gemeinsamkeiten.	Objektivität

Die erste Regel verlangt nach Offenheit des Forschers in bezug auf Informationen, die von dem Untersuchungsgegenstand ausgehen, um so das eigene Vorverständnis überwinden zu können (vom Vor-Verständnis zum Verständnis). Die thematische Veränderung des Objekts im Forschungsprozeß, das Erkennen von ersten Strukturen und Grenzen läßt u.U. andere Teilprobleme in das Zentrum der Aufmerksamkeit rücken, läßt anderes, Neues entdecken, welches das vorläufige Bild korrigiert. Diese ‚Entstehung des Objekts' im

Forschungsprozeß selber ist Thema der zweiten Regel, während die dritte Regel bereits Anweisungen etwa für die Sample-Auswahl beinhaltet und auch besonders die Variation von Methoden fordert (d.h. es sollten ggf. zusätzliche Instrumente eingesetzt werden: zum Interview etwa die Beobachtung usf.).

Mit Zirkularität (Regel 2) ist die Antizipation des Ergebnisses im Forschungsprozeß gemeint, von welcher der Forscher ausgeht und zu welcher er zurückkehrt: „Bei der Zirkularität der Vorgehensweise und da ohnehin alle vorliegenden Daten aufgeklärt werden müssen, ist der Anfang beliebig. Das Ende der Analyse ist erreicht, wenn durch weitere Variation der Perspektive neue Daten nicht mehr erzielbar sind und alle Informationen in den Strukturzusammenhang sich einfügen" (a.a.O., S. 244). Der Erkenntnisgewinn bei dieser Vorgehensweise liegt darin, daß mit dem erneuten Erreichen des Ausgangspunkts der Forschungsgegenstand in seiner Gesamtgestalt erscheint, seine Strukturelemente sozusagen komplettiert sind.

Im Vollzug qualitativer Sozialforschung ist das Konzept der Totalität (Regel 3) als das Verhältnis der Teile zum Ganzen prozessual wirksam. „Wir erfassen zunächst, in beständiger Variation der Perspektiven, Fragmente, dann Teile, die auf das Ganze deuten, dann, in Schritten, die Struktur des Ganzen, von dem aus sich wieder ‚Teile' zu erkennen geben, aber nun als Teile, als Elemente seiner Struktur. Die Totalität ist in der qualitativen Sozialforschung prozessual, sie besteht aus Teilen und wirkt wieder auf die Teile zurück, die sie in neuem Licht oder in neuer Gliederung darstellt. Die Teile als Teile des Ganzen zu Ende einer Analyse sind zwar Teile, aber nicht notwendigerweise dieselben Teile wie zu Beginn" (a.a.O., S. 245).

Im schrittweisen Vorgehen der Datenanalyse (Regel 4) wird schließlich darauf abgezielt, die gesuchte Struktur des Gegenstandes zu entdecken. Dazu ist es nach Kleining erforderlich, das gesamte Material – scheinbar abweichende Einzelphänomene inbegriffen – in einen Zusammenhang zu bringen. „Eine qualitative, d.h. strukturaufzeigende Analyse ist unfertig und nahezu beliebig, wenn sie nicht alle vorhandenen, maximal unterschiedlichen Daten als strukturell zusammengehörig aufzeigen kann [. . .]. Alle Daten müssen im strukturellen Zusammenhang ihren Platz haben und als Teile des Gesamtbildes verstehbar sein“ (a.a.O., S. 238).

Objektivität (Regel 4) stellt sich nach Kleining im Prozeß der qualitativen Sozialforschung emergentistisch dar und bezieht sich auf die Struktur des Objekts, die bei erfolgreicher Analyse objektiv aufgedeckt wird. Diese Objektivität entsteht zunächst aus der Subjektivität des Forschers, löst sich während des Forschungsprozesses von diesem ab, ist unabhängig, intersubjektiv, hat dialektischen Charakter: „Das subjektive Teil-Bild geht auf in der objektiven Struktur, ist für das Subjekt in ihm noch erkennbar, aber jetzt präsent im Gesamtzusammenhang, auf einer höheren Stufe. Anders gesagt: Objektivität war im subjektiven Ansatz schon enthalten, als Teil-Kenntnis des Objektes; sie wird im Ganzen ‚aufgehoben‘, verschwindet in ihm als Teil, konstitutiert ihn aber gleichwohl“ (a.a.O, S. 246). In Abgrenzung zum Popperschen Falsifikationismus und dem Postulat der nur vorläufigen Gültigkeit beschreibt Kleining einen anderen Objektivitätsbegriff: „Der Objektivitätsbegriff der qualitativen Sozialforschung ist endgültig; er ist nur vorläufig, wenn die Struktur eines Objekts noch nicht ganz oder nicht entdeckt ist, also im Verlauf des Forschungsprozesses oder bei seinem Fehlschlag“ (a.a.O.).

Das so konzipierte Gütekriterium der Objektivität ist nicht unumstritten[1]; es weist eine besondere Affinität zur Fallrekonstruktion innerhalb der objektiven Hermeneutik[2] auf, die wiederum für die Einzelfallstudie generell von großer Bedeutung ist. Oevermann spricht in distanzierender Abgrenzung zur Fallbeschreibung dann von Fallrekonstruktion, wenn zum Ausdruck kommt, „daß es um ein erschließendes Nachzeichnen der fallspezifischen Strukturgestalt in der Sprache des Falls selbst, also um die schlüssige Motivierung eines Handlungsablaufs in Begriffen des konkreten Handlungskontextes geht“ (1981, S. 4). Er betont dabei den scharfen Gegensatz dieses Verfahrens zu subsumtionslogischen Kategorisierungen.

Als entscheidende Leistung hermeneutischer Rekonstruktionen benennt Bude wiederum im Anschluß an Oevermann

1 Vgl. z.B. Küchler 1983, S. 23 f.
2 Vgl. Oevermann 1988.

die Aufgabe, das Neue und Fremde in einem Fall zu entdekken und zu beschreiben. Der Autor charakterisiert zwei Konzeptionen, die das Problem, von einem individuellen Fall auf einen allgemeinen theoretischen Satz zu schließen, der das bekannte theoretische System durchbricht, lösbar werden lassen. Es sind dies der abduktive Schluß von Peirce[1] und die Konzeption der Dezision von Schmitt: „Peirce (1970, S. 366) spricht vom Blitz der Einsicht, der sich dann einstellen kann, wenn wir verschiedene Elemente unserer Beobachtung zusammenbringen, die zusammenzubringen wir uns vorher nicht hätten träumen lassen. Es scheint Mut dazu zu gehören, die zwischen den einzelnen Äußerungen eines Falls rotierenden Verweisungen auf den Punkt einer Deutung zu bringen, die die individuelle Allgemeinheit des Falls (Bude 1988) enthüllt. Schmitt (1985, S. 41 f.) bezeichnet bezogen auf juristische Urteile die Paradoxie, daß ein konkretes Faktum konkret beurteilt werden muß, obwohl als Maßstab der Beurteilung nur ein rechtliches Prinzip in seiner generellen Allgemeinheit gegeben ist. Diese Paradoxie ist nur durch eine Entscheidung zu lösen, da der juristische Schluß nicht bis zum letzten Rest aus seinen Prämissen ableitbar ist. Mit Schmitt kann man sagen, das Neue und Fremde in einem Fall offenbart sich nur dem, der sich aus den Fängen abgesicherter Begründungen löst und eine interpretative Entscheidung trifft. Die Einsicht blitzt nur für den auf, der, nachdem er die Verweisungen in den Äußerungen eines Falls gelassen vor sich hat spielen lassen, sie im rechten Augenblick entschlossen in der Nußschale einer Deutung zusammenschließt" (Bude 1988, S. 425). Der erkenntnislogische Charakter interpretativer Einzelfallstudien sei somit darin zu sehen, daß auf Grund eines Falls ein theoretischer Satz gewonnen werden kann, der nicht aus bereits bestehenden theoretischen Sätzen ableitbar ist.[2]

1 Vgl. dazu auch Grathoff 1989, Reichertz 1991.
2 Vgl. Bude 1988.

8.3 Darstellung des forschungsmethodischen Vorgehens

In Erweiterung der Binnebergschen Systematisierung zur Fallstudienforschung (1979, 1985) und unter Bezugnahme auf den britischen Erziehungswissenschaftler Stenhouse (1982) stellt Heiligenmann (1989, S. 180) folgendes Schema vor, in dem die Phasen des Vorgehens (Tätigkeit des Forschens) und das Produkt der Tätigkeit als Verarbeitungsgrad des Materials abgebildet sind. Diese Zusammenstellung wird hier für die qualitative Einzelfallstudie um die Schritte 5. und 6. erweitert:

Schaubild 9: Entstehungsschritte einer Einzelfallstudie

Tätigkeit	Produkt
1. Feldforschung (Einsatz von Erhebungstechniken)	Fallmaterial (vollständiger Satz aller gesammelten Daten)
2. Aufbereiten der Informationen (Auswählen und Verdichten)	Fallbericht (als handhabbare Arbeitsgrundlage, aber noch ohne Interpretation; Kommentare gesondert)
3. Analysieren, interpretieren, erörtern (auf der Grundlage des Fallberichts)	Fallanalyse (mit engem Bezug auf den Fallbericht als Beleg)
4. Evtl. vergleichen mit anderen Fällen	Sekundärvergleichsstudie
5. Spezifizierung der Fallstruktur im Wechselzusammenhang des Allgemeinen	Fallrekonstruktion
6. Kumulation und Durchdringung von Einzelfallrekonstruktionen	Typenbildung; Strukturgeneralisierung und Theoriebildung

Die hier genannten Schritte von der Datensammlung bis zur Theoriebildung sind als grobes Orientierungsraster zu verstehen, gehen ineinander über, sind also keineswegs trennscharfe Abschnitte. Entscheidend für qualitative Einzelfallstudien, deren Kreation sich an dem zu untersuchenden empirischen Gegenstand jeweils auszurichten hat und deshalb nicht standardisiert ist, ist das konsequente, einzelfallbezogene, hermeneutische Vorgehen unter strikter Vermeidung subsumtionslogischer, von außen angelegter, fertiger Kategorisierungen. Ein solcher rekonstruktionslogischer Ansatz wird derzeit mit äußerster Konsequenz von Oevermann als objektive Hermeneutik betrieben und findet zunehmend Eingang in die sozial- und erziehungswissenschaftliche Forschung. Die Untersuchungseinheit selber, die jeweils in einem ersten Schritt klar bestimmt werden sollte, kann etwa gebildet sein durch ein bestimmtes Phänomen, eine Einzelperson, ein Ereignis, eine Gruppe, ein Programm, einen Betrieb, eine Tradition, ein System, eine Institution, eine Gesellschaft.

Die Einzelfallstudie ist somit ein komplexer Forschungsansatz, in welchem ein sozialwissenschaftliches Methodenarrangement auf eine Untersuchungseinheit so gerichtet und verlaufsadäquat gestaltet wird, daß eine nichtreduktionistische und aufschlußreiche Gesamtinterpretation ermöglicht wird, die die Ganzheit des Untersuchungsfalls durch Thematisierung ihrer bedeutsamen Elemente wahrt. Ganzheit bezeichnet innerhalb dieser Definition strukturierte bzw. strukturierbare Gegebenheiten, steht im dialektischen Wechselverhältnis zum Einzelnen und bildet eine Eigenschaft komplexer Systeme. „Die *Ganzheit* eines Gegenstandes, sei dieser physikalischer, biologischer oder sozialer Natur, ist immer eine gedankliche Konstruktion. Genaugenommen gibt es keine Grenzen, die irgendeinen Prozeß oder ein Objekt definieren. Jede Variable hängt letzten Endes mit jeder anderen zusammen" (Goode/Hatt 1972, S. 302, Hervorh. im Original).

8.4 Erhebungsmethoden

Je nach Gegenstand, der untersucht werden soll, werden die methodischen Zugänge gewählt, wobei prinzipiell alle Forschungstechniken der Sozialforschung zur Geltung kommen können.[1] Üblicherweise wird für die Einzelfallstudie ein

1 Vgl. zur qualitativen Datenerhebung auch Huber/Mandl 1982, Hofmeyer-Zlotnik 1986, Hopf/Weingarten 1979, Flick et al. 1991.

Methodenpluralismus vorgeschlagen, der dem Postulat der Ganzheit Rechnung tragen und eine gegenseitige Neutralisierung von Schwachstellen einzelner Methoden erlauben soll, somit also eine Art Fehlerminimierungsprogramm darstellt.

V. Alemann/Ortlieb (1975, S. 170 ff.) unterteilen in diesem Zusammenhang für die Einzelfallstudie entsprechende Techniken in acht Großgruppen, die die teilnehmende Beobachtung, die Analyse persönlicher Dokumente, die Verwendung vorhandenen statistischen Materials, Feldstudien, das natürliche Experiment, das Feldexperiment, die systematische Untersuchung von Einzelpersonen und die Fallmethode umfassen. Die geeignete Auswahl der in die qualitative Einzelfallstudie – um die es in der weiteren Darstellung vorrangig geht – einzubeziehenden Methoden bildet einen Prüfstein für die Gültigkeit der gewonnenen Aussagen. Für die innerhalb der Einzelfallstudie eingesetzten Erhebungstechniken, die Methoden im engeren Sinne, ergeben sich aus den genannten Prinzipien die Erfordernisse von Flexibilität, von Variation und fallspezifischer Kombination, um während des Forschungsprozesses von einem ersten Vorverständnis schließlich zu einem ganzheitlichen Fallverständnis und dessen Explikation zu gelangen. Das Methodenarrangement betrifft die Auswahl und Zusammenstellung der Erhebungstechniken, die an drei Methodensträngen nachfolgend exemplarisch behandelt werden.

a) Die Beobachtung

Mit der *Beobachtung* steht ein Instrument zur Verfügung, welches dazu dient, solche Inhalte und Formen gelebter Wirklichkeit zu erfassen, die sich einer direkten ‚Abfragbarkeit' entziehen. Das Spektrum verwertbarer Arten ist äußerst vielfältig, umfaßt ethnologische, sozial- und kulturanthropologische Beobachtungsweisen (i.d.R. Feldbeobachtungen) ebenso wie Laboratoriumsbeobachtungen, experimentelle, anamnestische und diagnostische Beobachtungsdesigns. Dabei gelten arteigene, unterschiedliche ‚Versenkungs-' und Durchführungsbedingungen (die Intensität und Ausgestaltung betreffend) sowie Kontrollbedingungen (die Überprüfungskriterien betreffend) welche je nach Untersuchungsziel und -anlage verschiedenen Gütekriterien unterliegen.

Üblicherweise ist die Unterscheidung zwischen teilnehmender und nichtteilnehmender Beobachtung, die auf die Stellung des Beobachters zum Beobachtungsgegenstand abhebt, zentral. Davon abzugrenzen sind noch einmal die direkte und indirekte Beobachtung (bezogen auf die Stellung des Beobachtungsmaterials zur Wirklichkeit) und die beobachtende Teilnahme.[1] Letztere bringt oftmals eine weitgehende Identifikation des Beobachters mit dem ‚Gegenstand' mit sich und birgt Gefahren eines Rollen-Verlusts etwa durch zu tiefes Eindringen in eine fremde Kultur (z.B. in die der Drogenabhängigen). Schwierigkeiten in der Abstraktion vom Gegenstand (‚over-rapport') oder gar Identitätsprobleme drohen[2]. Im Unterschied zur naiven Beobachtung ist für die wissenschaftliche Observation deren jeweilige theoretische Einbettung maßgeblich. Zu bedenken ist in jedem Fall die durch methodisch kontrollierte Beobachtung für den Untersucher entstehende Komplexität der Anforderungssituation. Diese fordert die sinnliche Wahrnehmungs-, Verarbeitungs- und Interpretationskapazität erheblich und setzt die Schulung darauf abgestimmter Fähigkeiten beim Untersucher voraus.[3]

Die *teilnehmende Beobachtung*[4] gilt als ‚klassisches' Vorgehen der Einzelfallstudie. „Der teilnehmende Beobachter ist in besonderer Weise in der Lage, die häufig geforderte Ganzheit eines Untersuchungsobjekts herauszustellen. Allerdings ist die teilnehmende Beobachtung mit allen Fehlern eines relativ unsystematischen Vorgehens behaftet und verfügt über eine wesentlich weniger weit entwickelte Kunstlehre als die Umfragemethoden" (v. Alemann/Ortlieb 1975, S. 170). Insbesondere in Lebensweltanalysen kommt die teilnehmende Beobachtung[5] zum Tragen, deren bevorzugtes Anwendungsfeld seit langem das Gebiet ‚abweichenden Verhaltens' ist.[6]

---

1 Vgl. König 1973 a, der eine umfangreiche Theorie der Beobachtung vorgelegt hat sowie eine Übersicht über die Beobachtungstechniken gibt.

2 Vgl. als Extrembeispiel für eine ‚Verkafferung' den Bericht von Schneebaum 1971.

3 Vgl. auch Friedrichs 1973 b, Friedrichs/Lüdtke 1977.

4 Vgl. Spradley 1988, auch Kluckhohn 1956 sowie Zeldtich 1979.

5 Vgl. z.B. Honer 1991.

6 Vgl. Becker 1973, Friedrichs 1973 b, Becker/Geer 1979, Girtler 1980; für moralische Fragen am Beispiel kriminologischer Forschung in diesem Zusammenhang vgl. Polsky 1973; für den pädagogischen Bereich vgl. Roth 1983, Merkens 1984; für die Sozial-

b) Die mündliche Befragung (Interview)

Neben dem Einsatz der schriftlichen Befragung ist die mündliche Datenerhebung von Angesicht zu Angesicht die häufigste Form der Datengewinnung in den Sozialwissenschaften, wobei letztere für die qualitative Einzelfallstudie in ihren nichtstandardisierten Varianten von größter Bedeutung ist. Zwei methodisch elaborierte Verfahren liegen mit dem fokussierten und dem narrativen Interview vor, die als offene Befragungsverfahren dem Informanten in der Interviewkommunikation eine relativ eigenständige Gesprächsstrukturierung zubilligen, also keinem rigiden Frage-Antwort-Schema folgen.[1]

Das *fokussierte Interview*[2] ist eine spezifische Variante des Leitfadeninterviews, welches insbesondere auf Situationserlebnisse abhebt. Speziell für Fallstudien etwa in der Wirkungsforschung ist dieses Instrument zur Rekonstruktion subjektiver Erfahrungen geeignet.

Das *narrative Interview* (Schütze 1987) ist in seinen vier Formen (Interaktionsfeldstudie, narratives Experteninterview, Analyse von Statuspassagen, Analyse von biographischen Strukturen) als Erhebungs- und Analyseinstrument im Rahmen der Einzelfallstudie bedeutsam[3]. Es ermöglicht – wie

---

pädagogik/Sozialarbeit B. Müller et al. 1986. Für neue Arbeiten und Diskussionsbeiträge vgl. Aster et al. 1989 sowie Martin/Wawrinowski, die neben einer ‚Beobachtungslehre' (1991) auch Hinweise auf Literatur unterschiedlichster Provenienz in diesem Kontext geben. Für die Feldforschung, aus deren Tradition die qualitative Einzelfallstudie viele Anregungen aufnehmen konnte, ist mit Blick auf die Beobachtung die Arbeit von Whyte (1951) als Klassiker zu nennen (vgl. auch Whyte 1943 sowie Wilson 1977).

1 Zur Diskussion offener und geschlossener Interviews vgl. Kohli 1978 a.

2 Vgl. Merton/Kendall 1979.

3 Für die Verschriftung vgl. Ehlich/Switalla 1976, Ehlich/Rehbein 1979; zu den ‚verstehenden Methoden der Erhebung' vgl. S. Kade 1983, 1990. Zur kritischen Einschätzung des narrativen Interviews vgl. Bude 1985 b, Lenz 1991; für weitere Formen des Interviews, auf die hier nicht im einzelnen eingegangen wird, vgl. König 1973 b; für die qualitative Richtung vgl. u.a. Spöhring 1988; Lamnek 1989; Hopf 1991. Für das problemzentrierte Interview vgl. Witzel 1982, für das biographische Interview Fuchs 1984 sowie für das ExpertInneninterview Meuser/Nagel 1991. Für die Gruppendiskussion in der lebensweltlich orientierten Forschung vgl. auch Behnken 1984.

bereits beschrieben – einen maximal offenen Zugang zu eigenerlebten Erfahrungen und läßt neben dem Nachvollzug subjektiv gemeinten Sinns die Aufdeckung von Tiefenstrukturen zu.[1]

c) Die Gruppendiskussion

Die *Gruppendiskussion*[2] kann als geeignete Methode vor allem dann angesehen werden, wenn Lebens- oder Arbeitsverhältnisse bzw. Erfahrungsfelder untersucht werden sollen.[3] Der zentrale Gedanke für die Verwendung dieser Forschungstechnik liegt darin, daß mittels der Dynamik einer Diskussion durch das gesetzte Thema, von dem normalerweise alle an dem Gespräch Beteiligten betroffen sind, durch die Schaffung einer ‚Enthüllungs-Atmosphäre' (Kromrey) und durch eine wechselseitige Anregung „das wesentlich Gemeinte zur Sprache [kommt]; unterstützt wird dies durch die höhere Realitätsnähe der Situation und die Spontaneität der Äußerungen" (Dreher/Dreher 1991, S. 186[4]).

d) Das Experiment

Neben dem Laborexperiment, welches insbesondere in psychologischen Feldern (z.B. in Gestalt- bzw. Gedächtnispsychologie, Feld-, Entwicklungs-, Wahrnehmungs-, Sozial- und Tierpsychologie) entwickelt wurde, lassen sich Gedankenexperiment und Ex-post-facto-Experiment (Katastrophenforschung) nennen.[5] „Für die Einzelfallstudie dürfte aus diesem Bereich wohl nur das *Feldexperiment* von Bedeutung sein, und dies auch nicht als spezifische Forschungstechnik, sondern als übergreifende Untersuchungsanordnung: mehrere Fallstudien, bei denen jeweils (nur) ein Faktor, d.h. ein bestimmtes Merkmal des untersuchten Falls geplant verändert wird, werden im Rahmen eines Feldexperiments verglichen" (Heiligenmann 1989, S. 182, Hervorh. im Original).

---

1 Vgl. dazu Kap. III.3. in dieser Arbeit.

2 Vgl. Mangold 1960, 1967, Niessen 1977, Krüger 1983.

3 Zur Unterscheidung von Gruppeninterview, Gruppenexperiment und Gruppendiskussion sowie zur Diskussion von Vor- und Nachteilen der Methode vgl. Volmerg 1977, Kromrey 1986.

4 Vgl. auch dies. 1982.

5 Vgl. dazu wie auch zum explorativen oder qualitativen Experiment Kleining 1991.

Schaubild 10: Verlaufsmodell einer Gruppendiskussion[1]

1. Formulierung bzw. Präsentation eines ‚Grundreizes'	
Art:	Z.B. in Form eines Statements, eines Filmausschnitts, eines Dias
Funktion:	‚Aufhänger' für die Diskussion.
Bedingung:	Kommunizierbarkeit des Themas und Eröffnung von Partizipationschancen für alle Akteure. Herstellung eines Zusammenhangs für das gesamte Projekt.
2. Einleitung und Steuerung des (forschenden) Sachgespräches	
Art:	‚Freundlich-neutral-flexibel'.
Funktion:	Formale Gesprächslenkung (Verhinderung von Selbstdarstellungen und Abschweifungen).
Bedingung:	Erzeugung einer ‚freimütigen Diskussionsatmosphäre' bzw. eines ‚Enthüllungs- und Offenlegungsklimas'.
3. Aufrechterhaltung und Steigerung der Gruppendiskussion	
Art:	Freundlich bestimmt, teils provozierend.
Funktion:	Ergebnisorientierte sachhaltige Lenkung. – Präsentation und Konfrontation von Positionen und Gegenpositionen. – Formulierung von ‚Reizargumenten' die aus den Positionen selbst stammen bzw. wie der ‚Grundreiz' einem thematisch strukturierten Leitfaden entlehnt sind.
Bedingung:	‚Vernunftbegabte' Gesprächsleitung, die es versteht, das in Rede stehende Problem systematisch aus verschiedenen Blickwinkeln zu thematisieren und zu strukturieren.
4. Bilanzierung der Gruppendiskussion	
Art:	Nüchterne ‚Bilanzlegung' der Standpunkte
Funktion:	Ergebnisfixierung in wesentlichen Punkten. – Zusammenfassung von Auffassungen. – Bündelung der Ergebnisse zu Schwerpunkten. – Eventuell Erzeugung eines Verständigungsprozesses. – Abschluß der Gruppendiskussion.
Bedingung:	Sachhaltige Gesprächsleitung. Falls eine Intervention zugunsten einer Annäherung von Standpunkten beabsichtigt ist, kann evtl. die Methode des sokratischen Gesprächs eingesetzt werden.[2]

1 Vgl. Kromrey 1986, S. 126 ff.
2 Vgl. dazu Heckmann 1981, Krohn et al. 1990.

Ein Beispiel für den Einsatz des Feldexperiments findet sich bei Hildenbrand (1979, S. 157 ff.) in dessen Untersuchungen zur sozialen Organisation von Handlung, Leiblichkeit und Sprache in Familienzusammenhängen.[1] Eine Methodologie für die genannten Formen des Experimentierens besteht von Fall zu Fall mehr oder weniger ausgereift; allerdings ist für Einzelfallstudien eine Systematisierung bislang noch nicht hinreichend geleistet worden. Gut ausgearbeitet ist demgegenüber die Methode des Krisenexperiments in der ethnomethodologischen Forschung, welche in die Einzelfallanalyse ebenfalls Eingang finden kann.[2]

8.5 Auswertungsmethoden

Die Auswertungsmethoden im Rahmen qualitativer Einzelfallstudien sind als hermeneutische Operationen zu verstehen, mit denen ein prinzipiell unabschließbarer Interpretationsprozeß verbunden ist, dessen Abschluß nur pragmatisch, nach Ausschöpfung des wissenschaftlichen Diskurses erfolgen kann. Im Unterschied zur positivistischen Forschung, die die Erklärung statistischer Zusammenhänge anstrebt und die innerhalb dieses umgrenzten Raumes streng definierten Gütekriterien unterworfen ist, stehen in der qualitativen Forschung nicht technokratische Interpretations- und Prüfweisen dafür ein, die Ergebnisse zu sichern. Mit dem von Volmerg (1988, S. 237) formulierten Kriterium der Nachvollziehbarkeit, welches mit der exoterischen Dokumentation des Interpretationsprozesses einhergeht, ist ein zentrales Merkmal der qualitativen Forschung mit Blick auf die Ergebnispräsentation charakterisiert. Die Mitteilung des Resultats der Gedankengänge und deren nachvollziehbare Deutung bildet allerdings auch eine der Schwierigkeiten bei der Ergebnisvermittlung.[3]

---

1 Für die spezifische Rolle des Experimentes in der erziehungswissenschaftlichen Forschung sowie für die experimentelle Pädagogik, auf die an dieser Stelle nicht eingegangen werden soll, vgl. Benner 1978, auch Huschke-Rhein 1987.

2 Vgl. zusammenfassend Gstettner 1984, in diesem Zusammenhang auch Psathas 1973, Weingarten et al. 1976, Eberwein 1987.

3 Vgl. hier auch Wolff 1987, Reichertz 1988.

Die hermeneutische Kunstlehre zielt gerade darauf, „den Gedanken, und nicht die eigene Stilkunst, vorzuführen“ (Gadamer 1985, S. 167). Elaborierte Auswertungsverfahren sind neben dem schon benannten von Schütze vor allem die objektive Hermeneutik Oevermanns, die psychoanalytische Textinterpretation[1] sowie die Akten-, Biographie- und Konversationsanalyse, die weitere Möglichkeiten bieten, welche, ohne auf Gütekriterien qualitativer Forschung näher einzugehen, im folgenden benannt werden. Gemeinsam ist diesen Auswertungsstrategien – allerdings in unterschiedlicher Gewichtung – das *sequentielle Vorgehen* im Rahmen der Textinterpretation, der *konkrete Einzelfallbezug* sowie das *nichtstandardisierte Vorgehen*[2].

Die Akten- bzw. Dokumentenanalyse richtet sich auf „alle vergegenständlichten Zeugnisse menschlichen Handelns und Erlebens: Texte, Bilder bzw. Filme, Objekte, Spuren aller Art“ (Ballstaedt 1982, S. 165). Für die Sozialarbeitsforschung ist die Aktenanalyse als Einzelfallstudie von S. Müller (1980) besonders klar herausgearbeitet worden.[3] Die qualitative Aktenanalyse bezieht sich vorrangig auf die Rekonstruktion von Fällen.

Die *Inhaltsanalyse,* deren Gegenstand jegliche fixierte Art menschlicher Interaktion ist[4], wird in ihrer qualitativen Variante zur Auswertung sprachlichen Materials bei Mayring (1983) beschrieben.[5]

Die *Biographieanalyse* im Rahmen der biographischen Methode bzw. biographischen Forschung ist keine einheitliche Methode und wird in Einzelfallstudien auf unterschiedlichste Weise eingesetzt.[6]

---

1 Vgl. u.a. Volmerg 1988.

2 Für die Diskussion von Gütekriterien qualitativer Forschung vgl. Kleining 1982, Küchler 1983, Lüders/Reichertz 1987, auch Klauss 1991; für Einzelfallstudien Heiligenmann 1989; aus psychologischer Sicht vgl. Flick 1987, 1990; vgl. auch R. Lehmann 1983).

3 Vgl. H. W. Müller/S. Müller 1984, auch Lukas 1978, Deutscher Verein 1990, Kraimer 1992.

4 Vgl. Lisch/Kriz 1978.

5 Vgl. auch Krakauer 1972, Merten 1982, Merten/Ruhrmann 1982, auch Risert 1972, Weymann 1973.

6 Vgl. Baacke/Schulze 1979, Kohli 1981, Matthes et al. 1981, Schütze 1982, 1983, Fischer 1984, Fuchs 1984, Brose/Hildenbrand 1988, Brose 1990, Helsper et al. 1991, Bahrs et al. 1993.

Die *Konversationsanalyse*[1] läßt sich für die Einzelfallstudie nutzbar machen, wenn es um die Rekonstruktion sprachlicher Handlungen geht[2]. Im Rahmen seiner ethnographischen Einzelfallstudie einer Familie gibt Hildenbrand ein Beispiel für die konversationsanalytische Untersuchung sprachlicher Disqualifikationsprozesse in Verbindung mit der Komponentenanalyse, die sich auf die Begriffssysteme zur Ordnung der Erfahrungswelt beziehen.[3] Grundsätzlich empfiehlt sich bei verbalen Daten der Abgleich mit objektiven Daten, sofern diese zuhanden sind.

8.6 Die Einzelfallstudie: ein Beispiel

Die Ausgestaltung der Einzelfallstudie vollzieht sich – grob skizziert – mit Blick auf die vorgestellte Systematisierung (Schritte 1-6 des Schaubilds 9 in Kap. III.8.3. dieser Arbeit) wie folgt: Die *‚Feldforschung‘* (1. Schritt) wird im Anschluß an theoretische Überlegungen zum Forschungsdesign sowie unter Einbezug forschungsökonomischer Abwägung der vorhandenen finanziellen und personellen Ressourcen durchgeführt. In ihrer Untersuchung zum Thema ‚Jugendliche Außenseiter‘ (Helsper/Müller/Nölke/Combe 1991), die als Einzelfallstudie durchgeführt wurde, setzen die Autoren methodisch die objektive Hermeneutik (Oevermann) sowie die Biographieanalyse (Schütze) ein.[4]

Diese Studie von Helsper et al., mit der sich ein methodologischer Neuansatz der Jugendforschung verbindet, soll hier exemplarisch für *ein* mögliches Design einer Einzelfallstudie in der sozial- und erziehungswissenschaftlichen Forschung herangezogen werden. Narrative Interviews, von denen zehn analysiert, sieben als Fallstudien näher dokumentiert wur-

1 Vgl. Kallmeyer/Schütze 1975, 1976, Wolff 1986.

2 Vgl. für die erziehungswissenschaftliche Forschung Marotzki 1989.

3 Vgl. Hildenbrand 1983, S. 161 ff.; für die *Interviewanalyse* vgl. neben den bereits gegebenen Hinweisen u.a. zur Auswertung bei Helsper et al. 1991, auch Cremers/Reichertz 1980, Mühlfeld et al. 1981, Südmersen 1983, Schütze 1976 a, 1983, Haupert 1991, Meuser/Nagel 1991.

4 Vgl. hier auch Combe/Helsper 1991.

den, dienten zur Datenerhebung. In diesem Projekt, in dem es um gescheiterte Bildungs- und Ausbildungskarrieren Jugendlicher ging, wurden – sofern sich dies realisieren ließ – narrativ-biographische Einzelinterviews mit Heranwachsenden, ansonsten offene biographische Interviews situationsflexibel durchgeführt. In mehreren Fällen wurde acht bis vierzehn Tage später ein offenes Gespräch als ‚Nachfrageinterview' geführt. Das ‚Fallmaterial' ist die Verschriftung der mitgeschnittenen Interviews und dazugehöriger Gedächtnisprotokolle.

Das *‚Aufbereiten der Informationen'* (2. Schritt) geschieht zunächst in der Forschungsgruppe, wobei Einschätzungen zu jeweiligen Interviews ohne strikten Begründungszwang möglichst spontan erfolgen. In der anschließenden Diskussion schildert der Interviewer seine Eindrücke vom Befragten. Diese erste Auswertungssitzung sensibilisiert für die nächsten Aufgaben, ohne diese allerdings streng zu strukturieren. Das Ergebnis ist ein Fallbericht, der in *die Analyse* (3. Schritt) eingeht. „Die Fallinterpretation wird dann mit der *Analyse der ‚objektiven' Daten* zur Familiengeschichte und Biographie des Befragten fortgesetzt. Die Interpretationsarbeit ist dabei jeweils eine Kombination von kollektiver und individueller Arbeit. Die Interpretationen der Gruppe werden in der Regel auf Tonträger aufgenommen und sind Grundlage für die anschließende individuelle Arbeit. Nach unserer Erfahrung reicht es in der Regel nicht aus, wenn die Gruppeninterpretation lediglich protokolliert wird. Die Interpretation muß vielmehr (auch bei sorgfältiger Interpretationsarbeit der Gruppe) in der individuellen Aufarbeitung an vielen Stellen erweitert und korrigiert werden. Nach der Analyse der objektiven Daten wird dann in der Interpretationsgruppe der Interviewanfang mit dem sequenzanalytischen Verfahren der objektiven Hermeneutik analysiert. Dies hat die Funktion, den Rahmen zu analysieren, in dem die Befragung stattfand, d.h. am Anfang des Interviews richtet sich eine Situation ein, die in ihrer Struktur den weiteren Verlauf mitprägt. Zu dieser Rahmung gehört auch die Beziehung zwischen dem Befragten und seinem Interviewer mit ihren diffusen und spezifischen Aspekten [. . .]. Nach der Analyse dieses Interviewanfangs beginnen wir mit der *strukturell-inhaltlichen Beschreibung der Haupterzählung,* die ebenfalls eine Kombination von Gruppeninterpretation und individueller Arbeit ist. Daran schließt sich die Rekonstruktion der biographischen Gesamtformung an, die auf den inhaltlichen Ergebnissen der strukturell-inhaltlichen Beschreibung aufbaut. Zu einzelnen Ausschnitten aus dem ersten Interview und aus dem zweiten Interview werden ferner weitere Sequenzanalysen nach der Methodik der objektiven Hermeneutik durchgeführt, um Strukturhypothesen zu entwickeln und zu prüfen“ (Müller in Helsper et al. 1991, S. 69, Hervorh. im Original).

Der Vergleich *mit anderen Fällen* (4. Schritt) erfolgt in einer ersten Kontrastierung, in welcher die Ergebnisse der Einzelanalysen in Beziehung zueinander gesetzt und zusammengefaßt werden. Die *Spezifizierung der Fallstruktur im Wechselzusammenhang des Allgemeinen* (5. Schritt) geschieht zunächst als fallinterne Kontrastierung im Aussagenvergleich unterschiedlicher Methoden oder in bezug auf verschiedene Lebensbereiche.

Eine erste Phase beinhaltet das Bemühen um die Verfolgung sehr unterschiedlicher Interpretationslinien, die dem Einzelfall gerecht werden, eine zweite Phase dient der Entwicklung von Konzepten, die für den Einzelfall zentral sind und gleichzeitig den Fallvergleich ermöglichen. „Nach Geertz kann für einen Aussagezusammenhang um so mehr Gültigkeit beansprucht werden, je ausführlicher er durch diese Kontrastierungsverfahren ‚verdichtet‘ wurde“ (Müller in Helsper, a.a.O., S. 70[1]). Als Ziel der fallinternen Kontrastierung gilt die Entdeckung von Mustern, in denen fallrelevante Aspekte vielfach deutlich werden. Müller verweist auf Zitate aus den Interviews, in denen sich dieses Muster manchmal schon finden läßt, wobei der objektive Bedeutungsgehalt den Befragten normalerweise nicht präsent ist.

Auch das von Volmerg beschriebene Verfahren der Kernsatzfindung[2] folgt dieser Interaktionslogik. Neben der Se-

---

1 Vgl. auch Geertz 1973.

2 Kernsätze sind ‚natürliche Verallgemeinerungen‘ die sich im erhobenen Datenmaterial (etwa in Gruppendiskussionen oder Interviews) identifizieren lassen. Es handelt sich dabei sozusagen um verdichtete ‚Lebensweisheiten‘. Volmerg nennt den Kernsatz ‚Gutheit ist Dummheit‘ als Beispiel (1988, S. 246). Auch die Selbstdefinition von Befragten in biographischen Interviews wie z.B. die Äußerung „Ich bin ein Bauernbub“ (vgl. Haupert/Kraimer 1991 a) ließe sich mit der Methode der Kernsatzfindung bearbeiten.

quenzanalyse anhand exemplarisch ausgewählter Textpassagen (‚vertikale' Hermeneutik des Besonderen) wird eine umfassende ‚horizontale' Hermeneutik mit dieser so kombiniert, daß Komplexität und Kontext des Falls erhalten bleiben, gleichzeitig aber ‚natürliche Verallgemeinerungen' gefunden werden. In einem weiteren Schritt, dessen Ergebnis die Strukturgeneralisierung ist[1] und der durch *Kumulation und Durchdringung von Einzelfallrekonstruktionen* gekennzeichnet ist *(Schritt 6)* vollzieht sich die Typenkonstruktion und die jeweilige Theorieentwicklung.

Der Entwicklung von Theorien durch fallspezifische Dateninterpretationen, der ‚grounded theory' wie sie von Glaser/Strauss[2] entwickelt wurde, schließen sich Helsper et al. an. „Bei der Entwicklung der theoretischen Hypothesen und Erklärungen durch den Vergleich von Einzelfallstudien (nach Glaser/Strauss ‚grounded theory' im Unterschied zur ‚formal theory') folgen wir zunächst dem Prinzip der maximalen Kontrastierungen. Maximal kontrastieren Fälle, die zwar unter bestimmten Aspekten vergleichbar sind, sich in einer anderen Dimension aber stark unterscheiden. [. . .] Welche Kontrastierungen ausgewählt werden, ist auch abhängig von der Forschungsfragestellung und den wissenschaftlichen Interessen der Interpreten. Aber auch hier gilt wie bei der fallinternen Kontrastierung, daß zunächst möglichst viele Richtungen der Interpretation eingeschlagen werden sollen. Erst in einer späteren Phase des Kontrastierungsprozesses werden dann die zentralen theoretischen Konzepte herausgearbeitet und die Typen konstruiert. Das Ziel ist dabei die Entwicklung von Theorien, die allgemein genug sind, um eine größere Anzahl von Einzelfällen zu erfassen, dabei aber so spezifisch bleiben, daß sie für einen Einzelfall noch genügend Erklärungskraft besitzen" (1991, S. 71).

Eine solche gegenstandsnahe Theoriebildung entspricht dem Vorgehen von Glaser und Strauss mit den Elementen der Gegenstands- bzw. Datenbegründetheit und der relevanten Erklärungs- und Prognosekraft. Erst im Durchgang durch

1 Vgl. hier insbesondere Oevermann 1981 b; vgl. auch z.B. die Untersuchung betrieblicher Lebenswelten bei Volmerg et al. 1986; vgl. ferner Volmerg 1988, auch Krüger 1983, Oevermann 1988, Brose 1990, Eckart 1990.

2 Vgl. Strauss 1987, 1991.

mehrere gegenstandsbezogene Theorien läßt sich im Forschungsprozeß demnach schließlich eine formale Theorie mit genereller Aussagekraft formulieren[1].

8.7 Ergebnisse und offene Fragen

Mit Einzelfallstudien bzw. deren Ergebnissen, die sich materialisieren in Typenbildungen, Fallrekonstruktionen und Strukturgeneralisierungen[2], soll die Theoriebildung vorangetrieben werden. Legt man das strenge Kriterium der theoretischen Innovation konsequent in der Analyse der Forschungspraxis an, zeigen sich dort allerdings für qualitative Einzelfallstudien noch gravierende Mängel und Desiderate.[3]

Ganz zu schweigen ist von Studien, die lediglich zu derart schwachen Paraphrasierungen kommen, daß die Lektüre des

---

1 Vgl. auch Glaser/Strauss 1979. Weitere Möglichkeiten zur Typenbildung und Theorieentwicklung finden sich z.B. bei Gerhardt 1991; vgl. in diesem Zusammenhang auch Hempel 1965, Soeffner 1986. Für die Kombination und Variation qualitativen und quantitativen Materials vgl. die klassische Studie von Jahoda et al. 1978 (zuerst 1933), die nicht wie hier für Einzelfallstudien vorgeschlagen mit einer Theorie, sondern mit Leitformeln abgeschlossen wird (vgl. auch Jahoda 1991). Für die induktive Typenbildung nach Peirce vgl. Grathoff 1989; für kontrastierende Fallanalysen vgl. Becker et al. 1987. Für ein typengenerierendes Verfahren mit Hilfe der dokumentarischen Methode vgl. Bohnsack 1992. Zur Entwicklung von Familientypen vgl. Hildenbrand 1992, S. 62 ff. Eine Darstellung der alltagsweltlichen und wissenschaftlichen (Ideal-)Typenbildung findet sich bei Stober 1990, S. 115 ff. Vgl. auch Caselmanns klassische Lehrertypologie (1949), hier auch den Beitrag zur Typologik von Heyde 1952 sowie die typologische Studie zu Lehreridentitätstypen von Hirsch 1990. Zu einer Typologie menschlichen Handelns im Kontext der Sozialpädagogik vgl. Rauschenbach/Treptow 1984, die dabei die von Habermas begründete Unterscheidung von kognitiv-instrumenteller, strategisch-zweckrationaler und verständigungsorientiert-kommunikativer Rationalität zugrundelegen. Zu einer Typologie von Lebensereignissen vgl. Hoerning 1987.

2 Vgl. hier vor allem Oevermann 1993.

3 Für eine Zwischenbilanz biographischer Studien zur Jugendphase vgl. z.B. Fuchs-Heinritz 1990, für die Biographieforschung Nittel 1991.

ursprünglichen Fallmaterials (sofern dieses überhaupt dokumentiert ist) ergiebiger ist, als der das Alltagswissen verdoppelnden und oftmals befremdlich wirkenden Interpretation zu folgen. Viele Einzelfallstudien leiden darunter, daß die analytische Durchdringung des Materials zu wenig geleistet wird, daß eine ‚weite' Beschreibung erfolgt (statt eine ‚dichte Beschreibung' zu leisten), daß also bestenfalls grobe Falldokumentationen entstehen, die in eine Reihung („noch ein Fall von") gebracht werden. Solche Arbeiten verfehlen den Anspruch von Einzelfallstudien und tragen wenig zur Theorieentwicklung bei.

Nicht so in dem hier herangezogenen Beispiel: Helsper, Müller und Nölke kommen zu in sich stimmigen Interpretationen sowie zu Ergebnissen, die u.a. in dem empirischen Nachweis einer mangelhaften Professionalisierung pädagogischer Berufe und der Prozedierung und Verstärkung abweichenden Verhaltens durch öffentliche Erziehung liegen. Gleichwohl ergeben sich für die Strukturgeneralisierung und Theoriebildung noch Schwächen, die allerdings selbstkritisch von den Autoren offengelegt und vor allem in den Grenzen des biographieanalytischen Ansatzes gesehen werden – vor allem dann, wenn lediglich, wie geschehen, nur eine Methode zur Datenerhebung eingesetzt wird.

Ein Beispiel, wie qualitative Forschung die Theorieentwicklung sichert, gibt Brose (rund 60 biographische Interviews mit Zeitarbeitnehmern sind die Datengrundlage). Er stellt ein zweistufiges Verfahren vor, mit dem es möglich wird, „eine Typologie zu entwickeln, die nicht nur die Zuordnung der einzelnen Fälle unserer Untersuchung zu Typen gestatten und sie damit untereinander auch in eine Beziehung setzt; wir haben mit dieser Typologie auch – und zwar in einer Konstruktionslogik – die Absicht verfolgt, die Typen unserer Untersuchungsgruppe in einer kontrollierbaren Weise mit typischen berufsbiographischen Konstellationen in anderen Populationen vergleichbar zu machen" (Brose 1990, S. 183). Brose gelingt es, die rekonstruierten Typen (Passionstyp, Produktivitätstyp, Projekttyp, Trajekttyp) als ‚clear cases' zu identifizieren, inhaltlich dicht zu beschreiben und in den Kontext der Theoriebildung berufsbiographischer Forschung zur sozialen Differenzierung und zum institutionellen Wandel zu integrieren.

Eine weitere Untersuchung, die als mustergültig für den Einsatz qualitativer Forschung gelten kann, ist die schon mehrfach genannte Studie von Hildenbrand (1991). Dieser Autor spricht übrigens in Abgrenzung zur ‚Einzelfallstudie' bewußt von ‚fallrekonstruktiver Forschung', um den beschriebenen Mißverständnissen, die der Terminus Einzelfallstudie immer wieder erzeugt, vorzubeugen. In der fallrekonstruktiven Sozialforschung wird – so Hildenbrand – die Wirklichkeit theoriebildend gestaltet. „In der fallrekonstruktiven Sozialforschung findet [. . .] nicht empirische Generalisierung, d.h. die Subsumtion eines Individuellen unter ein Allgemeines, statt, sondern *Strukturgeneralisierung.* Entscheidend für die Verallgemeinerung von empirischen Befunden ist hier nicht, ob eine für statistische Aussagen hinreichend große Anzahl von Fällen untersucht wurde, sondern entscheidend ist die Frage, ob es in der jeweiligen Fallrekonstruktion gelungen ist, die Dialektik von Allgemeinem und Besonderem herauszuarbeiten [. . .]. Die Strukturierungsgesetzlichkeit, die einem individuellen Fall zugrunde liegt, ist jenes Muster, das die Geschichte des Falls als die Geschichte seiner Entscheidungen insgesamt kennzeichnet. Das bedeutet, daß wir dem Fall keine Statik unterlegen in dem Sinne, daß eine einmal gebildete Fallstruktur konstant bleibt und unabänderlich die weitere Fallgeschichte bestimmt. Im Gegenteil: Der hier benutzte Strukturbegriff schließt den Prozeß notwendig ein. Strukturen konstituieren sich im Prozeß, sie transformieren sich und sie werden überschritten. Neues geschieht. Genau dies macht die Geschichtlichkeit eines jeden Falls aus. Wenn Fälle miteinander kontrastiert werden, dann dient dies zum einen dazu, den einzelnen Fall in seiner Strukturierungsgesetzlichkeit präzise herauszuarbeiten, zum anderen dazu, über die Rekonstruktion allgemeiner Strukturen des Sozialen hinaus den historischen Spielraum in seiner Breite erfassen zu können" (a.a.O., S. 52, Hervorh. im Original).

Das Verfahren der Datenerhebung wurde von Hildenbrand mit wachsender Erfahrung im Prozeß des Forschens ökonomisiert und auf die Erhebung jeweils *eines zentralen Familiengespräches* in dem untersuchten Fall beschränkt. In Kombination mit ‚objektiven', sozialbiographischen Daten und einem eventuellen zweiten Gespräch ergibt sich somit genügend Material, um die Rekonstruktion der Fallstruktur einer Familie zu gewährleisten. Eine Orientierung an der ‚Dramaturgie‘ narrativer Interviews ist dabei nach Hildenbrand (der hier Oevermann folgt) überflüssig, da eine ausreichende Stimulierung gewährleistet sei, wenn die Interviewer als ‚interessierte Fremde‘ aufträten. Die Fallrekonstruktion vollzieht sich sequenzanalytisch – inspiriert durch die objektive Hermeneutik – in Anlehnung an die von der ‚grounded theory‘ übernommene Technik des Memo-Schreibens.[1] Den Abschluß der Fallrekonstruktion bildet die Entwicklung einer integrierten Fallstrukturhypothese. Neben der Theorieentwicklung wird durch das skizzierte Vorgehen bei Hildenbrand auch die Weiterbildung von therapeutischem Personal möglich, wobei Untersuchung und Beratung zu recht streng getrennt werden, weil beide Handlungstypen unterschiedlichen ‚Logiken‘ folgen.[2]

Diese Unterscheidung spiegelt die in der vorliegenden Arbeit betonte Notwendigkeit der Herausbildung verschiedener Kompetenzformen in der Sozialen Arbeit noch einmal wider. Sowohl die wissenschaftliche als auch die berufliche Kompetenz gewinnt durch die fallrekonstruktive Forschung.

Anschlußfähige Studien liegen für die Soziale Arbeit, in der qualitative Einzelfallstudien weiterzuentwickeln sind, neben erziehungswissenschaftlichen Arbeiten – etwa in der Kasuistik und Biographieforschung – somit insbesondere in der Soziologie vor.[3] Wünschenswert wäre eine stärkere Einbindung der interdisziplinären, fallrekonstruktiven Forschung in die Soziale Arbeit; eine zentrale Frage hierbei bleibt, wie die Habitusbildung[4] im Rahmen des Studiums gestaltet werden kann.

---

1 Vgl. dazu auch Strauss 1991.

2 Zu einem fallrekonstruktiven Vorgehen, welches ebenfalls zahlreiche Anknüpfungspunkte für weitere Arbeiten enthält, vgl. Nagel 1991,für die Jugendforschung vgl. Fuchs-Heinritz 1990, Combe/Helsper 1991,für die Analyse von Gruppeninteraktionen vgl. Matthes-Nagel 1986.

3 Aus der medizin-soziologischen Forschung vgl. z.B. Schneider 1987, Gerhardt 1991, Strauss 1991,aus der berufsbiographischen Forschung vgl. Bohnsack 1989, Haupert 1991,aus der familiensoziologischen und psychiatrischen Forschung vgl. Hildenbrand 1979, 1983, 1984, Riemann 1987, Lüders 1991 b. Auch innerhalb der pädagogischen Disziplinen finden sich – wie für die Jugendforschung gezeigt – solche Ansätze (für die Biographieforschung vgl. vor allem Nittel 1991,für die Erwachsenenbildung vgl. Kade 1985 a, b, 1993).

4 Vgl. Koring 1989, 1990.

Mit der Erweiterung des Methodenkanons, der Verfeinerung von Erhebungs- und Interpretationsverfahren sowie der Bündelung einzelner Methoden in eine ganzheitliche Schauweise verhilft die lebensweltliche Konzeption zur Förderung und Unterstützung des Sozialen.

Qualitative Einzelfallstudien in einer lebensweltlichen Konzeption können einerseits dazu beitragen, Soziale Arbeit als Profession und als Wissenschaft entwicklungsfähig zu halten; andererseits erbringen sie den notwendigen Zugewinn an *arteigener Wissensbasis,* die unverzichtbar ist, wenn eine kundige, am Subjekt interessierte und an der Lebenswelt orientierte Assistenz geleistet werden soll.

Das eingangs beschriebene, objektiv vorhandene Defizit im sozialen Bereich birgt daher auch Möglichkeiten, die Soziale Arbeit im Zuge ihres notwendigen Ausbaus entsprechend der hier aufgezeigten lebensweltlichen Konzeption zu gestalten und weiterzuentwickeln.

Literatur

Acham, K.: Diltheys Beitrag zur Theorie der Kultur- und Sozialwissenschaften. In: Dilthey-Jahrbuch für Philosophie und Geschichte der Geisteswissenschaften. Bd. 3. Göttingen 1985, S. 9-51.

Adorno, T. W.: Erziehung zur Mündigkeit. Vorträge und Gespräche mit Helmut Becker 1959-1969. Frankfurt a. M. 1979.

Adorno, T. W.: Minima Moralia. Reflexionen aus dem beschädigten Leben. Frankfurt a. M. 1982.

Adorno, T. W.: Theorie der Halbbildung. In: Horkheimer, M./ Adorno, T. W.: Sociologica. Reden und Vorträge. Frankfurt a. M. 1984, S. 168-192.

Ahrens, S.: Außenseiter und Agent. Der Beitrag des Labeling-Ansatzes für eine Theorie abweichenden Verhaltens, Stuttgart 1975.

Alemann, H. v.: Der Forschungsprozeß. Stuttgart 1977.

Alemann, H. v./Ortlieb, P.: Die Einzelfallstudie. In: Kollwijk, J. v./ Wienken-Mayser, M. (Hrsg.): Techniken der empirischen Sozialforschung. Bd. 2. München, Wien 1975, S. 151-177.

Alisch, L.-M./Rössner, L.: Grundlagen der Sozialarbeitswissenschaft und sozialarbeitswissenschaftlichen Forschung. Braunschweig [2]1990.

Arbeitsgruppe Bielefelder Soziologen (Hrsg.): Alltagswissen, Interaktion und gesellschaftliche Wirklichkeit. 2 Bde. Reinbek 1973.

Arbeitsgruppe Bielefelder Soziologen: Kommunikative Sozialforschung. München 1976.

Arbeitsgruppe Schulforschung: Leistung und Versagen. Alltagstheorien von Schülern und Lehrern. München 1980.

Ariès, P.: Geschichte der Kindheit. München, Wien 1976.

Arnold, R.: Der Deutungsmusteransatz. Eine Analyse seiner theoretischen, metatheoretischen und methodologischen Bezüge. In: Zeitschrift für Pädagogik 29 (1983), H. 6, S. 893-912.

Arnold, R.: Deutungsmuster und pädagogisches Handeln in der Erwachsenenbildung. Bad Heilbrunn/Obb. 1985.

Aster, R. et al. (Hrsg.): Teilnehmende Beobachtung. Werkstattberichte und methodologische Reflexionen. Frankfurt a. M., New York 1989.

Atteslander, P.: Methoden der empirischen Sozialforschung. Berlin, New York 1975.

Auckenthaler, A.: Klinische Einzelfallforschung. In: Flick, U. et al. (Hrsg.): Handbuch Qualitative Sozialforschung. Konzepte, Methoden und Anwendungen. München 1991, S. 260-263.

Aufenanger, S.: Am Fall Lernen – Sozialpädagogische Kasuistik. In: Ammann, W. et al. (Hrsg.): Pädagogik: Theorie und Menschlichkeit. Festschrift für Enno Fooken zum 60. Geburtstag. Oldenburg 1986, S. 233-242.

Aufenanger, S.: Entwicklungspädagogik. Die soziogenetische Perspektive. Weinheim 1992.

Aufenanger, S. (Hrsg.): Neue Medien – Neue Pädagogik? Ein Lese- und Arbeitsbuch zur Medienerziehung in Kindergarten und Grundschule. (Schriftenreihe der Bundeszentrale für politische Bildung. Bd. 301.) Bonn 1991.

Aufenanger, S./Lenssen, M. (Hrsg.): Handlung und Sinnstruktur. Bedeutung und Anwendung der objektiven Hermeneutik. München 1986.

Baacke, D.: Ausschnitt und Ganzes. Theoretische und methodologische Probleme bei der Erschließung von Geschichten. In: Baacke, D./ Schulze, T. (Hrsg.): Aus Geschichten lernen. Zur Einübung pädagogischen Verstehens. München 1979, S. 11-50.

Baacke, D./Kübler, H.-D.: Qualitative Medienforschung. Tübingen 1989.

Baacke, D./Sander, U./Vollbrecht, R.: Lebensgeschichten sind Mediengeschichten. Bd. 2: Lebenswelten Jugendlicher. Opladen 1990.

Baacke, D./Schulze, T. (Hrsg.): Pädagogische Biographieforschung. Orientierungen, Probleme, Beispiele. Weinheim, Basel 1985.

Bahrs, O./Frede, W./Litzba, R.: ‚Ist ja schon mal, das erste Mal, mit 14 Jahren' – Lebensgeschichte in standardisierter und biographischer Befragung. In: Garz, D./Kraimer, K. (Hrsg.): Die Welt als Text. Frankfurt a. M. 1994.

Ballauf, T.: Systematische Pädagogik. Heidelberg ^{3}1970.

Ballstaedt, S. P.: Dokumentenanalyse. In: Huber, G. L./Mandl, H. (Hrsg.): Verbale Daten. Weinheim, Basel 1982, S. 165-176.

Baron, R./Landwehr, R.: Geschichte der Sozialarbeit. Weinheim, Basel 1983.

Bartlett, H. M.: Grundlagen beruflicher Sozialarbeit. Integrative Elemente einer Handlungstheorie für Sozialarbeiter/Sozialpädagogen. Freiburg i. Br. 1979.

Beck, U.: Risiko-Gesellschaft. Frankfurt a. M. 1986.

Becker, C. et al.: Kontrastierende Fallanalysen zum Wandel von arbeitsbezogenen Deutungsmustern und Lebensentwürfen in einer Stahlstadt. In: Umbrüche. Studien des Instituts für Empirische Kultursoziologie. Bd. 1. Universität Dortmund 1987.

Becker, H. S.: Außenseiter. Zur Soziologie abweichenden Verhaltens. Weinheim, München 1973.

Becker, H. S./Geer, B.: Teilnehmende Beobachtung: Die Analyse qualitativer Forschungsergebnisse. In: Hopf, C./Weingarten, E. (Hrsg.): Qualitative Sozialforschung. Stuttgart 1979, S. 139-166.

Behnken, I.: Jugendbiografie und Handlungsforschung. Gruppendiskussion als Methode zur Rekonstruktion der Lebenswelt von Lehrlingen. Bd. II. Frankfurt a. M. 1984.

Benner, D.: Hauptströmungen der Erziehungswissenschaft. Eine Systematik traditioneller und moderner Theorien. München 1978.

Benner, D.: Grundstrukturen pädagogischen Denkens und Handelns. In: Lenzen, D./Mollenhauer, K. (Hrsg.): Theorien und Grundbegriffe der Erziehung und Bildung. (Enzyklopädie Erziehungswissenschaft. Bd. 1.) Stuttgart 1983, S. 283-300.

Berg, R./Wortmann, R.: Was ist und zu welchem Ende betreiben wir wissenschaftliche Begleitung? In: Sozialpädagogik 29 (1987), H. 6, S. 264-268.

Bergmann, W.: Lebenswelt, Lebenswelt des Alltags oder Alltagswelt? In: Kölner Zeitschrift für Soziologie und Sozialpsychologie 33 (1981), S. 50-72.

Bergold, J. B./Flick, U. (Hrsg.): Ein-Sichten. Zugänge zur Sicht des Subjekts mittels qualitativer Forschung. Tübingen 1987.

Best, P.: Die Schule im Netzwerk der Sozialkontrolle. München 1979.

Biller, K.: Pädagogische Kasuistik – Eine Einführung. Baltmannsweiler 1988.

Binneberg, K.: Pädagogische Fallstudien. Ein Plädoyer für das Verfahren der Kasuistik in der Pädagogik. In: Zeitschrift für Pädagogik 25 (1979), H. 4, S. 395-402.

Binneberg, K.: Fallstudien in Erziehung und Unterricht. Plädoyer für eine pädagogische Kasuistik. In: Mitteilungen der Technischen Universität Carlo-Wilhelmina zu Braunschweig 18 (1983), H. 1, S. 54-58.

Binneberg, K.: Grundlagen der pädagogischen Kasuistik. Überlegungen zur Logik der kasuistischen Forschung. In: Zeitschrift für Pädagogik 31 (1985), H. 6, S. 773-788.

Bittner, G./Flitner, A.: Aufgaben und Methodik sozialpädagogischer Untersuchungen. In: Zeitschrift für Pädagogik 15 (1969), H. 1, S. 63-74.

Bittner, U.: Ein Klient wird ‚gemacht'. Ergebnisse einer Untersuchung zur Struktur von Erstgesprächen in einer Erziehungsberatungsstelle. In: Kardorff, E. v./Koenen, E. (Hrsg.): Psyche in schlechter Gesellschaft. Zur Krise klinisch-psychologischer Tätigkeit. München u.a. 1981, S. 103-137.

Blankenburg, E.: Der Verlust der natürlichen Selbstverständlichkeit. Stuttgart 1971.

Blankenburg, E.: Phänomenologische Epoché und Psychopathologie. In: Sprondel, W. M./Grathoff, R. (Hrsg.): Alfred Schütz und die Idee des Alltags in den Sozialwissenschaften. Stuttgart 1979, S. 125-139.

Blankertz, H.: Geschichte der Pädagogik und Narrativität. In: Zeitschrift für Pädagogik 29 (1983), H. 1, S. 1-9.

Blätter der Wohlfahrtspflege: Öffentlichkeitsarbeit für soziale Institutionen 137 (1990), H. 6.

Bleker, J.: Stichwort Kasuistik. In: Ritter, J./Gründer, K. (Hrsg.): Historisches Wörterbuch der Philosophie. Basel, Stuttgart 1976, S. 706-707.

Blumer, H.: Der methodologische Standort des Symbolischen Interaktionismus. In: Arbeitsgruppe Bielefelder Soziologen (Hrsg.): Alltagswissen, Interaktion und gesellschaftliche Wirklichkeit. Bd. 1. Reinbek 1973, S. 80-146.

Bock, I.: Die Bedeutung der Lebensalter. In: Dikow, S. (Hrsg.): Die Bedeutung biographischer Forschung für den Erzieher. Münster 1988, S. 53-65.

Bock, T.: Sozialarbeit/Sozialpädagogik. In: Deutscher Verein für öffentliche und private Fürsorge (Hrsg.): Fachlexikon der Sozialen Arbeit. Frankfurt a. M. 1986, S. 746-749.

Böhm, W. (Hrsg.): Wörterbuch der Pädagogik. Stuttgart 1982.

Böhme, G./Engelhardt, M. v.: Zur Kritik des Lebensweltbegriffs. In: Dies. (Hrsg.): Entfremdete Wissenschaft. Frankfurt a. M. 1980, S. 7-25.

Böhnisch, L.: Sozialpädagogik des Kindes- und Jugendalters. Eine Einführung. Weinheim, München 1992.

Böhnisch, L./Lösch, H.: Das Handlungsverständnis des Sozialarbeiters und seine institutionelle Determination. In: Otto, H.-U./ Schneider, S. (Hrsg.): Gesellschaftliche Perspektiven der Sozialarbeit. Bd. 2. Neuwied, Darmstadt 1979, S. 21-40.

Böhnisch, L./Münchmeier, R./Sander, E.: Jugendarbeit. In: Eyferth, H./Otto, H.-U./Thiersch, H. (Hrsg.): Handbuch zur Sozialarbeit/Sozialpädagogik. Neuwied, Darmstadt 1984, S. 537-548.

Böhnisch, L./Schefold, W.: Lebensbewältigung. Soziale und pädagogische Verständigungen an den Grenzen der Wohlfahrtsgesellschaft. Weinheim, München 1985.

Böhnisch, L./Schefold, W.: Sozialisation durch sozialpädagogische Institutionen. In: Hurrelmann, K./Ulich, D. (Hrsg.): Neues Handbuch der Sozialisationsforschung. Weinheim, Basel 1991, S. 443-466.

Böhnisch, L. et al.: Ländliche Lebenswelten. Fallstudien zur Landjugend. München 1991.

Bohnsack, R.: Generation, Milieu und Geschlecht. Opladen 1989.

Bohnsack, R.: Rekonstruktive Sozialforschung. Einführung in Methodologie und Praxis qualitativer Forschung. Opladen 1991.

Bohnsack, R.: Dokumentarische Interpretation von Orientierungsmustern. Verstehen – Interpretieren – Typenbildung in wissenssoziologischer Analyse. In: Meuser, M./Sackmann, R. (Hrsg.): Analyse sozialer Deutungsmuster. Beiträge zur empirischen Wissenssoziologie. Pfaffenweiler 1992, S. 139-160.

Böllert, K./Otto, H.-U. (Hrsg.): Soziale Arbeit auf der Suche nach Zukunft. Bielefeld 1989.

Bonstedt, C.: Organisierte Verfestigung abweichenden Verhaltens. Eine Falluntersuchung. München 1972.

Bonß, W./Hartmann, H. (Hrsg.): Entzauberte Wissenschaft. Zur Relativität und Geltung soziologischer Forschung. (Soziale Welt, Sonderband 3.) Göttingen 1985.

Böttcher, H.: Sozialpädagogik im Überblick. Versuch einer systematischen Agogik. Freiburg i. Br. 1975.
Braun, J./Röhrig, P.: Praxis der Selbsthilfeförderung. Frankfurt a. M., New York 1987.
Brose, H.-G.: Berufsbiographien im Umbruch. Erwerbsverlauf und Lebensführung von Zeitarbeitnehmern. In: Mayer, K. U. (Hrsg.): Lebensverläufe und sozialer Wandel (Sonderheft 31 der Kölner Zeitschrift für Soziologie und Sozialpsychologie.) Opladen 1990, S. 179-211.
Brose, H.-G./Hildenbrand, B. (Hrsg.): Vom Ende des Individuums zur Individualität ohne Ende. Opladen 1988.
Brügelmann, H.: Fallstudien in der Pädagogik. In: Zeitschrift für Pädagogik 28 (1982), H. 4, S. 609-623 (a).
Brügelmann, H.: Pädagogische Fallstudien: Methoden-Schisma oder -Schizophrenie? In: Fischer, D. (Hrsg.): Fallstudien in der Pädagogik. Konstanz 1982, S. 62-68 (b).
Brumlik, M.: Symbolischer Interaktionismus. In: Lenzen, D./Mollenhauer, K: (Hrsg.): Theorien und Grundbegriffe der Erziehung und Bildung. (Enzyklopädie Erziehungswissenschaft. Bd. 1.) Stuttgart 1983, S. 232-245.
Brumlik, M.: Kohlbergs ‚Just Community' – Ansatz als Grundlage einer Theorie der Sozialpädagogik. In: Neue Praxis 19 (1989), H. 5, S. 374-383.
Brumlik, M.: Advokatorische Ethik. Zur Legitimation pädagogischer Eingriffe. Bielefeld 1992.
Brunkhorst, H.: Pädagogisierung der Normalisierungsarbeit. In: Neue Praxis 18 (1988), H. 4, S. 290-300.
Brunkhorst, H. et al. : Deutungsmuster und Definitionen problematischer Lebenssituationen von Jugendlichen. Göttingen 1978.
Brunkhorst, H./Otto, H.-U.: Soziale Arbeit als gerechte Praxis. In: Neue Praxis 19 (1989), H. 5, S. 372-374.
Brusten, M. et al. (Hrsg.): Entkriminalisierung. Sozialwissenschaftliche Analysen zu neuen Formen der Kriminalpolitik. Opladen 1985.
Brusten, M./Hohmeier, J. (Hrsg.): Stigmatisierung. 2 Bde. Darmstadt, Neuwied 1975.
Buchholz, W.: Lebensweltanalyse. Sozialpsychologische Beiträge zur Untersuchung von krisenhaften Prozessen in der Familie. München 1984.
Buchholz, W. et al.: Lebenswelt und Familienwirklichkeit. Studien zur Praxis der Familienberatung. Frankfurt a. M. 1984.
Bude, H.: Text und soziale Realität. Zu der von Oevermann formulierten Konzeption einer ‚objektiven Hermeneutik'. In: Zeitschrift für Sozialisationsforschung und Erziehungssoziologie 2 (1982), H. 1, S. 134-143.
Bude, H.: Was ist pädagogisches Handeln? In: Neue Praxis 15 (1985), H. 6, S. 527-531 (a).
Bude, H.: Der Sozialforscher als Narrationsanimateur. Kritische Anmerkungen zu einer erzähltheoretischen Fundierung der

interpretativen Sozialforschung. In: Kölner Zeitschrift für Soziologie und Sozialpsychologie 37 (1985), S. 327-336 (b).
Bude, H.: Der Fall und die Theorie. Zum erkenntnislogischen Charakter von Fallstudien. In: Gruppendynamik 19 (1988), H. 4, S. 421-427.
Bude, H.: Auflösung des Sozialen? Die allmähliche Verflüssigung des soziologischen ‚Gegenstandes' im Fortgang der soziologischen Theorie. In: Müller-Doohm, S. (Hrsg.): Jenseits der Utopie. Theoriekritik der Gegenwart. Frankfurt a. M. 1991, S. 100-122.
Bundesanstalt für Arbeit (Hrsg.): Arbeitsmarkt Sozialarbeiter und Sozialpädagogen: Im Aufwind. In: Uni. Perspektiven für Beruf und Arbeitsmarkt 16 (1992), H. 11, S. 8-13.
Bundesminister für Jugend, Familie, Frauen und Gesundheit (Hrsg.): Achter Jugendbericht. Bericht über Bestrebungen und Leistungen der Jugendhilfe. Bonn 1990.
Castel, R.: Die flüchtigen Therapien. In: Brose, H.-G./Hildenbrand, B. (Hrsg.): Vom Ende des Individuums zur Individualität ohne Ende. Opladen 1988, S. 153-160.
Cicourel, A. v.: The Social Organization of Juvenile Justice. New York u.a. 1968.
Cicourel, A. v.: Methode und Messung in der Soziologie. Frankfurt a. M. 1974.
Cicourel, A. v./Kitsue, J. I.: Die soziale Organisation der Schule und abweichende jugendliche Karrieren. In: Stallberg, F. U. (Hrsg.): Abweichung und Kriminalität. Hamburg 1975, S. 194-207.
Claußen, B.: Kritische Theorie und Bildung in der Risikogesellschaft. Zur pädagogischen Aktualität emanzipatorischer Sozialwissenschaft in der Spätmoderne. In: Hansmann, O./Marotzki, W.: Diskurs Bildungstheorie. Rekonstruktion der Bildungstheorie unter Bedingungen der gegenwärtigen Gesellschaft. Weinheim 1989, S. 374-404.
Colla, H. E.: Der Fall Frank. Neuwied 1973.
Combe, A./Helsper, W.: Hermeneutische Ansätze in der Jugendforschung: Überlegungen zum fallrekonstruktiven Modell erfahrungswissenschaftlichen Handelns. In: Dies. (Hrsg.): Hermeneutische Jugendforschung. Opladen 1991, S. 231-256.
Cremers, E./Reichertz, J.: Interaktionstyp: ‚Interview'. Zur Bedeutung des Sequenzierungsaspekts innerhalb konversationsanalytisch orientierter Datenanalyseverfahren. In: Heinze, T./Klusemann, H.-W./Soeffner, H.-G. (Hrsg.): Interpretationen einer Bildungsgeschichte. Überlegungen zur sozialwissenschaftlichen Hermeneutik. Bensheim 1980, S. 235-272.
Dahmer, I./Klafki, W. (Hrsg.): Geisteswissenschaftliche Pädagogik am Ausgang ihrer Epoche. Weinheim 1968.
Damm, D.: Wenn der Alltag zur Sprache kommt. Die Lebenswelt der Jugendlichen als Inhalt der Jugendarbeit. München 1982.

Danner, H.: Methoden geisteswissenschaftlicher Pädagogik. Weinheim, Basel [2]1989.

De Mause, L. (Hrsg.): Hört ihr die Kinder weinen? Eine psychogenetische Geschichte der Kindheit. Frankfurt a. M. 1980.

Denzin, N. K.: The research act. A theoretical introduction to sociological methods. Chicago 1970.

Deutscher Verein: Aktenführung in der Kommunalen Sozialverwaltung. (Eigenverlag des Deutschen Vereins für öffentliche und private Fürsorge.) Frankfurt a. M. 1990.

Dewe, B. et al.: Einleitung. Auf dem Wege zu einer aufgabenzentrierten Professionstheorie pädagogischen Handelns. In: Dies. (Hrsg.): Erziehen als Profession. Zur Logik professionellen Handelns in pädagogischen Feldern. Opladen 1992, S. 7-20.

Dewe, B./Otto, H.-U.: Akzeptanzprobleme der Sozialexpertise. Zum veränderten Verhältnis von Wissenschaft und Berufspraxis in der Sozialarbeit/Sozialpädagogik. In: Böllert, K./Otto, H.- U. (Hrsg.): Soziale Arbeit auf der Suche nach Zukunft. Bielefeld 1989, S. 225-248.

Dewe, B./Wohlfahrt, N.: Zu einigen methodischen Problemen empirischer Sozialarbeitsforschung. In: Neue Praxis 19 (1989), H. 1, S. 73-88.

Dießenbacher, H.: Nehmen – Verteilen – Geben. Die Geburt des modernen Sozialarbeiters aus dem Geist der Heuchelei. In: Neue Praxis 14 (1984), H. 4, S. 374-380.

Dikow, J.: Die Bedeutung biographischer Forschung für den Erzieher. (Münstersche Gespräche zu Themen der wissenschaftlichen Pädagogik, H. 5.) Münster 1988.

Dickopp, K.-H.: Lehrbuch der systematischen Pädagogik. Düsseldorf 1983.

Dilthey, W.: Die Entstehung der Hermeneutik. In: Gesammelte Schriften. Bd. V. Stuttgart, Göttingen 1957, S. 317-338 (a).

Dilthey, W.: Ideen über eine beschreibende und zergliedernde Psychologie (1894). In: Gesammelte Schriften. Bd. V. Stuttgart, Göttingen 1957, S. 139-240 (b).

Dilthey, W.: Über das Studium der Geschichte der Wissenschaften vom Menschen, der Gesellschaft und dem Staat (1857). In: Gesammelte Schriften. Bd. V. Stuttgart, Göttingen 1968, S 31-73 (c)

Dilthey, W.: Der Aufbau der geschichtlichen Welt in den Geisteswissenschaften. In: Gesammelte Schriften. Bd. VII. Stuttgart, Göttingen 1968.

Dittrich, E./Dittrich-Jacobi, J.: Die Autobiographie als Quelle zur Sozialgeschichte der Erziehung. In: Baacke, D./Schulze, T. (Hrsg.): Aus Geschichten lernen. München 1979, S. 99-119.

Dittrich, J.: Europa – Binnenmarkt und soziale Berufe. In: Neue Praxis 22 (1992), H. 2, S. 173-177.

Dörner, D.: Die Logik des Mißlingens. Strategisches Denken in komplexen Situationen. Reinbek 1989.

Dreher, M./Dreher, E.: Gruppendiskussion. In: Huber, G. L./ Mandl, H. (Hrsg.): Verbale Daten. Weinheim, Basel 1982, S. 141-164.
Dreher, M./Dreher, E.: Gruppendiskussionsverfahren. In: Flick, U. et al. (Hrsg.): Handbuch Qualitative Sozialforschung. Konzepte, Methoden und Anwendungen. München 1991, S. 186-188.
Dreitzel, H. P.: Die gesellschaftlichen Leiden und das Leiden an der Gesellschaft. Stuttgart 1980.
Drewek, P./Harney, K.: Beteiligung und Ausschluß. Zur Sozialgeschichte von Bildungssystem und Karriere. In: Tenorth, H.-E. (Hrsg.): Allgemeinbildung. Analysen zu ihrer Wirklichkeit, Versuche über ihre Zukunft. Weinheim und München 1986, S. 138-153.
Driebold, R.: Teilnahme statt Ausgrenzung. Ein anderer Umgang mit Devianten. Bielefeld 1990.
Eberhard, G./Eberhard, K.: Die erkenntnistheoretischen Grundlagen der Sozialarbeit/Sozialpädagogik. In: Theorie und Praxis der Sozialen Arbeit 38 (1987), H. 11, S. 376-387.
Eberwein, H. (Hrsg.): Fremdverstehen sozialer Randgruppen. Ethnographische Feldforschung in der Sonder- und Sozialpädagogik. Berlin 1987.
Eberwein, H./Köhler, K.: Ethnomethodologische Forschungsmethoden in der Sonder- und Sozialpädagogik. Die Notwendigkeit einer interdisziplinären Kulturanalyse für die Integration von Randgruppen. In: Zeitschrift für Pädagogik 30 (1984), H. 3, S. 363-380.
Eckart, C.: Der Preis der Zeit. Eine Untersuchung der Interessen von Frauen an Teilzeitarbeit. Frankfurt a. M., New York 1990.
Ehlich, K. (Hrsg.): Erzählen im Alltag. Frankfurt a. M. 1980.
Ehlich, K./Rehbein, J.: Erweiterte halbinterpretative Arbeitstranskriptionen (HIAT 2: Intonation.) In: Linguistische Berichte 59 (1979), S. 51-75.
Ehlich, K./Switalla, B.: Transkriptionssysteme – Eine exemplarische Übersicht. In: Studium Linguistik (1976), H. 2, S. 78-105.
Ehrhardt-Kramer, A.: Ökologische Konzepte der Sozialarbeit. In: Archiv für Wissenschaft und Praxis der sozialen Arbeit 20 (1989), H. 4, S. 219-233.
Ehrhardt-Kramer, A./Hanesch, W.: Innovation in der sozialen Arbeit – durch Innovation der Ausbildung? In: Maelicke, B. (Hrsg.): Soziale Arbeit als soziale Innovation. Veränderungsbedarf und Innovationsstrategien. Weinheim, München 1987, S. 101-124.
Engelke, E.: Soziale Arbeit als Wissenschaft. Eine Orientierung. Freiburg i. Br. 1992.
Enzmann, D./Kleiber, D.: Helfer-Leiden. Streß und Burnout in psychosozialen Berufen. Heidelberg 1989.
Erath, P.: ‚Erschwerte Lebenslagen' – Für eine sonderpädagogische Kompetenzerweiterung aller Lehrer und Erzieher. In: Die Deutsche Schule 79 (1987), H. 4, S. 479-489.

Eyferth, H./Otto, H.-U./Thiersch, H. (Hrsg.): Handbuch zur Sozialarbeit/Sozialpädagogik. Neuwied, Darmstadt 1984.
Fatke, R.: Schulumwelt und Schülerverhalten. München 1977.
Fatke, R.: Kinder erfinden Geschichten – und was man daraus lernen kann. In: Baacke, D./Schulze, T. (Hrsg.): Aus Geschichten lernen. Zur Einübung pädagogischen Verstehens. München 1979, S. 263-275.
Fatke, R.: Heilende und erziehende Kräfte in der kindlichen Phantasie. In: Spiel, W. (Hrsg.): Psychologie und Erziehung – Hilfe bei Entwicklungsstörungen. Bd. 2. Weinheim, Basel 1986, S. 763-774.
Fatke, R./Hornstein, W.: Sozialpädagogik – Entwicklungen, Tendenzen und Probleme. In: Zeitschrift für Pädagogik 33 (1987), H. 5, S. 589-593.
Fehlker, M.: Der wissenschaftliche Anspruch der Sozialarbeit. In: Die berufliche Sozialarbeit (1989), H. 2/3, S. 41-44.
Fellmann, F.: Lebenswelt. In: Information Philosophie 17 (1989), H. 2, S. 18-27.
Fend, H.: Gesellschaftliche Bedingungen schulischer Sozialisation. Soziologie der Schule I. Weinheim, Basel 1974.
Fend, H./Schneider, G.: Schwierige Schüler – schwierige Klassen. Abweichendes Verhalten, Sucht- und Delinquenzbelastung im Kontext der Schule. In: Zeitschrift für Sozialisationsforschung und Erziehungssoziologie 4 (1984), H. 1, S. 123-142.
Ferchhoff, W.: Zur Differenzierung qualitativer Sozialforschung. Mit einem Vergleich von qualitativer und quantitativer Jugendforschung. In: Heitmeyer, W. (Hrsg.): Interdisziplinäre Jugendforschung. Weinheim, München 1986, S. 215-244.
Filstead, W. J.: Qualitative Methodology: Firsthand Involvement with the Social World. Chicago 1970.
Fink, U.: Die neue Kultur des Helfens. Nicht Abbau, sondern Umbau des Sozialstaates. München, Zürich 1990.
Firestone, W. A.: Meaning in method. The rhetoric of quantitative and qualitative research. In: Educational Researcher 16 (October 1987), S. 16-21.
Fischer, D.: Fallstudien in der Pädagogik. Aufgaben, Methoden, Wirkungen. Konstanz 1982.
Fischer, D. (Hrsg.): Lernen am Fall. Zur Interpretation und Verwendung von Fallstudien in der Pädagogik. Konstanz 1983.
Fischer, W.: Methode, biographische. In: Haft, H./Kordes, H. (Hrsg.): Methoden der Erziehungs- und Bildungsforschung. (Enzyklopädie Erziehungswissenschaft. Bd. 2.) Stuttgart 1984, S. 478-482.
Flader, D./Gieseke, M.: Erzählen im psychoanalytischen Erstinterview – eine Fallstudie. In: Ehlich, K.: Erzählen im Alltag. Frankfurt a. M. 1980, S. 209-262.
Flick, U.: Methodenangemessene Gütekriterien in der qualitativinterpretativen Forschung. In: Bergold, J./Flick, U. (Hrsg.): Ein-Sichten. Zugänge zur Sicht des Subjekts mittels qualitativer Forschung. Tübingen 1987, S. 247-262.

Flick, U.: Fallanalysen: Geltungsbegründung durch systematische Perspektiven-Triangulation. In: Jüttemann, G. (Hrsg.): Komparative Kasuistik. Heidelberg 1990, S. 184-203.

Flick, U. et al. (Hrsg.): Handbuch Qualitative Sozialforschung. Konzepte, Methoden und Anwendungen. München 1991.

Flitner, A.: Konrad, sprach die Frau Mama. Über Erziehung und Nicht-Erziehung. Berlin 1982.

Flitner, A.: Toleranz, Menschenwürde und friedliche Gesinnung. Vom Umgang mit schwierigen Erziehungszielen. In: Rauschenbach, T./Thiersch, H. (Hrsg.): Die herausgeforderte Moral. Lebensbewältigung in Erziehung und sozialer Arbeit. Bielefeld 1987, S. 131-143.

Flitner, W.: Allgemeine Pädagogik. Frankfurt a. M. u.a. 1980.

Fooken, E.: Grundprobleme der Sozialpädagogik. Heidelberg 1973.

Friedrichs, J.: Methoden empirischer Sozialforschung. Reinbek 1973 (a).

Friedrichs, J. (Hrsg.): Teilnehmende Beobachtung abweichenden Verhaltens. Stuttgart 1973 (b).

Friedrichs, J./Lüdtke, H.: Teilnehmende Beobachtung. Einführung in die sozialwissenschaftliche Feldforschung. Weinheim, Basel 1977.

Fromm, M.: Selbsttäuschung und Täuschung als Methodenprobleme pädagogischer Forschung. In: Bildung und Erziehung 40 (1987), H. 2, S. 227-238.

Fromm, M.: Zur Verbindung quantitativer und qualitativer Methoden. In: Pädagogische Rundschau 44 (1990), H. 4, S. 469-481.

Fromm, M.: Zur prognostischen Relevanz qualitativ pädagogischer Forschung. In: Hoffmann, D. (Hrsg.): Bilanz der Paradigmendiskussion in der Erziehungswissenschaft. Leistungen, Defizite, Grenzen. Weinheim 1991, S. 65-79.

Frommann, A. et al.: Erfahrungen mit Schulsozialarbeit. Möglichkeiten der Zusammenarbeit von Sozialpädagogik und Schule. Weinheim, München 1987.

Fuchs, W.: Biographische Forschung. Eine Einführung in Praxis und Methoden. Opladen 1984.

Fuchs-Heinritz, W.: Biographische Studien zur Jugendphase. In: Mayer, K. U. (Hrsg.): Lebensverläufe und sozialer Wandel. (Sonderheft 31 der Kölner Zeitschrift für Soziologie und Sozialpsychologie.) Opladen 1990, S. 58-88.

Funke, R.: Selbsttätigkeit. Zur theoretischen Begründung eines heute vernachlässigten Begriffs durch Fichte und seine Schüler. In: Vierteljahresschrift für wissenschaftliche Pädagogik 59 (1983), H. 1, S. 62-78.

Gadamer, H.-G.: Lob der Theorie. Reden und Aufsätze. Frankfurt a. M. 1985.

Gaertner, A.: Beratung als praktischer Diskurs. In: Neue Praxis. Sonderheft: Sozialarbeit und Therapie (1978), S. 114-122.

Gamm, H. J.: Zur Frage einer pädagogischen Kasuistik. In: Bildung und Erziehung 20 (1967), H. 4, S. 321-329.
Gamm, H. J.: Allgemeine Pädagogik. Die Grundlagen von Erziehung und Bildung in der bürgerlichen Gesellschaft. Reinbek 1979.
Gängler, H.: Soziale Arbeit auf dem Lande. Weinheim 1990.
Garfinkel, H.: Conditions of successful degradetion ceremonies. In: Rubington, E./Weinberg, M. (Eds.): Deviance: The Interactionist Perspektive. Macimillian 1968, S. 187-192.
Gerdes, K. (Hrsg.): Explorative Sozialforschung. Stuttgart 1979.
Garz, D./Kraimer, K. (Hrsg.): Brauchen wir andere Forschungsmethoden? Beiträge zur Diskussion interpretativer Verfahren. Frankfurt a. M. 1983.
Garz, D./Kraimer, K.: Qualitativ-empirische Sozialforschung im Aufbruch. In Dies. (Hrsg.): Qualitativ-empirische Sozialforschung. Konzepte, Methoden, Analysen. Opladen 1991, S. 1-33.
Garz, D./Kraimer, K. (Hrsg.): Die Welt als Text. Frankfurt a. M. 1994.
Garz, D. et al.: Rekonstruktive Sozialforschung und objektive Hermeneutik. Annotationen zu einem Theorie- und Methodenprogramm. In: Zeitschrift für Sozialisationsforschung und Erziehungssoziologie 3 (1983), H. 1, S. 126-134.
Geertz, C.: Dichte Beschreibung. Beiträge zum Verstehen kultureller Systeme. Frankfurt a. M. 1987.
Geißler, K. A./Hege, M.: Konzepte sozialpädagogischen Handelns. Weinheim, Basel 1985.
Geldsetzer, L.: Hermeneutik. In: Seiffert, H./Radnitzky, G. (Hrsg.): Handlexikon zur Wissenschaftstheorie. München 1989, S. 127-139.
Gerhardt, U.: Gesellschaft und Gesundheit. Frankfurt a. M. 1991.
Germain, C. B./Gitterman, A.: Praktische Sozialarbeit: das ‚life model‘ der sozialen Arbeit. Stuttgart 1983.
Gernert, W.: Sozialarbeit auf dem Prüfstand. Fachlicher Anspruch und Verwaltungs-Kontrolle. Freiburg i. Br. 1988.
Gernert, W.: Jugendhilfe. München ^{4}1992.
Gerstenmaier, J./Nestmann, F.: Alltagstheorien von Beratung. Opladen 1984.
Gildemeister, R.: Neuere Aspekte der Professionalisierungsdebatte. Soziale Arbeit zwischen immanenten Kunstlehren des Fallverstehens und Strategien kollektiver Statusverbesserungen. In: Neue Praxis 22 (1992), H. 3, S. 207-219.
Gintzel, V./Schone, R. (Hrsg.): Zwischen Jugendhilfe und Jugendpsychiatrie. Konzepte, Methoden, Rechtsgrundlagen. Münster 1990.
Girtler, R.: Vagabunden in der Großstadt. Teilnehmende Beobachtung in der Lebenswelt der ‚Sandler‘ Wiens. Stuttgart 1980.
Girtler, R.: Methoden der qualitativen Sozialforschung. Anleitung zur Feldarbeit. Wien, Köln, Graz 1984.

Girtler, R.: Die biographische Methode bei der Untersuchung devianter Karrieren und Lebenswelten. In: Voges, W. (Hrsg.): Methoden der Biographie- und Lebenslaufforschung. Opladen 1987, S. 321-339.

Glaser, B. G./Strauss, A. L.: Die Entdeckung gegenstandsbezogener Theorie: Eine Grundstrategie qualitativer Sozialforschung. In: Hopf, C./Weingarten E. (Hrsg.): Qualitative Sozialforschung. Stuttgart 1979, S. 91-111.

Goffman, E.: Asyle. Über die soziale Situation psychiatrischer Patienten und anderer Insassen. Frankfurt a. M. 1961.

Goffman, E.: Stigma. Über Techniken der Bewältigung beschädigter Identität. Frankfurt a. M. 1967.

Goffman, E.: Rahmenanalyse. Frankfurt a. M. 1977.

Goll, D./Metzmacher, U./Sauer, P.: Die Ausbildung von Sozialarbeitern/Sozialpädagogen. In: Sozialpädagogik 31 (1989), H. 3, S. 106-114.

Goode, W. J./Hatt, P. K.: Die Einzelfallstudie. In: König, R. (Hrsg.): Beobachtung und Experiment in der Sozialforschung. Köln 1956, S. 299-313.

Grathoff, R.: Alltag und Lebenswelt als Gegenstand der phänomenologischen Sozialtheorie. In: Hammerich, K./Klein, M.: Materialien zur Soziologie des Alltags. (Sonderheft 20 der Kölner Zeitschrift für Soziologie und Sozialpsychologie.) Opladen 1978, S. 67-85.

Grathoff, R.: Über Typik und Normalität im alltäglichen Milieu. In: Sprondel, W./Grathoff, R. (Hrsg.): Alfred Schütz und die Idee des Alltags in den Sozialwissenschaften. Stuttgart 1979, S. 89-107.

Grathoff, R.: Milieu und Lebenswelt. Einführung in die phänomenologische Soziologie und die sozialphänomenologische Forschung. Frankfurt a. M. 1989.

Gref, K.: Streetwork als lebensweltorientierte Sozialarbeit. In: Blätter der Wohlfahrtspflege 139 (1992), H. 5, S. 132-134.

Gripp, H.: Problemfeld Ehe – Eine Fallanalyse. Stuttgart 1979.

Gruschka, A.: Von Spranger zu Oevermann. Über die Determination des Textverstehens durch die hermeneutische Methode und zur Frage des Fortschritts innerhalb der interpretativen Verfahren der Erziehungswissenschaft. In: Zeitschrift für Pädagogik 31 (1985), H. 1, S. 77-95.

Gstettner, P.: Biographische Methoden in der Sozialisationsforschung. In: Hurrelmann, K./Ulich, D.: Handbuch der Sozialisationsforschung. Weinheim, Basel 1980, S. 371-392.

Gstettner, P.: Krisenexperiment. In: Haft, H./Kordes, H. (Hrsg.): Methoden der Erziehungs- und Bildungsforschung. (Enzyklopädie Erziehungswissenschaft. Bd. 2.) Stuttgart 1984, S. 440-444.

Guggenheimer, M./Ottomeyer, K. (Hrsg.): Zerstörung einer Familie – Eine Fallstudie. Reinbek 1980.

Haag, F. et al.: Überlegungen zu einer Metatheorie der Sozialarbeit. In: Otto, H.-U./Schneider, S. (Hrsg.): Gesellschaftliche Per-

spektiven der Sozialarbeit. Bd. 1. Neuwied, Darmstadt 1979, S. 167-192.
Haft, H./Kordes, H.: Empirisch-pädagogische Forschung am Ausgang ihrer ‚realistischen Phase'. (Vorwort der Herausgeber) In: Dies. (Hrsg.): Methoden der Erziehungs- und Bildungsforschung. (Enzyklopädie Erziehungswissenschaft. Bd. 2.) Stuttgart 1984, S. 13-39.
Hahn, P.: Klinisch-biographische Ansätze. In: Ders. (Hrsg.): Die Psychologie des 20. Jahrhunderts. Bd. IX: Ergebnisse für die Medizin (1) Psychosomatik. Zürich 1979, S. 40-48.
Hamburger, F.: Der Markt, die Macht und das Soziale. Europäische Perspektiven für Sozialarbeit und Sozialpolitik. In: Otto, H.-U. et al. (Hrsg.): Zeit-Zeichen sozialer Arbeit: Entwürfe einer neuen Praxis. Neuwied u.a. 1992, S. 165-172.
Hammerich, K./Klein, M. (Hrsg.): Materialien zur Soziologie des Alltags. (Sonderheft 20 der Kölner Zeitschrift für Soziologie und Sozialpsychologie.) Opladen 1978.
Hartge, T.: Das andere Denken. Hermeneutische Perspektiven einer erziehungswissenschaftlichen Autobiographieforschung. Weinheim 1989.
Hartmann, K.: Paradigmata der Resozialisation von dissozialem und delinquentem Verhalten. In: Zeitschrift für Heilpädagogik 37 (1986), H. 4, S. 237-244.
Hasenclever, C.: Sozialreform als Emanzipation. In: Sozialwissenschaftliche Literatur Rundschau 11 (1985), H. 8, S. 31-34.
Hastenteufel, P.: Fallstudien aus dem Erziehungsalltag. Bad Heilbrunn/Obb. 1980.
Haupert, B.: Evaluation in der Sozialarbeit. In: Sozialarbeit 21 (1989), H. 7/8, S. 3-8.
Haupert, B.: Vom narrativen Interview zur biographischen Typenbildung. In: Garz, D./Kraimer, K. (Hrsg.): Qualitativ-empirische Sozialforschung. Konzepte, Methoden, Analysen. Opladen 1991, S. 213-254.
Haupert, B./Kraimer, K.: „Ich bin ein Bauernbub". Zur Analyse lebensgeschichtlicher Interviews in der Sozialarbeit/Sozialpädagogik. In: Archiv für Wissenschaft und Praxis der sozialen Arbeit 22 (1991), H. 3, S. 193-202 (a).
Haupert, B./Kraimer, K.: Die Heimatlosigkeit der Sozialarbeit/Sozialpädagogik. Stellvertretende Deutung und typologisches Verstehen als Wege zu einer eigenständigen Profession. In: Pädagogische Rundschau 45 (1991), H. 2, S. 177-196 (b).
Hauser, R.: Kasuistik. In: Ritter, J./Gründer, K. (Hrsg.): Historisches Wörterbuch der Philosophie. Bd. 7. Basel, Stuttgart 1976, S. 703-706.
Haussmann, T.: Erklären und Verstehen. Zur Theorie und Pragmatik der Geschichtswissenschaft. Frankfurt 1991.
Heckmann, G.: Das sokratische Gespräch. Hannover 1981.

Hege, M.: Engagierter Dialog. Ein Beitrag zur sozialen Einzelhilfe. München, Basel [2]1979.

Heiligenmann, U.: Einzelfallstudien in der erziehungswissenschaftlichen Forschung. In: Zeitschrift für internationale erziehungs- und sozialwissenschaftliche Forschung 6 (1989), H. 1, S. 175-192.

Heiner, M. (Hrsg.): Praxisforschung in der sozialen Arbeit. Freiburg i. Br. 1988 (a).

Heiner, M. (Hrsg.): Selbstevaluation der sozialen Arbeit. Freiburg i. Br. 1988 (b).

Heinze, T.: Qualitative Sozialforschung. Erfahrungen, Probleme und Perspektiven. Opladen 1987.

Heinze, T. et al.: Handlungsforschung im pädagogischen Feld. München 1975.

Heinze, T. et al. (Hrsg.): Interpretation einer Bildungsgeschichte. Konzeptionen sozialwissenschaftlicher Hermeneutik. Bensheim 1980.

Heinze, T./Loser, F./Thiemann, F.: Praxisforschung. München u.a. 1981.

Helle, H. J.: Verstehende Soziologie und Theorien des symbolischen Interaktionismus. Stuttgart 1977.

Helsper, W. et al.: Jugendliche Außenseiter. Opladen 1991.

Hempel, C. G.: Typologische Methoden in den Sozialwissenschaften. In: Topitsch, E. (Hrsg.): Logik der Sozialwissenschaften. Köln, Berlin 1965, S. 85-101.

Henningsen, J.: Autobiographie und Erziehungswissenschaft. Fünf Studien. Essen 1981.

Hermanns, H.: Das narrative Interview in berufsbiographisch orientierten Untersuchungen. Gesamthochschule Kassel 1981.

Herrmann, U.: Biographische Konstruktionen und das gelebte Leben. Prolegomena zu einer Biographie- und Lebenslaufforschung in pädagogischer Absicht. In: Zeitschrift für Pädagogik 33 (1987), H. 3, S. 303-323.

Herrmann, U.: Pädagogisches Argumentieren und Erziehungswissenschaftliche Forschung: Zur Verhältnisbestimmung der beiden Wissens- und Diskursformen ‚Pädagogik' und ‚Erziehungswissenschaft'. In: Hoffmann, D. (Hrsg.): Bilanz der Paradigmendiskussion in der Erziehungswissenschaft. Leistungen, Defizite, Grenzen. Weinheim 1991, S. 185-198 (a).

Herrmann, U.: ‚Es gibt einen pädagogischen Grundgedankengang'. Das Systematische und die Systematik in Wilhelm Flitners Entwurf und Begründung der Erziehungswissenschaft. In: Peuckert, H./Scheuerl, H. (Hrsg.): Wilhelm Flitner und die Frage nach einer allgemeinen Erziehungswissenschaft im 20. Jahrhundert. (26. Beiheft der Zeitschrift für Pädagogik.) Weinheim 1991, S. 31-46 (b).

Herrmann, U.: Historische Sozialisationsforschung. In: Hurrelmann, K./Ulich, D. (Hrsg.): Neues Handbuch der Sozialisationsforschung. Weinheim, Basel 1991, S. 231-250 (c).

Herriger, N.: Verwahrlosung. Eine Einführung in Theorien sozialer Auffälligkeit. Weinheim, München 1987.

Hespos, M.: Kasuistik: Verwendungsformen, Verwendungstechniken. In: Archiv für Angewandte Sozialpädagogik 6 (1975), H. 2, S. 81-91.

Heyde, J. E.: Typus. Ein Beitrag zur Typologie. In: Studium Generale 5 (1952), H. 4, S. 235-246.

Hildenbrand, B.: „Wenn ich zu Hause bin, will ich weg, und wenn ich weg bin, will ich nach Hause." Untersuchungen zur sozialen Organisation von Handlung, Leiblichkeit und Sprache in Familienzusammenhängen. In: Soeffner, H.-G. (Hrsg.): Interpretative Methoden in den Sozial- und Textwissenschaften. Stuttgart 1979, S. 153-170.

Hildenbrand, B.: Alltag und Krankheit. Ethnographie einer Familie. Stuttgart 1983.

Hildenbrand, B.: Methodik der Einzelfallstudie. Theoretische Grundlagen, Erhebungs- und Auswertungsverfahren, vorgeführt an Fallbeispielen. (Studienbrief der Fern-Universität-Gesamtschule Hagen, Fachbereich Erziehungs- und Sozialwissenschaften, 3 Kurseinheiten.) Hagen 1984.

Hildenbrand, B.: Geschichtenerzählen als Prozeß der Wirklichkeitskonstruktion in Familen. In: System Familie 3 (1990), S. 227-236

Hildenbrand, B.: Alltag als Therapie. Ablöseprozesse Schizophrener in der psychiatrischen Übergangseinrichtung. Bern u.a. 1991.

Hirsch, G.: Biographie und Identität des Lehrers. Eine typologische Studie über den Zusammenhang von Berufserfahrungen und beruflichem Selbstverständnis. Weinheim, München 1990.

Hitzler, R./Honer, A.: Der lebensweltliche Forschungsansatz. In: Neue Praxis 18 (1988), H. 6, S. 496-501.

Hoerning, E. M.: Lebensereignisse: Übergänge im Lebenslauf. In: Voges, W. (Hrsg.): Methoden der Biographie- und Lebenslaufforschung. Opladen 1987, S. 231-259

Hoffmann, D. (Hrsg.): Bilanz der Paradigmendiskussion in der Erziehungswissenschaft. Leistungen, Defizite, Grenzen. Weinheim 1991.

Hoffmann, D. et al. (Hrsg.): Begründungsformen der Pädagogik in der ‚Moderne'. Weinheim 1992.

Hoffmann-Riem, C.: Die Sozialforschung einer interpretativen Soziologie. Der Datengewinn. In: Kölner Zeitschrift für Soziologie und Sozialpsychologie 32 (1980), S. 339-372 (a).

Hoffmann-Riem, C.: Die Verarbeitung bedrohter Normalität in der Adoption. In: Matthes, J. (Hrsg.): Lebenswelt und soziale Probleme. Deutscher Soziologentag 1980. Frankfurt a. M. 1981, S. 369-382 (b).

Hoffmann-Riem, C.: Sozialforschung, Lebenswelt und Erzählung. In: Soziologische Revue 5 (1982), S. 177-189.

Hoffmann-Riem, C.: Das adoptierte Kind. Zwischen Natur und Sozialbürokratie. ‚Lebenswelten narrativ'. München 1984.

Hoffmeyer-Zlotnik, J. H. P. (Hrsg.): Qualitative Methoden der Datenerhebung in der Arbeitsmigrantenforschung. Berlin 1986.

Hohn, H.-W./Windolf, P.: Lebensstile als Selektionskriterien – Zur Funktion ‚biographischer Signale' in der Rekrutierungspolitik von Arbeitsorganisationen. In: Brose, H.- G./Hildenbrand, B. (Hrsg.): Vom Ende des Individuums zur Individualität ohne Ende. Opladen 1988, S. 179-207.

Hollstein, W./Meinhold, M. (Hrsg.): Sozialarbeit unter kapitalistischen Produktionsbedingungen. Frankfurt a. M. 1973.

Holtapples, H.-G.: Pädagogisches Handeln ohne präventive Orientierung? Pragmatisches Alltagswissen bei Lehrern über abweichendes Verhalten und soziale Kontrolle in der Schule. In: Kury, H./Lerchenmüller, H. (Hrsg.): Schule, psychische Probleme und sozialabweichendes Verhalten – Situationsbeschreibung und Möglichkeiten der Prävention. Bd. 4. Köln u.a. 1983, S. 222-267.

Holtapples, H.-G.: Abweichendes Schülerverhalten oder Schulalltagsbewältigung? Subjektive Deutungsmuster von Schülern zu Problemen im Schulalltag. In: Die Deutsche Schule 76 (1984), H. 1, S. 18-30.

Holtappels, H.-G.: Schulprobleme und abweichendes Verhalten aus der Schülerperspektive. Bochum 1987.

Holtstiege, H.: Sozialpädagogik? Zur Geschichte eines Theorie-Dilemmas. Kastellaun 1976.

Honer, A.: Die Perspektiven des Heimwerkers. Notizen zur Praxis lebensweltlicher Ethnographie. In: Garz, D./Kraimer, K. (Hrsg.): Qualitativ-empirische Sozialforschung. Konzepte, Methoden, Analysen. Opladen 1991, S. 319-341.

Hopf, C.: Soziologie und qualitative Sozialforschung. In: Hopf, C./Weingarten, E. (Hrsg.): Qualitative Sozialforschung. Stuttgart 1979, S. 11-37.

Hopf, C.: Norm und Interpretation – einige methodische und theoretische Probleme bei der Erhebung und Analyse subjektiver Interpretationen in qualitativen Untersuchungen. In: Zeitschrift für Soziologie 11 (1982), H. 3, S. 307-329.

Hopf, C.: Qualitative Interviews in der Sozialforschung. Ein Überblick. In: Flick, U. et al. (Hrsg.): Handbuch qualitative Sozialforschung. Konzepte, Methoden und Anwendungen. München 1991, S. 177-185.

Hopf, C./Weingarten E. (Hrsg.): Qualitative Sozialforschung. Stuttgart 1979.

Horn, B./Klinkmann, N.: Theorie-Praxis-Dilemma oder die Unzulänglichkeit von Strukturen? Die Einheit von Forschung und Lehre in der Sozialarbeiterausbildung. In: Archiv für Wissenschaft und Praxis der sozialen Arbeit 20 (1989), H. 3, S. 151-172.

Hornstein, W.: Forschung/Forschungspolitik. In: Eyferth, H./Otto, H.- U./Thiersch, H. (Hrsg.): Handbuch zur Sozialarbeit/Sozialpädagogik. Neuwied/Darmstadt 1984, S. 371-388.

Hornstein, W.: Die Bedeutung erziehungswissenschaftlicher Forschung für die Praxis sozialer Arbeit. Anmerkungen zu einer notwendigen Bestandsaufnahme. In: Neue Praxis 15 (1985), H. 6, S. 461-477.

Hornstein, W.: Fortschritt und Emanzipation. Auf der Suche nach Bezugspunkten sozialer Arbeit in einer veränderten geschichtlichen Lage. In: Böllert, K./Otto, H.-U. (Hrsg.): Soziale Arbeit auf der Suche nach Zukunft. 1989, S. 165-174.

Hornstein, W./Lüders, C.: Professionalisierungstheorie und pädagogische Theorie. Verberuflichung erzieherischer Aufgaben und pädagogische Professionalität. In: Zeitschrift für Pädagogik 35 (1985), H. 6, S. 749-769.

Hörster, R.: Berufsfeldbezug und Wissenschaftlichkeit. Zur hochschulischen Ausbildung von Sozialpädagogen. In: Neue Praxis 16 (1986), H. 3, S. 249-255.

Huber, G. L./Mandl, H. (Hrsg.): Verbale Daten. Weinheim, Basel 1982.

Hubig, G.: Ideographische und nomothetische Forschung in wissenschafts-theoretischer Hinsicht. In: Jüttemann, G./Thomae, H. (Hrsg.): Biographie und Psychologie. Berlin 1987, S. 64-72.

Hurrelmann, K.: Schulische Sozialisation und abweichendes Verhalten. In: Asmus, H.- J./Peuckert, R. (Hrsg.): Abweichendes Schülerverhalten. Zur Devianzetikettierung in der Schule. Heidelberg 1979, S. 83-91.

Hurrelmann, K./Holler, B.: Pädagogische Intervention. In: Hörmann, G./Nestmann, F. (Hrsg.): Handbuch der psychosozialen Intervention. Opladen 1988, S. 81-92.

Hurrelmann, K./Ulich, D. (Hrsg.): Neues Handbuch der Sozialisationsforschung. Weinheim, Basel 1991.

Huschke-Rhein, R.: Über die Zukunft der Allgemeinen Pädagogik. Systematische und systemökologische Überlegungen. In: Zeitschrift für Pädagogik 30 (1984), H. 1, S. 31-48.

Huschke-Rhein, R.: Qualitative Forschungsmethoden und Handlungsforschung. Köln 1987.

Husserl, E.: Die Krisis der europäischen Wissenschaften und die transzendentale Phänomenologie. Hamburg 1977.

Iben, G.: Die Methoden der Sozialpädagogik und Sozialarbeit. In: Klafki, W. et al.: Funkkolleg Erziehungswissenschaft. Bd. 2. Frankfurt a. M. 1976, S. 231-236.

Internationaler „Code of Ethics“ für den Berufsstand der Sozialarbeiter Sozialpädagogen.: In: Der Sozialarbeiter (1977), H. 3, S. 23-24.

Jahoda, M./Larzarsfeld, P. F./Zeisel, H.: Die Arbeitslosen von Marienthal. Ein soziologischer Versuch. Frankfurt a. M. 1978.

Jahoda, M./Larzarsfeld, P. F./Zeisel, H.: „Die Arbeitslosen von Marienthal“. In: Flick, U. et al. (Hrsg.): Handbuch Qualitative Sozialforschung. Konzepte, Methoden und Anwendungen. München 1991, S. 119-122.

Jakob, G. J.: Zur Biographisierung des Ehrenamtes. Veränderungen in der Folge gesellschaftlicher Individualisierungsprozesse. In: Benner, D. et al. (Hrsg.): Erziehungswissenschaft zwischen Modernisierung und Modernitätskrise. (29. Beiheft der Zeitschrift für Pädagogik.) Weinheim 1992, S. 267-270.

Jegge, J.: Dummheit ist lernbar. Erfahrungen mit ‚Schulversagern'. Bern 1976.

Jordan, E./Sengling, D.: Jugendhilfe. Einführung in Geschichte und Handlungsfelder, Organisationsformen und gesellschaftliche Problemlagen. Weinheim, München 1988.

Jungblut, H.-J./Schreiber, W.: Zur Notwendigkeit alltagsweltlich orientierter Methoden in der Sozialarbeit/Sozialpädagogik. In: Neue Praxis 10 (1980), H. 2, S. 150-160.

Jüttemann, G. (Hrsg.): Komparative Kasuistik. Heidelberg 1990.

Kaase, H./Küchler, M. (Hrsg.): Herausforderung der empirischen Sozialforschung. Beiträge aus Anlaß des zehnjährigen Bestehens des Zentrums für Umfragen, Methoden und Analysen. Mannheim 1985.

Kade, J.: Gestörte Bildungsprozesse. Bad Heilbrunn/Obb. 1985 (a).

Kade, J.: Diffuse Zielgerichtetheit. Rekonstruktion einer unabgeschlossenen Bildungsbiographie. In: Baacke, D./Schulze, T. (Hrsg.): Pädagogische Biographieforschung. Weinheim u.a. 1985, S. 124-140 (b).

Kade, J.: Über den Einzelfall hinaus. Zur Interpretation von Interviews über Bildungsbiographien Erwachsener. In: Schlutz, E./ Siebert, H. (Hrsg.): Stand und Aufgaben der empirischen Forschung zur Erwachsenenbildung. Bremen 1986, S. 54-70.

Kade, J.: Suche nach Zugehörigkeit. Zur Aneignung der Erwachsenenbildung durch die Teilnehmer. In: Garz, D./Kraimer, K. (Hrsg.): Die Welt als Text. Frankfurt a. M. 1994.

Kade, J./Lüders, C./Hornstein, W.: Die Gegenwart des Pädagogischen. In: Oelkers, J./Tenorth, H.-E. (Hrsg.): Pädagogisches Wissen. (27. Beiheft der Zeitschrift für Pädagogik.) Weinheim 1991, S. 39-65.

Kade, S.: Methoden des Fremdverstehens. Bad Heilbrunn/Obb. 1983.

Kade, S.: Handlungshermeneutik. Bad Heilbrunn/Obb. 1990.

Kähler, H. D.: Anamneseerhebungen in Erstgesprächen der Sozialarbeit. Sherlock Holmes als Anreger? In: Archiv für Wissenschaft und Praxis der sozialen Arbeit 18 (1987), H. 4, S. 249-272.

Kähler, H. D.: Anamneseerhebung und Praxisforschung: Perspektiven eines beruflichen Routineverfahrens. In: Heiner, M. (Hrsg.): Praxisforschung in der sozialen Arbeit. Freiburg i. Br. 1988, S. 215-229.

Kähler, H. D.: Komplexe Situationen in der Sozialen Arbeit am Beispiel von Erstgesprächen in der Sozialen Einzelhilfe. Anmer-

kungen zu Dietrich Dörners ‚Die Logik des Mißlingens‘. In: Archiv für Wissenschaft und Praxis der sozialen Arbeit 22 (1991), H. 2, S. 135-145 (a).
Kähler, H. D.: Erstgespräche in der sozialen Einzelhilfe. Freiburg i. Br. 1991 (b).
Kaiser, A.: Wie arbeiten lebensweltorientierte Ansätze? Prinzipien und Methoden lebensweltorientierter Bildungsarbeit. In: Grundlagen der Weiterbildung 1 (1990), H. 1, S. 13-18.
Kaiser, F.-J. (Hrsg.): Die Fallstudie. Bad Heilbrunn/Obb. 1983.
Kallmeyer, W./Schütze, F.: Konversationsmaximen/Interaktionspostulate. In: Kleines Lexikon der Linguistik. Linguistik und Didaktik 6 (1975), H. 21, S. 81-84.
Kallmeyer, W./Schütze, F.: Konversationsanalyse. In: Studium Linguistik 1 (1976), H. 1, S. 1-28.
Kallmeyer, W./Schütze, F.: Zur Konstitution von Kommunikationsschemata der Sachverhaltsdarstellung. In: Wegener, D. (Hrsg.): Gesprächsanalyse. Hamburg 1977, S. 151-274.
Kardorff, E. v.: Modellvorstellungen über psychische Störungen: Gesellschaftliche Entstehung, Auswirkungen, Probleme. In: Keupp, H./Zaumseil, M. (Hrsg.): Die gesellschaftliche Organisation psychischen Leidens. Frankfurt a. M. 1978, S. 539-588.
Kardorff, E. v.: Intervention: Kritik und Perspektiven. In: Hörmann, G./Nestmann, F. (Hrsg.): Handbuch der psychosozialen Intervention. Opladen 1988, S. 306-326.
Käsler, D. (Hrsg.): Klassiker soziologischen Denkens. Bd. 2. München 1978.
Kaufmann, F. X.: Zum Verhältnis von Sozialarbeit und Sozialpolitik. In: Otto, H.-U./Schneider, S. (Hrsg.): Gesellschaftliche Perspektiven der Sozialarbeit. Bd. 1. Bielefeld 1975, S. 87-104.
Kaufmann, F. X.: Elemente einer soziologischen Theorie sozialpolitischer Intervention. In: Ders. (Hrsg.): Staatliche Sozialpolitik und Familie. München, Oldenburg 1980.
Keckeisen, W.: Die gesellschaftliche Definition abweichenden Verhaltens. Perspektiven und Grenzen des labeling approach. München 1974.
Kemmler, L.: Die Anamnese in der Erziehungsberatung. Bern, Stuttgart 1965.
Kemmler, L./Echelmeyer, L.: Anamnese-Erhebung. In: Pongratz, L. J. (Hrsg.): Handbuch der Psychologie. Bd. VIII/2: Klinische Psychologie. Göttingen 1978, S. 1628-1648.
Keupp, H. (Hrsg.): Der Krankheitsmythos in der Psychopathologie. München 1972.
Keupp, H.: Abweichung und Alltagsroutine. Die Labeling Perspektive in Theorie und Praxis. Hamburg 1976.
Keupp, H.: Einleitung: Die Kontroverse um das richtige Verständnis von psychischer Störung und Normalität. In: Ders. (Hrsg.): Normalität und Abweichung. München 1979, S. 1-15.

Keupp, H.: Psychisches Leid als gesellschaftlich produzierter Karriereprozeß. In: Voges, W. (Hrsg.): Methoden der Biographie- und Lebenslaufforschung. Opladen 1987, S. 321-339

Keupp, H.: Lebensbewältigung im Jugendalter aus der Perspektive der Gemeindepsychologie. In: Sachverständigenkommission 8. Jugendbericht (Hrsg.): Bd. 3: Risiken des Heranwachsens. Weinheim, München 1990, S. 1-52.

Kieper, M.: Lebenswelten verwahrloster Mädchen. München 1980.

Klafki, W.: Hermeneutische Verfahren in der Erziehungswissenschaft. In: Ders. et al. (Hrsg.): Funk-Kolleg Erziehungswissenschaft. Bd. 3. Frankfurt a. M. 1976, S. 126-153.

Klafki, W.: Kann Erziehungswissenschaft zur Begründung pädagogischer Zielsetzungen beitragen? – Über die Notwendigkeit bei pädagogischen Entscheidungsfragen hermeneutische, empirische und ideologiekritische Untersuchungen mit diskursiv-ethischen Erörterungen zu verbinden. In: Röhrs, H./Scheuerl, H. (Hrsg.): Richtungsstreit in der Erziehungswissenschaft und pädagogische Verständigung. (W. Flitner zur Vollendung seines 100. Lebensjahrs am 20. August 1989 gewidmet.) Frankfurt a. M. 1989, S. 147-159.

Klauß, H.: Hermeneutische Auswertungsverfahren in der empirischen Sozialforschung. In: Schweizerische Zeitschrift für Soziologie 17 (1991), H. 1, S. 93-124.

Kleber, E. W.: Diagnostik in pädagogischen Handlungsfeldern. Einführung in Bewertung, Beurteilung, Diagnose und Evaluation. Weinheim, München 1992.

Klein, J.: Ursprung und Grenzen der Kasuistik. In: Steinbüchel, T./Müncker, T.: Aus Theologie und Philosophie. (Festschrift für Fritz Tillmann.) Düsseldorf 1950, S. 229-245.

Kleining, G.: Umriß zu einer Methodologie qualitativer Sozialforschung. In: Kölner Zeitschrift für Soziologie und Sozialpsychologie 34 (1982), S. 224-253.

Kleining, G.: Das qualitative Experiment. In: Flick, U. et al. (Hrsg.): Handbuch qualitative Sozialforschung. Konzepte, Methoden und Anwendungen. München 1991, S. 263-266.

Kluckhohn, F.: Die Methode der teilnehmenden Beobachtung. In: König, R. (Hrsg.): Beobachtung und Experiment in der Sozialforschung. Berlin, Köln 1956, S. 97-114.

Knapp, A.: Diagnose und Prognose. In: Weidenmann, B. et al. (Hrsg.): Pädagogische Psychologie. Ein Lehrbuch. München, Weinheim 1986, S. 565-630.

Knapp, W. (Hrsg.): Die wissenschaftlichen Grundlagen der Sozialarbeit und Sozialpädagogik. Stuttgart u.a. 1980.

Köckeis-Stangl, E.: Methoden der Sozialisationsforschung. In: Hurrelmann, K./Ulich, D. (Hrsg.): Handbuch der Sozialisationsforschung. Weinheim, Basel 1980, S. 321-370.

Kohli, M.: ‚Offenes' und ‚geschlossenes' Interview. Neue Argumente zu einer alten Kontroverse. In: Soziale Welt 29 (1978), H. 9, S. 1-25 (a).

Kohli, M.: Soziologie des Lebenslaufs. Darmstadt 1978 (b).
Kohli, M.: Wie es zur ‚biographischen Methode' kam und was daraus geworden ist. In: Zeitschrift für Soziologie 10 (1981), H. 3, S. 273-293.
Kohli, M./Robert, G. (Hrsg.): Biographie und soziale Wirklichkeit. Neue Beiträge und Forschungsperspektiven. Stuttgart 1984.
Kokemohr, R.: Bildung als Bewegung? Logische und kommunikationstheoretische Aspekte der Bildungstheorie Erich Wenigers und ihre Bedeutung für biographische Bildungsprozesse in der Gegenwart. In: Hansmann, O./Marotzki, W.: Diskurs Bildungstheorie. Rekonstruktion der Bildungstheorie unter Bedingungen der gegenwärtigen Gesellschaft. Weinheim 1989, S. 327-373.
Kommer, D./Röhrle, D. (Hrsg.): Gemeindepsychologische Perspektiven. (Bd. 3: Ökologie und Lebenslagen, DGVT-Sonderreihe.) Tübingen 1983.
Konferenz der Fachbereichsleiter der Fachbereiche Sozialwesen (KFS): Bericht über Forschung an Fachbereichen für Sozialwesen. Berlin 1986.
König, E.: Interpretatives Paradigma: Rückkehr oder Alternative zur Hermeneutik. In: Hoffmann, D. (Hrsg.): Bilanz der Paradigmendiskussion in der Erziehungswissenschaft: Leistungen, Defizite, Grenzen. Weinheim 1991, S. 49-63.
König, E./Zedler, P. (Hrsg.): Erziehungswissenschaftliche Forschung. Positionen, Perspektiven, Probleme. München 1982.
König, E./Zedler, P.: Einführung in die Wissenschaftstheorie der Erziehungswissenschaft. Düsseldorf 1983.
König, R.: Die Beobachtung. In: Ders. (Hrsg.): Handbuch der empirischen Sozialforschung Bd. 2. Grundlegende Methoden und Techniken der empirischen Sozialforschung. Erster Teil. Stuttgart [3]1973, S. 1-65 (a).
König, R.: Handbuch der empirischen Sozialforschung. Bd. 2. Grundlegende Methoden und Techniken der empirischen Sozialforschung. Erster Teil. Stuttgart [3]1973 (b)
Koring, B.: Eine Theorie pädagogischen Handelns. Theoretische und empirisch-hermeneutische Untersuchungen zur Professionalisierung der Pädagogik. Weinheim 1989.
Koring, B.: Profession und Biographie. Interpretationen zur biographischen Prägung eines beruflichen Habitus an der Universität. In: Marotzki, W./Kokemohr, R. (Hrsg.): Biographien in komplexen Institutionen. (Bd. 2: Studentenbiographien.) Weinheim 1990, S. 7-44.
Krafeld, F. J.: Anders leben lernen. Von berufsfixierten zu ganzheitlicheren Lebensorientierungen. Weinheim, Basel 1989.
Kraimer, K.: Anmerkungen zu einem ‚erzählgenerierenden' Instrument der kommunikativen Sozialforschung (narratives Interview). In: Garz, D./Kraimer, K. (Hrsg.): Brauchen wir andere Forschungsmethoden? Beiträge zur Diskussion interpretativer Verfahren. Frankfurt a. M. 1983, S. 86-112.

Kraimer, K.: Abweichendes Verhalten als Gegenstand alltags- und interaktionstheoretischer Erziehungswissenschaft. Frankfurt a. M. u.a. 1985.

Kraimer, K.: Sozialarbeit und Forschung: Zur qualitativen Erhebung von Klientenperspektiven. In: Archiv für Wissenschaft und Praxis der sozialen Arbeit 22 (1991), H. 2, S. 125-134.

Kraimer, K.: Abweichendes Verhalten, Aktenanalyse, Anamnese, Erziehen. In: Bauer, R. (Hrsg.): Lexikon des Sozial- und Gesundheitswesens. München, Wien 1992, S. 2-6, S. 33-36, S. 83-86, S. 538-541.

Kraimer, K./Haupert, B.: Obdachlosigkeit in der Schweiz – Sozialarbeitsforschung als Lebensweltanalyse: ein Werkstattbericht. In: Sozialarbeit 24 (1992), H. 3, S. 14-27.

Kraimer, K./Müller-Kohlenberg, H.: Ehrenamtliche Jugendgerichtshilfe. In: Recht der Jugend und des Bildungswesens 38 (1990), H. 2, S. 170-182.

Krakauer, S.: Für eine qualitative Inhaltsanalyse. In: Ästhetik und Kommunikation 3 (1972), H. 7, S. 53-58.

Krämer, K.: Delinquenz, Suchtmittelumgang und andere Formen abweichenden Verhaltens. Ein Geschlechtervergleich. Freiburg i. Br. 1992.

Krappmann, L.: Soziologische Dimensionen der Identität. Stuttgart 1969.

Krause, H.: Zum Bildungsverständnis der Aufklärungspädagogik. In: Hansmann, O./Marotzki, W.: Diskurs Bildungstheorie. Rekonstruktion der Bildungstheorie unter Bedingungen der gegenwärtigen Gesellschaft. Weinheim 1989, S. 13-42.

Krauß, E. J.: Methoden der Sozialarbeit/Sozialpädagogik. In: Kreft, D./Mielenz, I. (Hrsg.): Wörterbuch Soziale Arbeit. Aufgaben, Praxisfelder, Begriffe und Methoden der Sozialarbeit und Sozialpädagogik. Weinheim, Basel 1988, S. 383-388.

Kreft, D.: Welche Bedeutung haben Arbeitsergebnisse aus Wissenschaft und Forschung für praktische Sozialarbeit? In: Theorie und Praxis der sozialen Arbeit 38 (1987), H. 2, S. 58-64.

Kreft, D./Mielenz, I. (Hrsg.): Wörterbuch Soziale Arbeit. Aufgaben, Praxisfelder, Begriffe und Methoden der Sozialarbeit/Sozialpädagogik. Weinheim, Basel 1988 (a).

Kreft, D./Mielenz, I.: Soziale Arbeit. In: Dies. (Hrsg.): Wörterbuch Soziale Arbeit. Aufgaben, Praxisfelder, Begriffe und Methoden der Sozialarbeit und Sozialpädagogik. Weinheim, Basel 1988, S. 487-489 (b).

Kreutz, H./Landwehr, R./Wuggenig, U. (Hrsg.): Empirische Sozialarbeitsforschung. Rheinstetten 1987.

Kriz, J.: Methodenkritik empirischer Sozialforschung. Stuttgart 1981.

Kriz, J.: Empirische Sozialforschung. In: Kerber, H./Schmieder, A. (Hrsg.): Handbuch Soziologie. Zur Theorie und Praxis sozialer Beziehungen (1984), S. 101-111.

Krohn, D. et al. (Hrsg.): Das sokratische Gespräch. Ein Symposion. Hamburg 1989.

Kromrey, H.: Gruppendiskussionen. Erfahrungen im Umgang mit einer weniger häufigen Methode empirischer Sozialwissenschaft. In: Hoffmeyer-Zlotnik, J. H. P. (Hrsg.): Qualitative Methoden der Datenerhebung in der Arbeitsmigrantenforschung. Mannheim 1986, S. 109-143.

Kronen, H.: Sozialpädagogik. Geschichte und Bedeutung des Begriffs. Frankfurt a. M. 1980.

Krüger, H.: Gruppendiskussionen. Überlegungen zur Rekonstruktion sozialer Wirklichkeit aus der Sicht der Betroffenen. In: Soziale Welt 34 (1983), H. 1, S. 90-109.

Krumm, V.: Einzelfallanalyse (Einzelfalluntersuchung.) In: Schiefele, H./Krapp, A. (Hrsg.): Handlexikon zur Pädagogischen Psychologie. München 1981, S. 95-100.

Küchler, M.: Qualitative Sozialforschung. Modetrend oder Neuanfang? In: Kölner Zeitschrift für Soziologie und Sozialpsychologie 32 (1980), S. 373-386.

Küchler, M.: ‚Qualitative' Sozialforschung – Ein neuer Königsweg? In: Garz, D./Kraimer, K. (Hrsg.): Brauchen wir andere Forschungsmethoden? Beiträge zur Diskussion interpretativer Verfahren. Frankfurt a. M. 1983, S. 9-30.

Kunz, G.: Einzelfallstudie. In: Bernsdorf, W. (Hrsg.): Wörterbuch der Soziologie. Bd. 1. Stuttgart 1969, S. 215-217.

Lamnek, S.: Theorien abweichenden Verhaltens. München 1979.

Lamnek, S.: Qualitative Sozialforschung. Bd. 1: Methodologie; Bd. 2: Methoden und Techniken. Weinheim, München 1988, 1989.

Landwehr, R./Baron, R. (Hrsg.): Geschichte der Sozialarbeit. Hauptlinien ihrer Entwicklung im 19. und 20. Jahrhundert. Weinheim, Basel 1983.

Lattke, H.: Soziale Arbeit und Erziehung in unserer Zeit. In: Röhrs, H. (Hrsg.): Die Sozialpädagogik und ihre Theorie. Frankfurt a. M. 1968, S. 111-126.

Laucken, U.: Naive Verhaltenstheorie. Stuttgart 1974.

Layer, H.: Sozialarbeit und Sozialforschung. In: Soziale Arbeit 36 (1987), Heft 4/5, S. 406-413.

Lehmann, A.: Autobiographische Erhebungen in den sozialen Unterschichten. Gedanken zu einer Methode der empirischen Forschung. In: Zeitschrift für Volkskunde 73 (1977), S. 161-180.

Lehmann, R.: Gütekriterien in Fallstudien. In: Fischer, D. (Hrsg.): Lernen am Fall. Zur Interpretation und Verwendung von Fallstudien in der Pädagogik. Konstanz 1983, S. 51-57.

Lehmann, R./Vogel, D.: Einzelfallstudie. In: Haft, H./Kordes, H. (Hrsg.): Methoden der Erziehungs- und Bildungsforschung. (Enzyklopädie Erziehungswissenschaft. Bd. 2.) Stuttgart 1984, S. 349-355.

Leithäuser, T./Volmerg, B.: Anleitung zur empirischen Hermeneutik. Psychoanalytische Textinterpretation als sozialwissenschaftliches Verfahren. Frankfurt a. M. 1979.

Leithäuser, T./Volmerg, B. (Hrsg.): Psychoanalyse in der Sozialforschung. Am Beispiel einer Sozialpsychologie der Arbeit. (4 Kurseinheiten Fernuniversität Hagen.) Hagen 1987.

Leithäuser, T./Volmerg, B. (Hrsg.): Psychoanalyse in der Sozialforschung. Eine Einführung am Beispiel einer Sozialpsychologie der Arbeit. Opladen 1988.

Lemert, E. M.: Der Begriff der sekundären Devianz. In: Lüdersen, K./Sack, F. (Hrsg.): Seminar: Abweichendes Verhalten. Bd. 2. Frankfurt a. M. 1974, S. 433-476.

Lenk, H. (Hrsg.): Handlungstheorien interdisziplinär. 4 Bde. München 1977.

Lenk, H.: Handlung(stheorie). In: Seiffert, H./Radnitzky, G. (Hrsg.): Handlexikon zur Wissenschaftstheorie. München 1988, S. 119-127.

Lenz, K.: Prozeßstrukturen biographischer Verläufe in der Jugendphase und danach. Methodische Grundlagen einer qualitativen Langzeitstudie. In: Combe, A./Helsper, W. (Hrsg.): Hermeneutische Jugendforschung. Opladen 1991, S. 50-70.

Liebau, E.: Gesellschaftliches Subjekt und Erziehung. Weinheim, München 1987.

Liebau, E.: Die Kultivierung des Alltags. Das pädagogische Interesse an Bildung, Kunst und Kultur. München 1992.

Lippitz, W.: Der phänomenologische Begriff der ‚Lebenswelt' – seine Relevanz für die Sozialwissenschaften. In: Zeitschrift für philosophische Forschung 32 (1978), H. 3, S. 416-435.

Lippitz, W.: ‚Lebenswelt' oder die Rehabilitation vorwissenschaftlicher Erfahrung. Weinheim, Basel 1980.

Lippitz, W.: Die Bedeutung des lebensweltlichen Erfahrungsbegriffs für eine praxisnahe pädagogische Theorie. In: Neue Sammlung 23 (1983), H. 3, S. 240-254.

Lippitz, W.: Überlegungen zu einer phänomenologisch-hermeneutisch begründeten Pädagogik. In: Danner, H./Lippitz, W. (Hrsg.): Beschreiben, Verstehen, Handeln. Phänomenologische Forschungen in der Pädagogik. München 1984, S. 81-90.

Lippitz, W.: ‚Lebenswelt' – kritisch betrachtet. In. Neue Praxis 22 (1992), H. 4, S. 295-311.

Lisch, R./Kriz, J.: Grundlagen und Modelle der Inhaltsanalyse. Reinbek 1978.

Loch, W. (Hrsg.): Modelle pädagogischen Verstehens. Essen 1978.

Loch, W.: Lebenslauf und Erziehung. Essen 1979 (a).

Loch, W.: Curriculare Kompetenzen und pädagogische Paradigmen. Zur anthropologischen Grundlegung einer biographischen Erziehungstheorie. In: Bildung und Erziehung 32 (1979), S. 241-266 (b).

Loch, W.: Phänomenologische Pädagogik. In: Lenzen, D./Mollenhauer, K. (Hrsg.): Theorien und Grundbegriffe der Erziehung und Bildung. (Enzyklopädie Erziehungswissenschaft. Bd. 1.) Stuttgart 1983, S. 155-173.

Loch, W.: Arbeitsunterlagen zu Vortagungen. 2. Zu den anthropologischen Funktionen des erinnernden Erzählens. In: Dikow, J. (Hrsg.): Die Bedeutung biographischer Forschung für den Erzieher (Münstersche Gespräche zu Themen der wissenschaftlichen Pädagogik.) Münster 1988, S. 98-99.

Loser, F.: Konzepte und Verfahren der Unterrichtsforschung. München 1979.

Loser, F.: Alltäglicher Unterricht und die Erforschung des Unterrichtsalltags. In: Thiemann, F. (Hrsg.): Konturen des Alltäglichen. Interpretationen zum Unterricht. Königstein/Ts. 1980, S. 133-166.

Lotz, W.: Kann man erziehen lernen? In: Päd. Extra (1992), H. 10, S. 40-45.

Lowy, L.: Sozialarbeit/Sozialpädagogik als Wissenschaft im angloamerikanischen und deutschsprachigen Raum. Stand und Entwicklung. Freiburg i. Br. 1983.

Luckmann, T.: Lebenswelt: Modebegriff oder Forschungsprogramm? In: Grundlagen der Weiterbildung 1 (1990), H. 1, S. 9-13.

Lüders, C.: Der wissenschaftlich ausgebildete Praktiker. Weinheim 1989.

Lüders, C.: Spurensuche. Ein Literaturbericht zur Verwendungsforschung. In: Oelkers, J./Tenorth, H.-E. (Hrsg.): Pädagogisches Wissen. (27. Beiheft der Zeitschrift für Pädagogik.) Weinheim 1991, S. 415-437 (a).

Lüders, C.: Deutungsmusteranalyse. Annäherungen an ein risikoreiches Konzept. In: Garz, D./Kraimer, K. (Hrsg.): Qualitativ-empirische Sozialforschung. Konzepte, Methoden, Analysen. Opladen 1991, S. 377-408 (b).

Lüders, C./Reichertz, J.: Wissenschaftliche Praxis ist, wenn alles funktioniert und keiner weiß warum – Bemerkungen zur Entwicklung qualitativer Sozialforschung. In: Sozialwissenschaftliche Literaturrundschau 9 (1986), H. 12, S. 90-102.

Lüders, C./Reichertz, J.: Wider den Grundsatzstreit zur falschen Zeit. In: Sozialwissenschaftliche Literaturrundschau 10 (1987), H. 14, S. 102-105.

Ludewigt, I./Otto-Schindler, M.: ‚Da fing diese Wurschtelei eigentlich schon an'. Zum sozialpädagogischen Handeln im ‚Heim-Alltag'. In: Neue Sammlung 32 (1992), H. 4, S. 509-520.

Ludwig, M.: Sozialhilfe-Karrieren: Ein Teufelskreis der Armut? In: Nachrichtendienst des Deutschen Vereins für öffentliche und private Fürsorge 72 (1992), H. 11, S. 359-365.

Lukas, H.: Aktenanalyse als Methode der Sozialarbeitsforschung. In: Archiv für Wissenschaft und Praxis der sozialen Arbeit 9 (1978), H. 4, S. 259-280.

Lukas, H.: Sozialpädagogik/Sozialarbeitswissenschaft. Entwicklungsstand und Perspektive einer eigenständigen Wissenschaftsdisziplin für das Handlungsfeld Sozialarbeit/Sozialpädagogik. Berlin 1979.

Maas, U.: Soziale Arbeit als Verwaltungshandeln. Systematische Grundlegung für Studium und Praxis. Weinheim, München 1992.

Maelicke, B. (Hrsg.): Soziale Arbeit als soziale Innovation. Veränderungsbedarf und Innovationsstrategien. München 1987 (a).

Maelicke, B.: Soziale Arbeit als soziale Innovation. In: Ders. (Hrsg.): Soziale Arbeit als soziale Innovation. Veränderungsbedarf und Innovationsstrategien. Weinheim, München 1987, S. 9-22 (b).

Maier, K.: Forschungsinstitute an Fachhochschulen für Sozialwesen? In: Nachrichtendienst des Deutschen Vereins für öffentliche und private Fürsorge 72 (1992), H. 1, S. 23-27.

Mangold, W.: Gegenstand und Methode des Gruppendiskussionsverfahrens. Frankfurt a. M. 1960.

Mangold, W.: Gruppendiskussionen. In: König, R. (Hrsg.): Handbuch der empirischen Sozialforschung. Bd. 2. Grundlegende Methoden und Techniken der empirischen Sozialforschung. Erster Teil. Stuttgart [3]1967, S. 228-259.

Marburger, H.: Entwicklung und Konzepte der Sozialpädagogik. München 1981.

Marchal, P.: Öffentlichkeitsarbeit. In: Kreft, D./Mielenz, I. (Hrsg.): Wörterbuch Soziale Arbeit. Aufgaben, Praxisfelder, Begriffe und Methoden der Sozialarbeit und Sozialpädagogik. Weinheim, Basel 1988, S. 403-406.

Marotzki, W.: Weiterentwicklungen konversationsanalytisch orientierter qualitativer Forschungsmethoden. Vortrag in der Kommission ‚Wissenschaftsforschung‘ der Deutschen Gesellschaft für Erziehungswissenschaft (DGFE). Regensburg 1989.

Marotzki, W.: Ideengeschichtliche und programmatische Dimensionen pädagogischer Biographieforschung. In: Hoffmann, D. (Hrsg.): Bilanz der Paradigmendiskussion in der Erziehungswissenschaft. Leistungen, Defizite, Grenzen. Weinheim 1991, S. 81-110 (a).

Marotzki, W.: Sinnkrise und biographische Entwicklung. In: Garz, D./Kraimer, K. (Hrsg.): Qualitativ-empirische Sozialforschung. Konzepte, Methoden, Analysen. Opladen 1991, S. 409-439 (b).

Marotzki, W./Kokemohr, R. (Hrsg.): Biographien in komplexen Institutionen. Bd. II: Studentenbiographien. Weinheim 1990.

Marotzki, W./Sünker, H.: Kritische Erziehungswissenschaft-Moderne-Postmoderne. Weinheim 1991.

Martin, E.: Die Didaktik der sozialpädagogischen Arbeit. Eine Einführung in die Probleme und Möglichkeiten. Weinheim, München 1989.

Martin, E./Wawrinowski, U.: Beobachtungslehre. Weinheim, München 1991.

Marzahn, C.: Geschichte der Sozialarbeit/Sozialpädagogik. Forschungsstand, Methoden und Tendenzen. In: Kreft, D./Mielenz, I. (Hrsg.): Wörterbuch Soziale Arbeit. Aufgaben, Praxisfelder, Begriffe und Methoden der Sozialarbeit und Sozialpädagogik. Weinheim, Basel 1988, S. 234-238.

Matthes, J./Pfeiffenberger, A./Stosberg, M. (Hrsg.): Biographie in handlungswissenschaftlicher Perspektive. Nürnberg 1981.

Matthes-Nagel, U.: Objektiv-hermeneutische Bildungsforschung. In: Haft, H./Kordes, H. (Hrsg.): Methoden der Erziehungs- und Bildungsforschung. (Enzyklopädie Erziehungswissenschaft. Bd. 2.) Stuttgart 1984, S. 283-300.

Matthes-Nagel, U.: Modelle und Methoden rekonstruktiver Theoriebildung. In: Ebert, G. et al. (Hrsg.): Subjektorientiertes Lernen und Arbeiten – Ausdeutung einer Gruppeninteraktion. Pädagogische Arbeitsstelle. Frankfurt a. M. 1986, S. 29-55.

Matthiesen, U.: Das Dickicht der Lebenswelt und die Theorie kommunikativen Handelns. München 1983.

Maurer, F. (Hrsg.): Lebensgeschichte und Identität. Beiträge zu einer biographischen Anthropologie. Frankfurt a. M. 1981.

Mayer, K. U. (Hrsg.): Lebensverläufe und sozialer Wandel. (Sonderheft 31 der Kölner Zeitschrift für Soziologie und Sozialpsychologie.) Opladen 1990.

Mayring, P.: Qualitative Inhaltsanalyse. Grundlagen und Techniken. Weinheim, Basel 1983.

Mayring, P.: Einführung in die qualitative Sozialforschung. München 1990.

Mead, G. H.: Geist, Identität und Gesellschaft. Frankfurt a. M. 1980.

Mehringer, A.: Pädagogisch gebildete Menschlichkeit oder: Von den Grenzen einer Professionalisierbarkeit pädagogischen Tuns. Bericht und Nachgedanken zu einer Tagung des Pestalozzi-Fröbel-Verbandes in Hamburg im November 1980. In: Unsere Jugend 33 (1981), H. 2, S. 55-61.

Meinberg, E.: Das Menschenbild der modernen Erziehungswissenschaft. Darmstadt 1988.

Meinhold, M.: ‚Wir behandeln Situationen, nicht Personen'. Über Möglichkeiten, situationsbezogene Verfahren anzuwenden am Beispiel des Familienzentrums Melbourne. In: Müller, S. et al. (Hrsg.): Handlungskompetenz in der Sozialarbeit/Sozialpädagogik. Bd. 1. Bielefeld 1982, S. 165-183.

Meinhold, M.: Hilfsangebote für Klienten in der Familienfürsorge. Erfahrungen aus dem Projekt ‚Familiendienste Wedding'. In: Karsten, M.-E./Otto, H.-U. (Hrsg.): Die sozialpädagogische Ordnung der Familie. Beiträge zum Wandel familialer Lebenswelten und sozialpädagogische Interventionen. Weinheim, München 1987, S. 197-213.

Meinhold, M./Guski, E.: Einzelfallhilfe. In: Eyferth, H./Otto, H.-U./Thiersch, H.: Handbuch zur Sozialarbeit/Sozialpädagogik. Neuwied, Darmstadt 1984, S. 271-281.
Merkens, H.: Teilnehmende Beobachtung und Inhaltsanalyse in der erziehungswissenschaftlichen Forschung. Weinheim und Basel 1984.
Merten, K.: Inhaltsanalyse. Einführung in Theorie und Praxis. Wiesbaden 1982.
Merten, K./Ruhrmann, G.: Die Entwicklung der inhaltsanalytischen Methode. In: Kölner Zeitschrift für Soziologie und Sozialpsychologie 34 (1982), S. 696-716.
Merton, R. K.: Sozialstruktur und Anomie. In Sack, F./König, R. (Hrsg.): Kriminalsoziologie. Wiesbaden 1979, S. 283-313.
Merton, R. K./Kendall, P. L.: Das fokussierte Interview. In: Hopf, C./Weingarten, E. (Hrsg.): Qualitative Sozialforschung. Stuttgart 1979, S. 171-204.
Meuser, M./Nagel, V.: ExpertInneninterviews – vielfach erprobt, wenig bedacht. Ein Beitrag zur qualitativen Methodendiskussion. In: Garz, D./Kraimer, K. (Hrsg.): Qualitativ-empirische Sozialforschung. Konzepte, Methoden, Analysen. Opladen 1991, S. 441-471.
Meuser, M./Sackmann, R. (Hrsg.): Analyse sozialer Deutungsmuster. Beiträge zur empirischen Wissenssoziologie. Pfaffenweiler 1991.
Mohler, P.: Zur Pragmatik qualitativer und quantitativer Sozialforschung. In: Kölner Zeitschrift für Soziologie und Sozialpsychologie 33 (1981), S. 716-734.
Mollenhauer, K.: Was heißt Sozialpädagogik? In: Mollenhauer, K. et al. (Hrsg.): Zur Bestimmung von Sozialpädagogik und Sozialarbeit in der Gegenwart. Weinheim 1966, S. 32-45.
Mollenhauer, K.: Erziehung und Emanzipation. München 1968.
Mollenhauer, K.: Theorien zum Erziehungsprozeß. München 1972.
Mollenhauer, K.: Einführung in die Sozialpädagogik. Weinheim, Basel 1979.
Mollenhauer, K.: Vergessene Zusammenhänge: Über Kultur und Erziehung. München 1983.
Mollenhauer, K.: Die Ursprünge der Sozialpädgogik in der industriellen Gesellschaft. Eine Untersuchung zur Struktur sozialpädagogischen Denkens und Handelns. Weinheim, Berlin 1987 (Reprint der Originalausgabe von 1959).
Mollenhauer, K.: Erziehungswissenschaft oder Sozialpädagogik/Sozialarbeit oder Das Pädagogische in der Sozialarbeit/Sozialpädagogik. In: Sozialwissenschaftliche Literaturrundschau 11 (1988), H. 17, S. 53-58.
Mollenhauer, K./Uhlendorff, U.: Sozialpädagogische Diagnosen. Über Jugendliche in schwierigen Lebenslagen. Weinheim, München 1992.

Mörschner, M.: Sozialpädagogik und Schule. Zur Entwicklung ihrer Beziehung. München 1988.
Mühlfeld, C. et al.: Auswertungsprobleme offener Interviews. In: Soziale Welt 32 (1981), H. 3, S. 325-352.
Mühlfeld, C. et al. (Hrsg.): Sozialarbeit und Wohlfahrtsverbände – Hilfe mit beschränkter Haftung? (Reihe: Brennpunkte sozialer Arbeit.) Frankfurt a. M. 1987.
Mühlfeld, C. et al. (Hrsg.): Mehr Professionalität – mehr Lösungen? Die Professionspolitische Zerreißprobe der Sozialarbeit. (Reihe: Brennpunkte Sozialer Arbeit.) Frankfurt a. M. 1988.
Mühlum, A.: Sozialpädagogik und Sozialarbeit. Eine vergleichende Darstellung zur Bestimmung ihres Verhältnisses in historischer, berufspraktischer und theoretischer Perspektive. Frankfurt a. M. 1982.
Mühlum, A.: Theorien der Sozialarbeit/Sozialpädagogik. In: Deutscher Verein für öffentliche und private Fürsorge (Hrsg.): Fachlexikon der sozialen Arbeit. Frankfurt a. M. 1986, S. 851-852.
Mühlum, A./Kemper, E.: Sozialarbeit – Kompetenz statt Omnipotenz. In: Mühlfeld, C. et al. (Hrsg.): Mehr Professionalität – mehr Lösungen? Die Professionspolitische Zerreißprobe der Sozialarbeit (Reihe Brennpunkte Sozialer Arbeit.) Frankfurt a. M. 1988, S. 11-30.
Müller, B.: Die Last der großen Hoffnungen. Methodisches Handeln und Selbstkontrolle in sozialen Berufen. Weinheim, München 1985.
Müller, B.: Der eigene und der fremde Alltag – zur sozialpädagogischen Relevanz der Ethnopsychoanalyse. In: Neue Praxis 16 (1986), H. 5, S. 430-441.
Müller, B.: Soziale Arbeit und die sieben Schwestern. Eine Ortsbestimmung im Kontext der Dienstleistungsgesellschaft. In: Otto, H.-U. et al. (Hrsg.): Zeit-Zeichen sozialer Arbeit: Entwürfe einer neuen Praxis. Neuwied 1992, S. 101-110.
Müller, B./Niemeyer, C./Peter, H. (Hrsg.): Sozialpädagogische Kasuistik. Analysen und Arbeitsmaterial zu einem Fall. Bielefeld 1986.
Müller, B./Thiersch, H. (Hrsg.): Gerechtigkeit und Selbstverwirklichung. Moralprobleme im sozialpädagogischen Handeln. Freiburg i. Br. 1990.
Müller, C. W.: Wie helfen zum Beruf wurde. Eine Methodengeschichte der Sozialarbeit. Weinheim, Basel 1982.
Müller, C. W. (Hrsg.): Einführung in die Soziale Arbeit. Weinheim, Basel 1987.
Müller, C. W.: Sozialarbeit/Sozialpädagogik. In: Kreft, D./Mielenz, I. (Hrsg.): Wörterbuch Soziale Arbeit. Aufgaben, Praxisfelder, Begriffe und Methoden der Sozialarbeit und Sozialpädagogik. Weinheim, Basel 1988, S. 480-484 (a).
Müller, C. W.: Wie Helfen zum Beruf wurde. Bd. 2: Eine Methodengeschichte der Sozialarbeit 1945-1985. Weinheim, Basel 1988 (b).

Müller. C. W.: Forschung. In: Kreft, D./Mielenz, I. (Hrsg.): Wörterbuch Soziale Arbeit. Aufgaben, Praxisfelder, Begriffe und Methoden der Sozialarbeit und Sozialpädagogik. Weinheim, Basel 1988, S. 201-202 (c).

Müller, H. W./Müller, S.: Akten/Aktenanalysen. In: Eyferth, H./Otto, H.-U./Thiersch, H. (Hrsg.): Handbuch zur Sozialarbeit und Sozialpädagogik. Neuwied, Darmstadt 1984, S. 23-42.

Müller, S.: Aktenanalyse als Methode der Sozialforschung. Weinheim, Berlin 1980.

Müller, S. et al. (Hrsg.): Handlungskompetenz in der Sozialarbeit/Sozialpädagogik. Bd. I: Interventionsmuster und Praxisanalysen. Bielefeld 1982.

Müller, S. et al. (Hrsg.): Handlungskompetenz in der Sozialarbeit/Sozialpädagogik. Bd. 2: Theoretische Konzepte und gesellschaftliche Strukturen. Bielefeld 1984.

Müller, S./Rauschenbach, T. (Hrsg.): Das soziale Ehrenamt. Weinheim 1988.

Müller-Doohm, S.: Vom Positivismusstreit zur Hermeneutikdebatte – Die Aktualität des interpretativen Paradigmas. In: Kulturanalysen. Zeitschrift für Tiefenhermeneutik und Sozialisationstheorie 2 (1990), H. 3, S. 292-307.

Müller-Kohlenberg, H.: Laienhilfe – die bessere Alternative? In: Müller, S./Rauschenbach, T. (Hrsg.): Das soziale Ehrenamt. Weinheim, München 1988, S. 185-193.

Müller-Kohlenberg, H.: Die Kompetenz von Laien – eine Herausforderung an die Theorien professionellen Helfens. In: Alisch, L. M. et al. (Hrsg.): Professionswissen und Professionalisierung. Braunschweig 1990, S. 253-268.

Müller-Kohlenberg, H.: Die Aporie von Methode und Beziehung in der Sozialarbeit. In: Neue Sammlung 33 (1993), H. 1, S. 45-54.

Müller-Kohlenberg, H./Kardorff, E. v./Kraimer, K.: Analyse der sozialen, kulturellen und psychischen Bedingungen für freiwilliges soziales Engagement im Ost- und Westteil Berlins. (Projektbericht.) Berlin, Osnabrück, München 1992.

Musloff, H.-U.: Der Begriff des Pädagogischen und die Moderne. In: Pädagogische Rundschau 46 (1992), H. 1, S. 3-18.

Nagel, U.: Sozialarbeit als Krisenmanagement. In: Meuser, M. (Hrsg.): Analyse sozialer Deutungsmuster: Beiträge zur empirischen Wissenssoziologie. Pfaffenweiler 1991, S. 71-87.

Natorp, P.: Der Streit um den Begriff der Sozialpädagogik. In: Die Deutsche Schule 11 (1907), S. 601-622.

Nestmann, F.: Förderung sozialer Netzwerke – eine Perspektive pädagogischer Handlungskompetenz? In: Neue Praxis 19 (1989), H. 2, S. 107-123.

Nieke, W.: Zum Begriff ‚Handlungskompetenz'. In: Müller, S. et al. (Hrsg.): Handlungskompetenz in der Sozialarbeit/Sozialpädagogik. Bd. 2: Theoretische Konzepte und gesellschaftliche Strukturen. Bielefeld 1984, S. 129-145.

Nieke, W.: Gemeinwesenorientiertes Lehren und Lernen: Wie Lehrer und Sozialpädagogen ihre Handlungskompetenz in Studium und Fortbildung erweitern können. In: Homfeldt, H. G. (Hrsg.): Ausbilden und Fortbilden. Krisen und Perspektiven der Lehrerbildung. Bad Heilbrunn/Obb. 1991, S. 38-55.

Niemeyer, C.: Ansätze zu einer sozialpädagogischen Metatheorie. In: Neue Praxis 10 (1980), H. 3, S. 285-306.

Niemeyer, C.: Sozialpädagogik – Sozialarbeit. In: Lenzen, D. (Hrsg.): Pädagogische Grundbegriffe. Bd. 2. Stuttgart 1989. S. 1416-1432.

Niemeyer, C.: Sozialpädagogik als Wissenschaft und Profession. Einführendes für zu spät Gekommene und Bilanzierendes vor der Wende. In: Neue Praxis 23 (1993), H. 3, S. 455-471.

Nießen, M.: Gruppendiskussion. Interpretative Methodologie – Methodenbegründung – Anwendung. München 1977.

Nittel, D.: Report: Biographieforschung. Pädagogische Arbeitsstelle des Deutschen Volkshochschul-Verbandes. Bonn 1991.

Nohl, H.: Aufgaben und Wege der Sozialpädagogik. Weinheim 1965.

Oelkers, J.: Subjektivität, Autobiographie und Erziehung. In: Zeitschrift für Pädagogik 33 (1987), H. 3, S. 326-344.

Oelkers, J./Schulz, W. K. (Hrsg.): Pädagogisches Handeln und Kultur. Aktuelle Aspekte der gesiteswissenschaftlichen Pädagogik. Bad Heilbrunn/Obb. 1984.

Oevermann, U.: Zur Analyse der Struktur von sozialen Deutungsmustern. (Manuskript.) Frankfurt a. M. 1973.

Oevermann, U.: Programmatische Überlegungen zu einer Theorie der Bildungsprozesse und zur Strategie der Sozialisationsforschung. In: Hurrelmann, K. (Hrsg.): Sozialisation und Lebenslauf. Empirie und Methodik sozialwissenschaftlicher Persönlichkeitsforschung. Reinbek 1976, S. 34-52.

Oevermann, U.: Sozialisationstheorie. Ansätze zu einer soziologischen Sozialisationstheorie und ihre Konsequenzen für die allgemeine soziologische Analyse. In: Lüschen, G. (Hrsg.): Deutsche Soziologie seit 1945. (Sonderheft der Kölner Zeitschrift für Soziologie und Sozialpsychologie.) Opladen 1979, S. 143-168.

Oevermann, U.: Professionalisierbarkeit der Pädagogik – Professionalisierbarkeit pädagogischen Handelns. (Vortragsmitschnitt FU Berlin.) Berlin 1981 (a).

Oevermann, U.: Fallrekonstruktion und Strukturgeneralisierung als Beitrag der objektiven Hermeneutik zur soziologisch-strukturtheoretischen Analyse. (Manuskript.) Frankfurt a. M. 1981 (b).

Oevermann, U.: Hermeneutische Sinnrekonstruktion: Als Therapie und Pädagogik mißverstanden, oder das notorische strukturtheoretische Defizit pädagogischer Wissenschaft. In: Garz, D./ Kraimer, K. (Hrsg.): Brauchen wir andere Forschungsmethoden? Beiträge zur Diskussion interpretativer Verfahren. Frankfurt a. M. 1983, S. 113-155.

Oevermann, U.: Kontroversen über sinnverstehende Soziologie. In: Aufenanger, S./Lenssen, M. (Hrsg.): Handlung und Sinnstruktur. München 1986, S. 19-83.

Oevermann, U.: Eine exemplarische Fallrekonstruktion zum Typus versozialwissenschaftlichter Identitätsformation. In: Brose, H.-G./Hildenbrand, B. (Hrsg.): Vom Ende des Individuums zur Individualität ohne Ende. Opladen 1988, S. 243-286.

Oevermann, U.: Interpretation eines Interviews mit einer Schweizer Sozialarbeiterin. (Vortragsmitschnitt Universität Fribourg/ Schweiz.) Fribourg 1991.

Oevermann, U.: Die objektive Hermeneutik als unverzichtbare Grundlage für die Analyse von Subjektivität. Zugleich eine Kritik der Tiefenhermeneutik. (Manuskript.) Frankfurt a. M. 1993.

Oevermann, U. et al.: Beobachtungen zur Struktur der sozialisatorischen Interaktion. In: Auwärter, M./Kirsch, E./Schröter, K. (Hrsg.): Seminar, Kommunikation, Interaktion. Frankfurt a. M. 1976, S. 371-403.

Oevermann, U. et al.: Zur Methodologie einer ‚objektiven' Hermeneutik und ihre allgemeine forschungslogische Bedeutung in den Sozialwissenschaften. In: Soeffner, H. G. (Hrsg.): Interpretative Verfahren in den Sozial- und Textwissenschaften. Stuttgart 1979, S. 352-434.

Oevermann, U./Roethe, T.: Konstanz und Veränderung in der Struktur sozialer Deutungsmuster. Eine exemplarische Fallanalyse anhand von zwei in 10jährigem Abstand durchgeführten Interviews einer Familie. (Manuskript.) Frankfurt a. M. 1981.

Oliva, H. et al.: Rolle und Stellenwert der freien Wohlfahrtspflege. In: Theorie und Praxis der sozialen Arbeit 42 (1991), H. 5, S. 162-183.

Olk, T.: Abschied vom Experten. Sozialarbeit auf dem Weg zu einer alternativen Professionalität. Weinheim, München 1986.

Olk, T.: Das soziale Ehrenamt, ein Trendbericht. In: Sozialwissenschaftliche Literatur Rundschau 10 (1987), H. 14, S. 84-101.

Olk, T.: Zwischen Ehre und Amt – Zur Entwicklung professioneller und nicht-professioneller Formen sozialer Arbeit. In: Böllert, K./Otto, H.-U. (Hrsg.): Soziale Arbeit auf der Suche nach Zukunft. Bielefeld 1989, S. 195-212.

Olk, T.: Vom ‚alten' zum ‚neuen' Ehrenamt. Ehrenamtliches soziales Engagement außerhalb etablierter Träger. In: Blätter der Wohlfahrtspflege 138 (1991), H. 1, S. 7-10.

Olk, T./Merten, R.: Modernisierung der Sozialpädagogik. In: Otto, H.-U. et al. (Hrsg.): Zeit-Zeichen sozialer Arbeit. Neuwied 1992, S. 135-144.

Olk, T./Otto, H.-U. (Hrsg.): Soziale Dienste im Wandel. Bd. 1: Helfen im Sozialstaat. Neuwied, Darmstadt 1987.

Olk, T./Otto, H.-U. (Hrsg.): Soziale Dienste im Wandel. Bd. 2: Entwürfe sozialpädagogischen Handelns. Neuwied, Darmstadt 1989 (a).

Olk, T./Otto, H.-U.: Perspektiven professioneller Kompetenz. Zum Problem der Vermittlung wissenschaftlichen und alltagsweltlichen Wissens in Modellen sozialpädagogischer Handlungskompetenz. In: Dies. (Hrsg.): Soziale Dienste im Wandel. Bd. 2: Entwürfe sozialpädagogischen Handelns. Darmstadt 1989, S. IX-XXXII (b).

Orth, E. W.: Phänomenologie. In: Seiffert, H./Radnitzky, G. (Hrsg.): Handlexikon zur Wissenschaftstheorie. München 1989, S. 242-255.

Osterland, M.: Lebensgeschichtliche Erfahrung und gesellschaftliches Bewußtsein. Anmerkungen zur sozio-biographischen Methode. In: Soziale Welt 24 (1973), H. 4, S. 409-417.

Ostner, I.: Weibliche Biographien – Zur Normalität von Widersprüchen. In: Buttgereit, M. (Hrsg.): Lebensverlauf und Biografie. Kassel 1987, S. 77-94.

Otto, H.-U.: Sozialarbeit zwischen Routine und Innovation. Professionelles Handeln in Sozialadministrationen. Berlin, New York 1991.

Otto, H.-U./Karsten, M.-E.: Lebensräume gestalten statt verwalten – Der Beitrag der Sozialberichterstattung. In: Dies. (Hrsg.): Sozialberichterstattung. Lebensräume gestalten als neue Strategie kommunaler Sozialpolitik. Weinheim, München 1990, S. 9-40.

Otto, H.-U./Schneider, S. (Hrsg.): Gesellschaftliche Perspektiven der Sozialarbeit. 2 Bde. Neuwied, Darmstadt 1979.

Pappi, F. U.: Die Fallstudie in der empirischen Sozialforschung. In: v. d. Ohe, W. (Hrsg.): Kulturanthropologie. (Beiträge zum Neubeginn einer Disziplin.) Berlin 1987, S. 365-378.

Parmentier, M.: Ethnomethodologie. In: Lenzen, D./Mollenhauer, K. (Hrsg.): Theorien und Grundbegriffe der Erziehung und Bildung. (Enzyklopädie Erziehungswissenschaft. Bd. 1.) Stuttgart 1983, S. 246-261.

Patzig, G.: Analogie. In: Zastrau, A. (Hrsg.): Goethe Handbuch. Stuttgart 1956, Sp. 238-247.

Petermann, F./Hehl, F.-J.: Einzelfallanalyse – ein Überblick. In: Dies. (Hrsg.): Einzelfallanalyse. München, Wien, Baltimore 1979, S. 1-14.

Peters, H.: Devianz und soziale Kontrolle. Weinheim, München 1989.

Peukert, H.: Wissenschaftstheorie – Handlungstheorie – Fundamentale Theologie. Frankfurt a. M. 1978.

Pfaffenberger, H. (Hrsg.): Grundbegriffe und Methoden der Sozialarbeit. Berlin 1974.

Pfaffenberger, H.: Der EG-Binnenmarkt und seine Folgen für Sozialpolitik und Sozialarbeit. In: Bauer, R. (Hrsg.): Sozialpolitik in deutscher und europäischer Sicht. Rolle und Zukunft der Freien Wohlfahrtspflege zwischen EG-Binnenmarkt und Beitrittsländern. Weinheim 1992, S. 9-24 (a).

Pfaffenberger, H.: Zur beruflichen und disziplinären Identität der Sozialarbeit/Sozialpädagogik. In: Vahsen, F. G. (Hrsg.): Paradigmenwechsel in der Sozialpädagogik. Bielefeld 1992, S. 230-242 (b).

Pfannendörfer, G.: Offensive Öffentlichkeitsarbeit als Innovationsstrategie sozialer Arbeit. In: Maelicke, B.: Soziale Arbeit als soziale Innovation. Veränderungsbedarf und Innovationsstrategie. Weinheim, München 1987, S. 208-229.

Pieper, M.: ‚Gebrauchsfertiges' Wissen? Von den Schwierigkeiten, Wissenschaft in der Praxis sozialer Arbeit zu nutzen. In: Ulke, K.-D. (Hrsg.): Ist Sozialarbeit lehrbar? Freiburg i. Br. 1988, S. 166-188.

Plewig, H.-J.: Devianzpädagogik. Zum Verständnis von Devianz – Schlußfolgerungen für Handlungsfelder der Sozialpädagogik. In: Zentralblatt für Jugendrecht und Jugendwohlfahrt 69 (1982), H. 5, S. 292-304.

Plöger, W.: Phänomenologie und ihre Bedeutung für die Pädagogik. München 1986.

Plügge, H.: Über den Fall. In: Schwartländer, J. (Hrsg.): Verstehen und Vertrauen. Festschrift für O. F. Bollnow. Stuttgart 1968, S. 148-160.

Polsky, N.: Forschungsmethode, Moral und Kriminologie. In: Friedrichs, J. (Hrsg.): Teilnehmende Beobachtung abweichenden Verhaltens. Stuttgart 1973, S. 51-82.

Pongratz, L. J.: Herkunft und Lebenslauf. Längsschnittuntersuchung über Aufwuchsbedingungen und Entwicklung von Kindern randständiger Mütter. Weinheim, München 1988.

Portele, G.: Habitus und Lernen. In: Neue Sammlung 25 (1985), H. 3, S. 298-313.

Possehl, K.: Wissenschaftstheoretische Vorüberlegungen zur Methodenentwicklung in der Sozialarbeit. In: Archiv für Wissenschaft und Praxis der sozialen Arbeit 21 (1990), H. 4, S. 262-286.

Prange, K.: Lebensgeschichte und pädagogische Reflexion. In: Zeitschrift für Pädagogik 33 (1987), H. 3, S. 345-362.

Prange, K.: Pädagogik im Leviathan: Versuch über die Lehrbarkeit der Erziehung. Bad Heilbrunn/Obb. 1991.

Psathas, G.: Ethnotheorie, Ethnomethodologie und Phänomenologie. In: Arbeitsgruppe Bielefelder Soziologen (Hrsg.): Alltagswissen, Interaktion und gesellschaftliche Wirklichkeit. Bd. 2. Reinbek 1973, S. 263-284.

Queloz, N.: La perspective ethnomethodologique. Approche préliminaire. In: Cahiers de l'Institut de sociologie et de science politique. Neuchatel 1984, S. 136-157.

Quensel, S.: Wie wird man kriminell? Verlaufsmodell einer fehlgeschlagenen Interaktion zwischen Deliquenten und Sanktionsinstanz. In: Kritische Justiz 3 (1970), H. 4, S. 375-382.

Rauschenbach, T.: Sozialpädagogik – eine akademische Disziplin ohne Vorbild? In: Neue Praxis 21 (1991), H. 1, S. 1-11.

Rauschenbach, T.: Soziale Arbeit und soziales Risiko. In: Rauschenbach, T./Gängler, H. (Hrsg.): Soziale Arbeit und Erziehung in der Risikogesellschaft. Neuwied u.a. 1992, S. 25-60 (a).

Rauschenbach, T.: Soziale Berufe und öffentliche Erziehung. In: Benner, D. et al. (Hrsg.): Erziehungswissenschaft zwischen Modernisierung und Modernitätskrise (Beiträge zum 13. Kongreß der Deutschen Gesellschaft für Erziehungswissenschaft vom 16.-18. März 1992 in der Freien Universität Berlin. 29. Beiheft der Zeitschrift für Pädagogik.) Weinheim 1992, S. 261-267 (b).

Rauschenbach, T./Thiersch, H. (Hrsg.): Die herausgeforderte Moral. Lebensbewältigung in Erziehung und sozialer Arbeit. Bielefeld 1987.

Rauschenbach, T./Treptow, R.: Sozialpädagogische Reflexivität und gesellschaftliche Rationalität. Überlegungen zur Konstitution sozialpädagogischen Handelns. In: Müller, S. et al. (Hrsg.): Handlungskompetenz in der Sozialarbeit/Sozialpädagogik. Bd. 2: Theoretische Konzepte und gesellschaftliche Strukturen. Bielefeld 1984, S. 21-71.

Redl, F./Wineman, D.: Kinder, die hassen. Auflösung und Zusammenbruch der Selbstkontrolle. München, Zürich 1984.

Reichertz, J.: Der Hermeneut als Autor – Das Problem der Darstellbarkeit hermeneutischer Fallrekonstruktionen. In: Grounded. Arbeiten aus der Sozialforschung, Nr. 5 (1988), S. 1-28.

Reichertz, J.: Aufklärungsarbeit. Kriminalpolizisten und Feldforscher bei der Arbeit. Stuttgart 1991.

Riemann, G.: Das Fremdwerden der eigenen Biographie. Narrative Interviews mit psychiatrischen Patienten. München 1987.

Risert, J.: Inhaltsanalyse und Ideologiekritik. Ein Versuch über kritische Sozialforschung. Frankfurt a. M. 1972.

Rohde, B.: Sozialpädagogische Hochschulausbildung – ein ungelöstes Grundproblem. In: Theorie und Praxis der sozialen Arbeit 41 (1990), H. 2, S. 72-79.

Rössner, L.: Theorie der Sozialarbeit. Ein Entwurf. München, Basel 1975.

Roth, H.: Die Bedeutung der empirischen Forschung für die Pädagogik. In: Heckel, H. et al. (Hrsg.): Pädagogische Forschung und pädagogische Praxis. Heidelberg 1958, S. 5-57.

Roth, H.: Wie lernen wir unsere Schüler als Menschen kennen? (1957) In: Roth, H.: Pädagogische Psychologie des Lehrens und Lernens. Hannover [16]1983, S. 31-56.

Rubington, E./Weinberg, M. S. (Hrsg.): Deviance: The Interactionist Perspective. Macimillian 1968.

Rumpf, H.: Die noch nicht ganz zivilisierte Phantasie. Vier didaktische Stückchen mit einer Nachbemerkung über Fallgeschichten. In: Neue Sammlung 19 (1979), H. 1, S. 37-38.

Rüther, W.: Abweichendes Verhalten und ‚Labeling-approach'. Köln u.a. 1975.

Sachße, C./Tennstedt, F.: Geschichte der Armenfürsorge in Deutschland. (Vom Spätmittelalter bis zum Ersten Weltkrieg. Bd. 1.) Stuttgart u.a. 1980.

Sachße, C./Tennstedt, F.: Geschichte der Armenfürsorge in Deutschland. (Fürsorge und Wohlfahrtspflege 1871 bis 1929. Bd. 2.) Stuttgart u.a. 1988.

Sachverständigenkommission 8. Jugendbericht (Hrsg.): Materialien zum Jugendbericht. (Bd. 1: Jugendhilfe – Historischer Rückblick und neuere Entwicklungen; Bd. 2: Lebensverhältnisse Jugendlicher; Bd. 3: Risiken des Heranwachsens; Bd. 4: Datenhandbuch.) Weinheim, München 1990.

Sahle, R.: Professionalität oder Technokratie? Zur Mikrologie einer Beratungsbeziehung. In: Neue Praxis 15 (1985), H. 2/3, S. 151-170.

Salomon, A.: Soziale Diagnose. Berlin 1926.

Salomon, A.: Die Ausbildung zum sozialen Beruf. Berlin 1927.

Schaeffer, D.: Intimität als Beruf. Biographische Interviews mit Psychotherapeuten. In: Brose, H.-G./Hildenbrand, B. (Hrsg.): Vom Ende des Individuums zur Individualität ohne Ende. Opladen 1988, S. 161-178.

Schäfer, A.: Verhinderte Erfahrung. Zum Ausgangspunkt der Bildungskonzeptionen Rousseaus und Adornos. In: Hansmann, O./ Marotzki, W. (Hrsg.): Diskurs Bildungstheorie. Rekonstruktion der Bildungstheorie unter Bedingungen der gegenwärtigen Gesellschaft. Weinheim 1989, S. 43-64.

Schäfer, H./Schröder, B. (Hrsg.): Schulische Sozialisation und Schulversagen. Eine Dokumentation. München 1978.

Schaller, K.: Selbsttätigkeit. In: Groothoff, H.-H./Stallmann, M. (Hrsg.): Neues Pädagogisches Lexikon. Stuttgart, Berlin 1971, S. 1055-1056.

Schapp, W.: In Geschichten verstrickt. Zum Sein von Mensch und Ding. Wiesbaden [2]1976.

Scherpner, H. (Hrsg.): Theorie der Fürsorge. Göttingen [2]1974.

Scheuerl, H.: Über Analogien und Bilder im pädagogischen Denken. In: Zeitschrift für Pädagogik 5 (1959), H. 3, S. 211-223.

Schlüter, W.: Sozialphilosophie für helfende Berufe. München, Basel 1988.

Schmälzle, U. F. (Hrsg.): Neue Medien – Mehr Verantwortung! Analysen und pädagogische Handreichungen zur ethischen Medienerziehung in Schule und Jugendarbeit. (Bundeszentrale für politische Bildung. Bd. 310.) Bonn 1992.

Schmidt, H.-L.: Theorien der Sozialpädagogik: Kritische Bestandsaufnahme vorliegender Entwürfe und Konturen eines handlungstheoretischen Neuansatzes. Rheinstetten 1981.

Schmidt, L. R./Kessler, B. H.: Anamnese. Methodische Probleme, Erhebungsstrategien und Schemata. Weinheim, Basel 1976.

Schmied, G.: Alternative Einzelfallstudie. (Zur Methodologie eines in Vergessenheit geratenen Untersuchungstyps.) In: Zeit-

schrift für erziehungswissenschaftliche Forschung 11 (1977), H. 3, S. 127-139.
Schmitt, C.: Politische Theologie. Berlin [4]1985.
Schmitz, M.: Funktionsbestimmung der Sozialarbeit in der Moderne. Vorarbeiten zur Wirkungsanalyse sozialarbeiterischer Intervention. Bielefeld 1984.
Schneebaum, T.: Ich war ein Kannibale. Stuttgart 1971.
Schusser, G.: Lehrererwartungen. München 1972.
Schusser, G.: Die Notwendigkeit methoden-pluralistischer Forschung in der psychologischen Pränatologie. In: Schmidt-Denter, U./Manz, W. (Hrsg.): Entwicklung und Erziehung im ökopsychologischen Kontext. München, Basel 1991, S. 28-41.
Schütz, A.: Gesammelte Aufsätze. Bd. 1: Das Problem der sozialen Wirklichkeit. Den Haag 1971.
Schütz, A./Luckmann, T.: Strukturen der Lebenswelt. 2 Bde. Frankfurt a. M. 1979 und 1984.
Schütze, F.: Die Technik des narrativen Interviews. (Manuskript.) Bielefeld o.J. (a).
Schütze, F.: Zum dreifachen Zugzwang des Erzählens eigenerlebter Erfahrungen. (Manuskript.) Bielefeld o.J. (b).
Schütze, F.: Zur soziologischen und linguistischen Analyse von Erzählungen. In: Internationales Jahrbuch für Wissens- und Religionssoziologie 10 (1976), S. 7-41 (a).
Schütze, F.: Zur Hervorlockung und Analyse von Erzählungen thematisch relevanter Geschichten im Rahmen soziologischer Feldforschung – dargestellt an einem Projekt zur Erforschung von kommunalen Machtstrukturen. In: Arbeitsgruppe Bielefelder Soziologen: Kommunikative Sozialforschung. München 1976, S. 159-260 (b).
Schütze, F.: Zur Konstitution sprachlicher Bedeutungen in Interaktionszusammenhängen. In: Quasthoff, H. (Hrsg.): Sprachstruktur-Sozialstruktur. Königstein/Ts. 1978, S. 98-113 (a).
Schütze, F.: Was ist ‚kommunikative Sozialforschung'? Thesen zur Arbeitstagung ‚Regionale Sozialforschung'. In: Gaertner, A./ Hering, S. (Hrsg.): Regionale Sozialforschung. Kassel 1978, S. 117-131 (b).
Schütze, F.: Prozeßstrukturen des Lebenslaufs. In: Matthes, J. et al. (Hrsg.): Biographie in handlungswissenschaftlicher Perspektive. Nürnberg 1981. S. 67-156.
Schütze, F.: ‚Narrative Repräsentation kollektiver Schicksalsbetroffenheit'. In: Lämmert, E. (Hrsg.): Erzählforschung. Ein Symposion. Stuttgart 1982, S. 568-590.
Schütze, F.: Biographieforschung und narratives Interview. In: Neue Praxis 13 (1983), H. 3, S. 283-293.
Schütze, F.: Kognitive Figuren des autobiographischen Stegreiferzählens. In: Kohli, M./Robert, G. (Hrsg.): Biographie und soziale Wirklichkeit. Stuttgart 1984, S. 78-117 (a).
Schütze, F.: Professionelles Handeln, wissenschaftliche Forschung und Supervision. Versuch einer systematischen Überlegung. In:

Lippenmeier, N. (Hrsg.): Beiträge zur Supervision. Bd. 3. (Arbeitskonferenz ‚Theorie der Supervision' WS 83/84, Gesamthochschule Kassel). Kassel 1984, S. 275-454 (b).

Schütze, F.: Das narrative Interview in Interaktionsfeldstudien: erzähltheoretische Grundlagen. (Studienbrief der Fern- Universität-Hagen, Teil 1: Merkmale von Alltagserzählungen und was wir mit ihrer Hilfe erkennen können.) Hagen 1987.

Schütze, F.: Professional schools: Ein Entwicklungspotential für die Zukunft der GhK? 8. Gießhausgespräch. (Hrsg. vom Präsidenten der Gesamthochschule Kassel.) Kassel 1988.

Schütze, F.: Sozialarbeit als ‚bescheidene Profession'. In: Dewe, B. et al. (Hrsg.): Erziehen als Profession. Zur Logik professionellen Handelns in pädagogischen Feldern. Opladen 1992, S. 132-170.

Schütze, F. et al.: Grundlagentheoretische Voraussetzungen methodisch kontrollierten Fremdverstehens. In: Arbeitsgruppe Bielefelder Soziologen (Hrsg.): Alltagswissen, Interaktion und gesellschaftliche Wirklichkeit. Bd. 2. Reinbek 1973, S. 433-495.

Schwendtke, A. (Hrsg.): Wörterbuch Sozialarbeit und Sozialpädagogik. Heidelberg 1980.

Sengling, D.: Der Beitrag von Wissenschaft und Forschung zur Praxisverbesserung. In: Maelicke, B. (Hrsg.): Soziale Arbeit als soziale Innovation. Veränderungsbedarf und Innovationsstrategien. Weinheim, München 1987, S. 95-100 (a).

Sengling, D.: Was ist ‚Erfolg' in der Sozialarbeit? In: Sozialpädagogik 29 (1987), H. 4, S. 165-172 (b).

Sidler, N.: Am Rande leben – abweichen – arm sein. Konzepte und Theorien zu sozialen Problemen. Freiburg i. Br. 1989.

Sidler, N.: Verlockendes aus der Alchimistenküche. Zur Handlungstheorie sozialer Arbeit von Silvia Staub-Bernasconi. In: Archiv für Wissenschaft und Praxis der sozialen Arbeit 24 (1993), H. 1, S. 28-47.

Siegel, E.: Sozialpädagogik. In: Groothoff, H.-H./Stallmann, M. (Hrsg.): Neues Pädagogisches Lexikon. Stuttgart, Berlin 1971, S. 1073-1084.

Siegel, E.: Dafür und dagegen. Ein Leben für die Sozialpädagogik. Stuttgart 1981.

Soeffner, H.-G.: Vorwort. In: Ders. (Hrsg.): Interpretative Verfahren in den Sozial- und Textwissenschaften. Stuttgart 1979, S. 1-9.

Soeffner, H.-G. (Hrsg.): Sozialstruktur und soziale Typik. Frankfurt a. M., New York 1986.

Soukup, G.: Handlungsforschung. In: Kreft, D./Mielenz, I. (Hrsg.): Wörterbuch Soziale Arbeit. Aufgaben, Praxisfelder, Begriffe und Methoden der Sozialarbeit und Sozialpädagogik. Weinheim, Basel 1988, S. 259-261.

Spöhring, W.: Qualitative Sozialforschung. Stuttgart 1989.

Spranger, E.: Psychologie des Jugendalters. Heidelberg [28]1966.

Stark, W.: Lebensweltbezogene Prävention und Gesundheitsförderung. Konzepte und Strategien für die psychosoziale Praxis. Freiburg i. Br. 1989.

Stenhouse, L.: Pädagogische Fallstudien: Methodische Traditionen und Untersuchungsalltag. In: Fischer, D. (Hrsg.): Fallstudien in der Pädagogik. Aufgaben, Methoden, Wirkungen. Konstanz 1982, S. 24-61.

Stober, D.: Quo vadis magister? Persönlichkeit als Schlüssel zum beruflichen Erfolg. Weinheim 1990.

Strauss, A. L.: Qualitative analysis for social scientists. Cambridge 1987.

Strauss, A. L.: Grundlagen qualitativer Sozialforschung. Datenanalyse und Theoriebildung in der empirischen soziologischen Forschung. München 1991.

Ströker, E. (Hrsg.): Lebenswelt und Wissenschaft in der Philosophie E. Husserls. Frankfurt a. M. 1979.

Südmersen, I. M.: Hilfe, ich ersticke in Texten! – Eine Anleitung zur Aufarbeitung narrativer Interviews. In: Neue Praxis 13 (1983), H. 3, S. 294-306.

Sünker, H.: Bildung, Alltag und Subjektivität. Elemente zu einer Theorie der Sozialpädagogik. Weinheim 1989.

Szasz, T. S.: Psychiatrie. Die verschleierte Macht. Frankfurt a. M. 1978.

Szcepanski, J.: Die biographische Methode. In: König, R. (Hrsg.): Handbuch der empirischen Sozialforschung Bd. 1. Stuttgart 1967, S. 551-569.

Taylor, C.: Interpretation und die Wissenschaften vom Menschen. In: Gadamer, H.-G./Boehm, G. (Hrsg.): Die Hermeneutik und die Wissenschaften. Frankfurt a. M. 1978, S. 169-226.

Tenorth, H. E.: Berufsethik, Kategorialanalyse, Methodenreflexion. Zum historischen Wandel des ‚Allgemeinen' in der wissenschaftlichen Pädagogik. In: Zeitschrift für Pädagogik 30 (1984), H. 1, S. 49-68.

Terhart, E.: Intuition – Interpretation – Argumentation. Zum Problem der Geltungsbegründung von Normen. In: Zeitschrift für Pädagogik 27 (1981), H. 5, S. 769-793.

Terhart, E.: Fallstudien und Kasuistik in der Pädagogik. In: Schriftenreihe Fachbereich 3 Universität Osnabrück. Osnabrück 1983, S. 137-161 (a).

Terhart, E.: Schwierigkeiten (mit) der ‚Objektiven Hermeneutik'. Eine Antwort auf Ulrich Oevermann. In: Garz, D./Kraimer, K. (Hrsg.): Brauchen wir andere Forschungsmethoden? Beiträge zur Diskussion interpretativer Verfahren. Frankfurt a. M. 1983, S. 156-175 (b).

Terhart, E.: Das Einzelne und das Allgemeine. Über den Umgang mit Fällen in der erziehungswissenschaftlichen Forschung. In: Zeitschrift für erziehungs- und sozialwissenschaftliche Forschung 20 (1985), H. 2, S. 283-312.

Thiersch, H.: Akademisierung der Sozialpädagogik/Sozialarbeit – eine uneingelöste Hoffnung? In: Neue Praxis 15 (1985), H. 6, S. 478-487.
Thiersch, H.: Moral als moralisch inspirierte Kasuistik. In: Müller, B./Thiersch, H. (Hrsg.): Gerechtigkeit und Selbstverwirklichung. Moralprobleme im sozialpädagogischen Handeln. Freiburg i. Br. 1990, S. 13-25 (a).
Thiersch, H.: Zur geheimen Moral der Beratung. In: Brunner, E. J./ Schönig, W. (Hrsg.): Theorie und Praxis von Beratung. Pädagogische und psychologische Konzepte. Freiburg i. Br. 1990, S. 124-151 (b).
Thiersch, H.: Das sozialpädagogische Jahrhundert. In: Rauschenbach, T./Gängler, H. (Hrsg.): Soziale Arbeit und Erziehung in der Risikogesellschaft. Neuwied u.a. 1992, S. 9-23 (a).
Thiersch, H.: Lebensweltorientierte Soziale Arbeit. Aufgaben der Praxis im sozialen Wandel. Weinheim, München 1992 (b).
Thiersch, H./Rauschenbach, T.: Sozialpädagogik/Sozialarbeit: Theorie und Entwicklung. In: Eyferth, H./Otto, H.-U./Thiersch, H. (Hrsg.): Handbuch zur Sozialarbeit/Sozialpädagogik. Darmstadt 1984, S. 984-1016.
Thiersch, H./Ruprecht, H./Herrmann, U.: Die Entwicklung der Erziehungswissenschaft. München 1978.
Thomae, H.: Die biographische Methode in den anthropologischen Wissenschaften. In: Studium Generale 5 (1952), H. 3, S. 12-177.
Thomas, W. I./Thomas, D. S.: Die Definition der Situation. In: Steinert, H. (Hrsg.): Symbolische Interaktion. Stuttgart 1973, S. 333-335.
Tophoven, K.: Pädagogik und Sozialpädagogik. Perspektiven für ein gemeinsames Projekt im Rückblick auf ‚klassische' Einheitskonzepte. In: Neue Praxis 22 (1992), H. 1, S. 52-67.
Tornow, H.: Verhaltensauffällige Schüler aus der Sicht des Lehrers. Empirische Untersuchungen zum Labeling Ansatz. Weinheim, Basel 1978.
Trabandt, H./Trabandt, H.: Aufklärung über Abweichung. Stuttgart 1975.
Treumann, K.: Zum Verhältnis qualitativer und quantitativer Forschung. In: Heitmeyer, W. (Hrsg.): Interdisziplinäre Jugendforschung. Weinheim, München 1986, S. 193-214.
Tuggener, H.: Social Work – Versuch einer Darstellung und Deutung im Hinblick auf das Verhältnis von Sozialarbeit und Sozialpädagogik. Weinheim, Basel 1971.
Uhle, R.: Verstehen und Pädagogik. Eine historisch-systematische Studie über die Begründung von Bildung und Erziehung durch den Gedanken des Verstehens. Weinheim 1989.
Ulke, K. D. (Hrsg.): Ist Sozialarbeit lehrbar? Zum wechselseitigen Nutzen von Wissenschaft und Praxis. Freiburg i. Br. 1988.

Ulich, K.: Schulische Sozialisation. In: Hurrelmann, K./Ulich, D. (Hrsg.): Neues Handbuch der Sozialisationsforschung. Weinheim, Basel 1991, S. 377-396.

Vahsen, F. G. (Hrsg.): Paradigmenwechsel in der Sozialpädagogik. Bielefeld 1992.

Voges, W. (Hrsg.): Methoden der Biographie- und Lebenslaufforschung. Opladen 1987.

Vollbrecht, R.: Die biographische Methode in der erziehungswissenschaftlichen Forschung. In: Zeitschrift für erziehungs- und sozialwissenschaftliche Forschung 3 (1986), H. 1, S. 87-106.

Volmerg, B.: Kritik und Perspektiven des Gruppendiskussionsverfahrens in der Forschungspraxis. In: Leithäuser, T. et al.: Entwurf zu einer Empirie des Alltagsbewußtseins. Frankfurt a. M. 1977, S. 184-217.

Volmerg, B.: Methoden der Auswertung. In: Leithäuser, T./Volmerg, B. (Hrsg.): Psychoanalyse in der Sozialforschung. Opladen 1988, S. 234-261.

Voss, R.: Ein Löffelchen Schulerfolg. Auswüchse der Psychopharmakatherapie bei Schulproblemen. In: betrifft: erziehung 9 (1982), S. 34-40.

Waldenfels, B.: In den Netzen der Lebenswelt. Frankfurt a. M. 1985.

Wambach, M.: Lebenswelt. In: Bauer, R. (Hrsg.): Lexikon des Sozial- und Gesundheitswesens. München, Wien 1992, S. 1290-1291.

Weber, M.: Wirtschaft und Gesellschaft. Tübingen 1976.

Weingarten, E./Sack, F./Schenkein, S. (Hrsg.): Ethnomethodologie. Beiträge zu einer Soziologie des Alltagshandelns. Frankfurt a. M. 1976.

Weiss, C. H.: Evaluierungsforschung. Methoden zur Einschätzung von sozialen Reformprogrammen. Opladen 1974.

Wendt, W. R.: Das Studium als Lebensaufgabe – Aspekte der Ausbildung. In: Ders. (Hrsg.): Studium und Praxis der Sozialarbeit. Stuttgart 1985, S. 10-26.

Wendt, W. R.: Geschichte der sozialen Arbeit. Von der Aufklärung bis zu den Alternativen und darüber hinaus. Stuttgart 1990 (a).

Wendt, W. R.: Ökosozial denken und handeln. Grundlagen und Anwendungen in der Sozialarbeit. Freiburg i. Br. 1990 (b).

Wendt, W. R.: Die Handhabung der sozialen Unterstützung. Eine Einführung in das Case Management. In: ders. (Hrsg.): Unterstützung fallweise: Case Management in der Sozialarbeit. Freiburg i. Br. 1991, S. 11-55.

Westermeyer, H.: Wissenschaftstheoretische Grundlagen der Einzelfallanalyse. In: Petermann, F./Hehl, F.-J. (Hrsg.): Einzelfallanalyse. München 1979, S. 17-34.

Weymann, A.: Bedeutungsfeldanalyse. Versuch eines neuen Verfahrens der Inhaltsanalyse am Beispiel Didaktik der Erwachsenenbildung. In: Kölner Zeitschrift für Soziologie und Sozialpsychologie 25 (1973), S. 761-776.

Whyte, A.: Street Corner Society. New York 1943.
Whyte, W. F.: Observational Field Work Methods. In: Jahoda, M. et al.: Research Methods in Social Relations. Bd. 2. New York 1951, S. 493-513.
Wilke, S.: Die erste Begegnung. Eine konversations- und inhaltsanalytische Untersuchung der Interaktion im psychoanalytischen Erstgespräch. Heidelberg 1992.
Wilson, S.: The use of ethnographic techniques in edicational research. In: Review of Edicational Research 47 (1977), S. 245-266.
Wilson, T. P.: Theorien der Interaktion und Modelle soziologischer Erklärung. In: Arbeitsgruppe Bielefelder Soziologen (Hrsg.): Alltagswissen, Interaktion und gesellschaftliche Wirklichkeit. Bd. 1. Reinbek 1973, S. 54-79.
Wilson, T. P.: Qualitative ‚oder' Quantitative Methoden in der Sozialforschung. In: Kölner Zeitschrift für Soziologie und Sozialpsychologie 34 (1982), S. 487-508.
Winkel, R.: Antinomische Pädagogik und kommunikative Didaktik. Studien zu Widersprüchen und Spannungen in Erziehung und Schule. Düsseldorf 1986.
Winkler, M.: Eine Theorie der Sozialpädagogik: über Erziehung als Rekonstruktion der Subjektivität. Stuttgart 1988.
Winkler, M.: Modernisierungsrisiken. Folgen für den Begriff der Sozialpädagogik. In: Rauschenbach, T./Gängler, H. (Hrsg.): Soziale Arbeit und Erziehung in der Risikogesellschaft. Neuwied u.a. 1992, S. 61-80.
Witzel, A.: Verfahren der qualitativen Sozialforschung. Überblick und Alternativen. Frankfurt, New York 1982.
Wolf, F. O.: Die ethische und rechtsphilosophische Problematik der Kasuistik. In: Ritter, J./Gründer, K. (Hrsg.): Historisches Wörterbuch der Philosophie. Basel, Stuttgart 1976, S. 705-706.
Wolff, S.: Das Gespräch als Handlungsinstrument. Konversationsanalytische Aspekte sozialer Arbeit. In: Kölner Zeitschrift für Soziologie und Sozialpsychologie 38 (1986), S. 55-84.
Wolff, S.: Rapport und Report. Über einige Probleme bei der Erstellung plausibler ethnographischer Texte. In: v. d. Ohe (Hrsg.): Kulturanthropologie. Festschrift für Emerich Francis. Berlin 1987, S. 333-364.
Wollenweber, H. (Hrsg.): Modelle sozialpädagogischer Theoriebildung. Paderborn, München 1983.
Wulf, L.: Erziehung und Bildung nach Auschwitz angesichts der katastrophalen Seite der Moderne. In: Heitkämper, P./Huschke-Rhein, R. (Hrsg.): Allgemeinbildung im Atomzeitalter. Weinheim, Basel 1986, S. 138-150.
Zedler, P.: Erziehungswissenschaftliche Theoriebildung am Beginn der 80er Jahre – Problemstrukturen und Perspektiven. In: König, E./Zedler, P. (Hrsg.): Erziehungswissenschaftliche Forschung: Positionen, Perspektiven, Probleme. München 1982, S. 266-289.

Zedler, P.: Zur Aktualität Geisteswissenschaftlicher Pädagogik. In: Garz, D./Kraimer, K. (Hrsg.): Brauchen wir andere Forschungsmethoden? Beiträge zur Diskussion qualitativer Verfahren. Frankfurt a. M. 1983, S. 63-85 (a).

Zedler, P.: Allgemeingültigkeit und Objektivität als Probleme geisteswissenschaftlicher Pädagogik und sozialwissenschaftlicher Hermeneutik. In: Bildung und Erziehung 36 (1983), H. 2, S. 137-155 (b).

Zedler, P./Moser, H. (Hrsg.): Aspekte qualitativer Sozialforschung. Opladen 1983.

Zelditch, J.: ‚Teilnehmende Beobachtung' als komplexer qualitativer Forschungsansatz. In: Hopf, C./Weingarten, E. (Hrsg.): Qualitative Sozialforschung. Stuttgart 1979, S. 115-137.

Zink, D.: Aufforderung zur Konstitution von Sozialarbeitswissenschaft an Fachhochschulen. In: Ulke, K.-H. (Hrsg.): Ist Sozialarbeit lehrbar? Freiburg i. Br. 1988, S. 40-54.

Zinnecker, J.: Einige strategische Überlegungen zur hermeneutisch-lebensgeschichtlichen Forschung. In: Zeitschrift für Sozialisationsforschung und Erziehungssoziologie 2 (1982), H. 3, S. 297-306.